목차

스나이퍼 라이플

Sniper Rifles

for Accurate Shooters

HOBBY JAPAN MOOK Gun Professionals SPECIAL ISSUE

스나이퍼의 자질과 미래

21세기에 들어 스나이퍼(저격수)에 시선이 집중됐고 지금도 마찬가지다. 이라크와 아프가니스탄에서 저격수의 활약이 돋보인데다 최장거리 저격 기록이 거듭 갱신되는데 큰 영향을 받았을 것이다. 이 책에서는 다양한 현대의 저격용 라이플을 소개하는 동시에 기술적인 부분도 해설할까 한다. 하지만 그 전에 스나이퍼의 '자질' 과 그 '미래' 에 대해 이야기할까 한다.

Turk Takano
(미국 주재 건스미스, 육상자위대 제대)

저격수의 분류

미육군에서 저격수는 크게 아래와 같이 나뉜다.

1) 분대급의 DM(Designated Marksman), 즉 지정사수. 혹은 분대지정사수, 즉 SDM(Squad Designated Marksman)로도 불림.

2) 스나이퍼, 혹은 카운터 스나이퍼(Counter Sniper: 대(對)저격 저격수).

막스맨(Marksman)은 직역하면 '명사수' 쯤 된다. DM과 스나이퍼는 교육과정 자체의 수준이 다르며, 비슷하지만 다른 부분도 있다. 간단히 말해 스나이퍼는 지원자로부터 선발되며 전문 과정에서 높은 수준의 훈련을 받는다. 반면 DM은 비교적 즉석 교육에 가깝다. 상황에 따라서는 그저 부대 내에서 사격 성적이 좋은 병사에게 떠넘겨지기도 한다.

10~12명으로 편성된 분대에서 대원 1~2명이 DM업무를 맡는다. DM의 역할은 주로 부대/분대행동에 지장이 되는 비교적 가까운 골칫거리를 제거하는 것이다. 대개 스코프가 장착된 반자동 소총이 DM의 장비가 된다. 굳이 정의를 내리자면, 500야드(약 450m)정도 거리에서 정확한 단발, 혹은 반자동 연속 사격으로 적의 차량 조종수, 기관총 사수등을 제압하는 것이 DM의 중요한 역할이다.

영화 '라이언 일병 구하기(1998)에는 볼트액션의 스프링필드 M1903을 지닌 일명 스나이퍼가 등장했지만, 이것은 현재 일반적으로 말하는 DM에 가까운 역할이다. 2차대전 당시의 미군 DM은 보병용 소총보다 정확한 핀포인트 사격을 목표로 한 것으로, 일

정한 면적을 화력으로 제압하려는 것은 아니었다. 하지만 스나이퍼가 몇 명 있었다면 적 부대 자체를 꼼짝 못하게 하는 것도 가능했을 것이다. 정확한 적 거점의 화력제압이 경우에 따라 이뤄지게 된 것은 베트남 전쟁 후반이었다. M21(M14를 바탕으로 제작된 저격총)이 여기에 해당된다.

게다가 M21은 지금도 일부 현역으로 쓰이고 있다. 독자 여러분도 잘 아시듯, SR-25등의 다른 총들도 부대에 따라 사용되며 그 밖에도 여러가지 총들이 미군에 운용되고 있다.

일본 자위대의 스나이퍼

1960년대의 육상자위대(육자) 보통과 연대(보병연대)에서도 "이번 훈련에는 분대에서 자네가 스나이퍼(실제로는 DM)를 맡아라" 라는 식으로 때에 따라 인원이 지정되곤 했다. 하지만 당시만 해도 특별한 스나이퍼 훈련따위는 없고, 그저 사격 훈련 성적이 좋은 대원이 골라지는 정도였다. DM으로 지정된 대원이 특별한 총기를 지급받는 것도 아니고, 다른 대원과 같은 것이었다. 필자도 당시 육자 제1공정단(공수부대)의 보통과 중대에 소속되었지만, 1968년 가을에 만기제대했기 때문에 그 뒤에 64식 소총에 스코프를 단 모델이 DM용으로 배치되었는지 어떤지는 모른다. 1966년까지는 M1소총을 기본으로 하는 미군식 화기체계였지만, DM용으로 스프링필드 소총이 있거나 하지는 않았다. 결국 스코프 달린 64식도 89식에 스코프 달린 총으로 대체되지는 않았을 것 같다. 물론 연구용으로 시제품 정도는 나왔겠지만, 보통과 부대의 DM 표준장비품이 되었을 것 같지는 않다. 제대로 되는 일이 없었다. 그런 점에서 보면 독일군은 이 분야에서도 선구자였다. 이미 2차 세계대전 당시에 스코프 달린 반자동 소총을 몇 종류나 실전에 투입했다. 대표적 사례가 G43이다. 설마 자위대도 지금쯤이면 89식에 스코프를 달고 DM용으로 장비하지 않을까 상상하기는 하지만… 이 부분은 현역 자위관에게 물어볼 수 밖에 없겠다.

1960년대 초반에는 미군도 비슷했다. 육자 보통과만 그랬던게 아니다. 베트남 전쟁 초기에 미군 병사들이 베트콩 저격수의 희생양이 되면서 여기에 대항하기 위한 새로운 스나이퍼 교육 과정이 수립됐다. 미군 스나이퍼가 효과를 거둔 것은 전쟁 후반이었다. 베트남 전쟁이 슬슬 끝날 기미가 보이던 1970년대 초반에 미 육군 중위 짐 레더우드가 당시로서는 획기적인 '레더우드 레인징(거리측정) 시스템' 을 개발, 그 뒤의 스나이퍼 교육에 성과를 거뒀다.

스나이퍼에게 필요한 자질

스나이퍼는 DM보다 고도의 저격능력을 지니며 경우에 따라서는 최고의 정밀도를 발휘하며 보다 먼 거리의 목표를 제압한다.

게다가 팀 단위로 적진에 침투하는 경우도 많아 분대와 함께 행동하는 DM과는 차이가 있다. 미군 스나이퍼에게는 레인저 자격이 있는 병사, 혹은 그에 못잖은 체력, 기력, 판단력이 요구된다. 사격 실력도 중요하지만 그것만이 전부는 아니다.

스나이퍼가 장비하는 소총은 볼트액션이 주류이고, 소음기를 표준 장비하는 등 DM이 가진 총기들과는 차별화되어있다. 최근에는 일부에서 반자동 저격총도 장비해 임무에 따라 사용하기도 한다.

스나이퍼는 보통 팀 단위로 행동하며, 2명만으로 이뤄질 경우도 있지만 4~6명이 한 팀일 경우도 있다. 때로는 폭격 유도원의 역할을 맡기도 한다.

일반적인 표적 사격과 저격 사이에는 비슷하지만 다른 점이 있다. 의외로 이 점이 널리 알려져 있지 않다. 따지자면 저격은 사냥에 가깝다. 특히 카운터 스나이퍼는 궁극의 사냥이라 할 수 있다. 동물에 대한 사냥과 다른 점은 사냥감이 사냥꾼과 마찬가지, 혹은 그 이상의 사격능력을 보유했다는 것이다. 사냥꾼이 거꾸로 사냥감으로 전락할 가능성도 충분하다. 그야말로 '죽느냐, 죽이느냐' 의 세계다. 필자가 저격을 궁극의 사냥이라 부르는 것도 이 때문이다.

미국의 경우, 대부분의 스나이퍼 지원자는 예전에 어떤 형태로든 사냥 경험이 있다. 대부분의 주에서 사냥은 13세부터 합법적으로 가능하다. 시골로 갈수록 부모가 아들, 때로는 딸에게도 사냥을 가르칠 경우가 많다. 지역에 따라서는 사격 동호회가 보이스카웃등에게 사격을 가르치는 경우도 있다. 필자가 속한 동호회도 마찬가지다. 따라서 군에 지원할 나이(18세)가 되면 사냥 경험을 쌓은 자가 많다.

일본인은 서구인에 비해 스나이퍼 자격이 떨어진다는 생각이 종종 든다. 무엇보다 후보 찾기가 어렵다. 원래 사냥 경험도 없이 스나이퍼가 되겠다는 사람은 별로 없었다. 표적 사격을 아무리 잘 해도 그것과 저격은 상당히 다르다. 당연한 일이지만, 자위대 지원자 중 사냥 경험자는 거의 없다. 일본에서는 수렵 면허가 20세 이상이 되어야 취득되기 때문이다. 그러니 10대에 사냥 경험을 쌓을 수 없다. 외국처럼 부모가 아들-딸에게 사냥을 가르치는 전통도 없다.

필자는 일본에 있을 때 총을 가지고 사격경기 경험까지 쌓은 다음 자위대에 입대했지만, 고위력 라이플에 의한 사냥 경험은 없었다. 총은 사격 전용으로

등록되었기 때문에 법적으로도 사냥에 쓸 수는 없는 데다 그럴 성능도 안 나왔다. 입대한 뒤 FN제 .30-06구경 볼트액션 소총을 구입했지만 사냥에 쓸 기회 없이 해외로 나갔기 때문에 홋카이도 등에서 사냥을 한 경험은 없다. 다만 시골에서 자랐기 때문에 새총 등으로 새를 잡거나 한 경우는 많았다.

당시는 이런저런 면에서 지금과는 달랐기 때문에 지금의 기준으로 필자에게 이래저래 따지는 것도 곤란한 일이다. 디어 헌팅(사슴 사냥)을 시작한 것은 미국에 건너온 20대 후반의 일로, 미국의 시골 출신 청년들보다 많이 늦었다.

저격의 대부분은 적이 몰려오는 것을 막는 참호전과는 다른 면이 있다. 참호전이나 방어전등에서는 살기 위해 싸우다 적을 죽였다고 할 수 있다. 폭격기에 탑승해 폭탄을 투하하거나 미사일 발사 버튼을 누르는 경우는 적의 얼굴조차 못 본다.

하지만 스나이퍼는 적에게 다가간 뒤 살아있는 모습, 심지어 얼굴까지 보고 저격한다. 사냥과의 공통점이 많다. 가장 중요한 것은 적(사냥감)이 내 존재를 눈치채지 못하게 하는 것이다. 이것은 다른 전투 경험과는 상당히 다른 상황이다.

물론 사냥감을 쏘는 일과 사람인 적을 쏘는 일은 같은 차원에서 비교될 수 없다. 이 부분은 꽤나 미묘한 만큼, 사실상 미국인이 된 필자보다는 일본에 살면서 수렵인이기도 한 암스 매거진/GUN PRO매거진의 마츠오 부편집장에게 나머지를 부탁할까 한다.

여기서부터는 Turk씨가 하고자 하는 말을 필자 마츠오가 넘겨받을까 한다.

사냥꾼이란 '사냥감의 목숨을 넘겨받는 존재' 이다. 그 목적은 식량으로서 고기를 얻거나 자신이 기르는 농작물등을 동물로부터 지키려는 것이다. 이유가 무엇이든 동물을 직접 쏘는 행위에 대해 마음을 정리해야 한다. 자신의 행위에 정신적으로 납득해야 하는 것이다. 그런 뜻에서 보면 사냥이 누구에게나 가능한 일은 아니다. 일본에 비하면 훨씬 적겠지만, 미국에도 사냥을 싫어하는 사람들은 있다. 자신의 손으로 동물을 죽이는 것을 거부하는 사람들이다. 물론 그들도 고기는 먹는다. 그렇다면 남에게 돈을 내고 남에게 동물을 죽이게 하는 셈이 된다.

수렵은 인간이 고대부터 지금까지 계속하는 원시적인 행위다. 하지만 현대에는 돈만 내면 고기는 얼마든지 살 수 있다. 고기를 사서 먹는 것은 결국 동물을 죽이는 행위를 남에게 떠넘긴 것에 불과하다. 수렵이란 그 부분을 일부러 직접 하는 것이다. 일반적으로 농경민족인 일본인중에는 수렵에 거부반응을 보이는 사람이 많다. Turk씨가 말하는 "일본인은 서구인들에 비해 저격에 맞지 않는다" 는 부분은 그런 의미가 있을 것이다.

스나이퍼는 스코프의 레티클(십자선)으로 적의 모습을 포착한다. 내 존재를 모르는 적에 대해 방아쇠를 당기려면 정신적으로 매우 강해야 한다. 국가간의 전쟁이나 무장세력을 제거한다는 분명한 목적이 있다고 해도 스코프 속에 잡힌, 경계하지 않는 인간에게 방아쇠를 당기는 행위는 많은 사람들이 주저하게 된다. 설령 그 적이 나중에 수많은 아군에게 피해를 입힐 가능성이 있다 해도 말이다. 그것을 극복할 수

있는 저를 고를 수 있다면 전장에서의 PTSD를 최소한으로 줄일 수 있다.
그렇다면 다시 Turk씨에게 바톤을 넘겨 스나이퍼의 미래에 대해 살펴보자.

10년 뒤의 스나이퍼

최근 몇년 사이에 무인기가 비약적으로 진보했다. 원래는 정찰이 목적이었지만 이제는 정찰뿐 아니라 정밀공격까지 가능해졌다. 앞으로 무인기는 더욱 진화해 전장을 격변시킬 것이다. 아니, 이미 그렇게 되고 있다. 은밀성의 대명사였던 스나이퍼의 운용은 더욱 곤란해질 것이다. 무인기에 탑재된 각종 센서는 낮밤 관계없이 지형을 3차원으로 탐색하며 쥐 한마리까지 찾아내게 될 것이다.
이렇게 되면 스나이퍼가 발견되지 않고 임무를 수행하기란 매우 어려워질 것이다. 적진에 침투해 임무를 수행해도 이탈이 불가능해질수도 있다. 체온은 물론 총이 발사되는 열이 센서에 탐지되어 미사일이라도 날아오면 그것으로 끝장이다. 얼굴에 위장을 칠하고 몸을 나뭇잎으로 덮은 뒤 총에 위장망을 씌워도 아무 도움도 안될 시대가 다가오는 것이다. 10년 뒤가 될지, 몇년 뒤가 될지는 모르지만, 주변 환경이나 전장 상황에 따라서는 스나이퍼 운용이 불가능해질 시대가 오는 것이다. 미군/NATO군이 이라크/아프가니스탄에서 저격에 성과를 거두고 있기는 하다. 기네스북에 기록될 정도의 원거리 저격도 성공했다.
그러나 스나이퍼의 희생을 최소한으로 줄이면서 전과를 올리려면 적의 카운터 스나이퍼(저격수 대책) 노하우가 어느 정도인지가 중요하다.
예를 들어 탈레반은 군대라기 보다는 무장세력이다. 이들에게도 저격총은 있겠지만, 대체로 스코프등은 미군보다 훨씬 빈약하다. 고도의 훈련을 받은 미군 스나이퍼와 오합지졸에 가까운 무장세력 사이의 격차는 아무리 봐도 크다. 설령 미군 무기를 노획해도 이를 효과적으로 쓰느냐는 별개 문제다. 게다가 미군에게는 제공권이라는 엄청난 힘이 있다. 탈레반에는 공군도 없고 무인기도 없다. 게다가 미군 스나이퍼는 지역에 따라서는 지상의 아군에게도 화력지원을 받는다. 그래도 무장세력은 현지에 익숙한데다 인정사정없는 잔인함으로 적잖은 성과를 거둔다. 서방측에서 인도주의 때문에 불가능한 일을 이들은 문제없이 해치운다. 규칙따위도 없다. 규칙은 서방측의 발목을 잡아 효과적인 작전을 어렵게 만들기도 한다. 좋고 나쁘고의 문제는 별개로 치더라도 말이다. 핸디캡을 지닌 채 싸우는 셈이다. 이것은 다른 무장세력/집단과의 싸움도 마찬가지다.
"적의 첨단전 수행능력의 수준". 이것이 스나이퍼 운용법을 크게 바꾸게 된다. 스나이퍼를 맨몸으로는 투입할 수 없게될지도 모른다. 스나이퍼의 임무가 무인 공격기에게 넘어가는 시대는 코앞에 왔다. 무인기 공격이 스나이퍼보다 훨씬 위력적이라는 점 역시 최근 실제로 입증됐다. 게다가 무인기끼리 싸운다면 인명손실따위 걱정하지 않아도 된다. 무인기가 설령 격추당해도 기계의 손실인 만큼 병사의 손실과는 근본적으로 다르다.
스나이퍼는 앞으로 최신 센서로부터 도망칠 수 있을까? 여기에는 예전부터 다양한 대책이 강구됐지만 확실한 것은 아직 없다. 지금으로서는 무인기쪽이 압도적으로 빠르게 진보하고 있기 때문이다.
하지만 스나이퍼가 군에서 없어지지는 않을 것이다. 이미 적었듯 그 운용이 적국, 혹은 무장집단의 수준에 좌우되기 때문이다. 게다가 경찰등의 법 집행기관에서는 오래 살아남을 것이다. 이것은 분명하다.
그리고 저격총/전술용 소총 경기도 그대로 남게 될 것이다. 소총 사격 선수들에게 있어 장거리 사격은 매력적인 존재다. 머나먼 거리인 1,000야드(약 900m)사격은 이제 탄의 진보등에 힘입어 1마일(약 1,609m)사격으로 진화할지도 모른다. 한때 300야드(약 274m)가 '장거리' 였던 시대가 있었다. 지금은 일부에서 그 정도는 포인트 블랭크 레인지(지근거리)라고 조롱받을 정도가 되었다.
자. 현실적인 이야기는 이 쯤에서 끝내자. 저격총은 사격인들에게 일종의 낭만이다. 여기서부터는 그 낭만을 즐기도록 하자.

Turk Takano & Satoshi Matsuo

전통과 혁신이 숨쉬는
애큐러시 인터내셔널 사의 최신 모델

ACCURACY INTERNATIONAL

AE MARK3 & AX

TEXT & PHOTO : SHIN

● 스나이퍼 라이플(저격총)의 발전

군이나 경찰이 사용하는 저격총(스나이퍼 라이플)은 일반 병사에게 지급되는 제식 소총보다도 먼 거리에서 높은 정밀도로 사격할 수 있는 특별한 총이다.
저격총과 저격수의 역사는 제1차 세계대전 중에 제식 소총중에서 잘 맞는 것을 골라 사격 성적이 높은 병사에게 사용하게 한 데에서 시작된다.
유리한 위치에 배치된 스나이퍼 한 사람은 많은 적에게 큰 위협이 되었고, 적의 움직임을 늦추거나 큰 피해를 줬다. 그 때문에 2차 대전에는 많은 나라가 전용 저격총을 개발-생산하고 스나이퍼 훈련도 실시했다.
저격총 개발의 초기에는 사냥용 총기를 저격에 동원하는 경우도 많았지만 지금은 사냥총과 저격총 사이에 큰 차이가 있다. 구경도 돌격소총에도 쓰이는 5.56×45mm NATO탄을 사용해 600m정도의 사거리를 가지는 DMR(지정사수총)부터, .50BMG탄을 사용해 2,000m정도의 사거리를 가진 대물저격용의 AMR(Anti Material Rifle)까지 다양하게 존재해 임무에 따라 사용한다.
실제로 미 해군 특수부대 네이비 씰의 저격수는 각자 5.56×x45mm NATO, 7.62×51mm NATO, .300윈체스터 매그넘, .338 라푸아 매그넘, .50BMG를 쓰는 5종류의 저격총을 지급받는다.
이 총들은 작동방식도 반자동과 볼트액션이 섞여있고 스코프의 종류나 무게, 액세서리도 사용 목적에 따라 달라진다.
현재의 스나이퍼는 원거리에서 적이나 적의 장비를 총격으로 파괴하는 것만이 목적이 아니라 아군의 전개를 엄호하거나 적 정보를 수집하고 폭격이나 포격을 유도하며 전과를 확인하는 등 다양한 임무를 떠맡는다. 아군과 함께 전진하기도 하지만, 때로는 적 후방에 침입하는 등 운용의 폭도 넓다. 따라서 이들의 장비, 그리고 그 중심을 이루는 저격총은 독자적으로 진화했다.
이번에 소개할 애큐러시 인터내셔널(AI)사의 저격총과 스텀-루거사의 RPR(루거 프리시전 라이플)은 최신 저격 기술을 자랑하는 기종들이다. 두 총 모두 야시장비, 레이저, 소음기 등을 임무에 맞게 장착할 능력도 갖추고 있다. 또 탈착식 탄창과 속사 조작에 뛰어난 디자인은 저격총에 어울리는 것이다.

AI AE MARK3

● 애큐러시 인터내셔널

애큐러시 인터내셔널(AI)사는 영국 포츠머스에서 1978년에 창립된, 이 업계에서는 비교적 새로운 총기업체다.

창업자의 한명은 올림픽에서 두 번이나 금메달을 딴 맬컴 쿠퍼로, 그 외에도 4명의 사격선수가 참가했다. 원래 경기용 소총 개발부터 시작했지만, 이 회사에서 처음 군용으로 개발한 PM(Precision Marksman) 저격총이 영국 육군에 1982년 L96A1이라는 이름으로 채택됐다. 그 뒤 다양한 바리에이션과 발전형이 30개국 이상에서 채용되는 메이저 총기의 하나로 성장했다.

여기서 소개할 AI AE MARK3은 L96시리즈를 기반으로 생산성을 향상한 모델로 2001년에 개발된 AE모델을 2009년에 신형 스톡, 10연발 탄창등을 갖춰개량한 것이다.

AI사제의 총구 제퇴기는 3개의 격실을 갖춰 효과가 높은 커스텀 부품으로 바꿨다.

애틀라스(Atlas) 양각대는 알미늄 합금을 깎아 만든 고정밀·고강도 제품으로, 최근 해리스 양각대를 밀어내고 저격총의 표준으로 자리잡고 있다. 양쪽 다리의 각도와 길이를 각각 자유롭게 바꿔 고정할 수 있어 다양한 사격자세에 맞출 수 있다.

이것이 필자가 사용하는 장거리 경기용 저격총이다. 6.5㎜ 크리드모어탄을 쏘며 5~25배율 스코프를 장착한 최신 스펙이다.

사용탄은 6.5㎜ 크리드모어(Creedmore). 총열은 바틀라인(Bartlein)사에서 만든 커스텀 제품으로, 26인치 길이다.

AI사가 비교적 초기부터 실용화한 것이 저격총용 상자형 탄창이다. 복열 장전-단열 급탄의 10연발 탄창이 사용된다.

AI AE MARK3은 AI사 특유의 각진 리시버를 원형으로 바꿔 가공 비용을 줄였다. 장전손잡이는 길게 만들어져 빠르게 조작할 수 있다.

노리쇠는 리시버 좌측의 고정멈치를 누르면 뒤로 당겨 밖으로 빼낼 수 있다.

빰 받침(칙 피스)를 분리한 뒤 노리쇠를 뽑아낸다. 노리쇠의 로킹 러그(폐쇄 돌기)는 세개가 있으며 조금만 돌려도 노리쇠를 개방할 수 있다.

AI사가 경기용 소총 기술을 응용한 부분이 바로 알미늄제 섀시다. 스톡 부분은 알미늄 합금 뼈대로 만들어지며 외부에 플라스틱 패널을 나사로 고정해 완성했다. 리시버는 알미늄 뼈대 위에 나사로 고정된다. AE시리즈 이외의 모델에서는 에폭시를 사용해 리시버를 접착한 뒤 나사로 고정한다.

칙 피스(뺨받침)은 조절식이다.

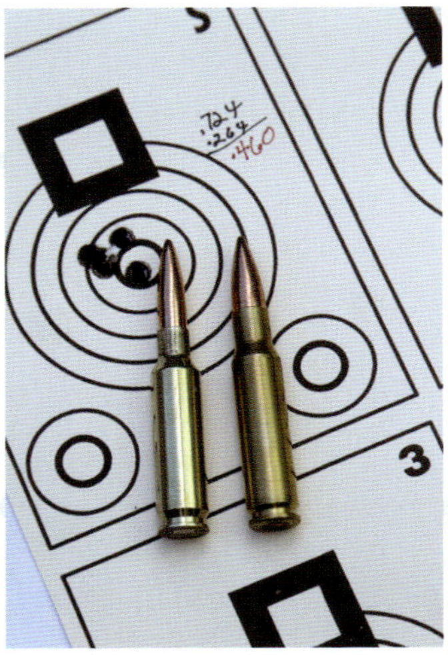

왼쪽이 6.5㎜ 크리드모어, 오른쪽이 .308윈체스터(Win). 6.5㎜ 크리드모어는 2007년에 호너디사가 경기용으로 개발한 비교적 새로운 탄약으로 .308Win(7.62㎜ NATO탄과 같은 칫수의 민수탄약)용으로 만들어진 볼트액션 소총이나 AR10계열에 쓸 수 있게 설계됐다. .30TC 탄약이 베이스로, 반동은 낮지만 .300윈체스터 매그넘 못잖은 초속과 탄도를 자랑한다. 1,000야드 거리에서 1MOA의 정밀도를 확보하며, 탄도 낙차 역시 8밀 이하의 .308Win보다 뛰어난 직진성을 가진다.

발사 순간. 6.㎜ 크리드모어탄과 우수한 제퇴기의 조합 덕분에 반동은 거의 없다.

사격 매트는 사격시에 총을 지탱하는데 큰 도움이 된다. 또 기록 수첩이나 감적 스코프등 다양한 지원용품이 필요하다. 이들을 쾌적하게 빠르게 전개하도록 휴대하는 방법도 궁리해야 한다.

필자가 저격총 경기를 위해 100m에서 하는 연습. 100m는 저격총에는 아주 가까운 거리다. 서서 쏴 자세에서 시작해 30초간 5발, 20초간 3발, 무릎쏴 자세에서 45초간 3발, 1발을 15초, 그리고 엎드려쏴 자세로 옮기는 등 자세나 시간, 표적 크기등을 바꾸며 연습한다.

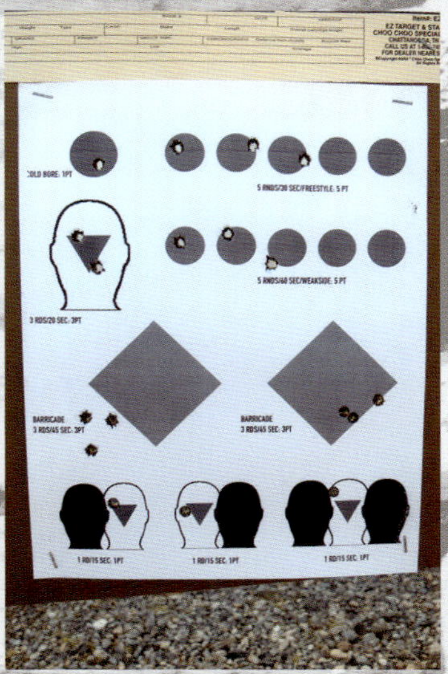

노리쇠를 연 상태에서 시작한다. 사격자세를 신속하게 취하며 정확한 연사를 실시하기 위한 연습이다.

의탁 무릎쏴 자세. 엎드려 쏴 자세 뿐 아니라 야외에서는 다양한 물건을 사용해 안정된 사격자세를 얻어야 한다.

AI의 AE MARK3에 필자가 탑재한 스코프는 슈타이너사의 T5Xi 5~25×56 모델이다. 보통 스코프의 규격 표기는 배율이 앞에, 그리고 대물 렌즈의 지름이 뒤에 온다. 즉 이 스코프는 5~25배율의 가변식으로, 대물 렌즈 지름이 56㎜다. 56㎜면 상당히 대구경 렌즈로, 본체 지름도 34㎜로 대형이어서 1,000m거리에서의 상하 조절이 가능하다. 1,000m를 넘는 원거리 사격이 가능한 26인치 총열의 대형 라이플에 쓰기 위해 고른 스코프다. 스코프의 선택은 사용 목적에 맞춰야 하며 무조건 배율과 사이즈가 커야 좋은 것은 아니다.

슈타이너사의 T5Xi 5~25x56. 튜브(본체) 지름 34㎜.

발전된 밀 도트 레티클 디자인으로, 조정 단위도 mrad(mil)이다. 상하 조절 다이얼의 제로 스탑 기구나 34㎜ 튜브에 의한 넓은 조정폭 등이 장점이다. T5Xi시리즈는 독일의 우수한 렌즈와 부품을 미국에서 수입해 조립한 것으로, 품질은 높지만 가격은 상대적으로 저렴한 실용적인 스코프다.

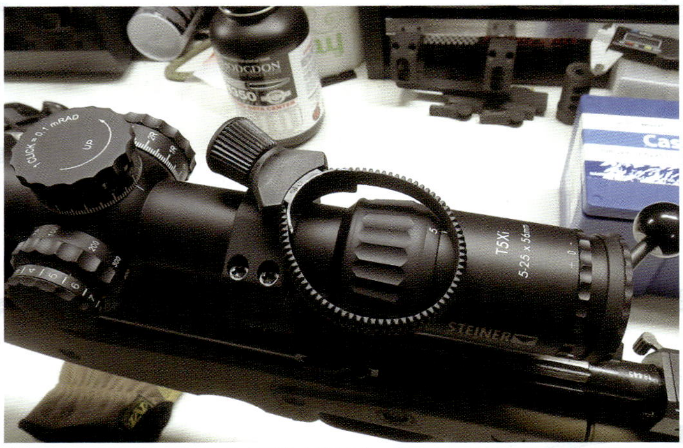

사진의 '파워테일'은 스코프에 개조없이 장착되는 레버로, 신속하게 배율을 바꾸게 한다.

상하 조절 다이얼은 한 바퀴가 12mrad로, 최대 두 바퀴 24mrad까지 조절된다. T5Xi에는 엘리베이션(상하 편차)를 표시하는 창이 다이얼에 뚫려 있어 2바퀴째부터 자동으로 13~24mrad표시로 전환된다. 이것은 긴박한 상황에서 몇바퀴나 돌렸는지 기억 못할때를 위한 기구로, 0으로 되돌아가면 자동으로 멈추는 제로 스톱 기구도 갖춰졌다(mrad는 miliradian: 밀리래디언의 약자. mil로도 표시하며, 1mil은 100m에서 10㎝).

10년쯤 전까지만 해도 저격용 스코프는 10배율이 보통이었지만 이제는 25배율까지의 가변식도 흔해졌다. 25배에서는 표적 포착이 어려우므로 실제로는 거리에 맞춰 그 이하의 배율로 사격한다. 하지만 표적과의 사이에 있는 바람을 파악하기 위해 아지랭이를 보거나 표적 주변의 상황으로부터 바람의 방향이나 세기를 판단하려면 고배율이 필요하다. 따라서 어느 배율에서도 밀도트를 사용해 거리를 파악할 수 있는 퍼스트 포컬 플레인 레티클이 채용되었다.

AICS AX

AI사에서는 특유의 섀시 시스템을 지닌 스톡을 AICS라는 상표로 레밍턴 M700시리즈용으로 판매하고 있다. AICS AX는 총열을 감싸는 덮개(키모드 사양)와 함께 독립된 권총 손잡이를 지니고 있다.

이 총은 GA프리시전에서 만든 M700호환의 템플러(Templar) 액션을 베이스로 .308Win 구경으로 만든 커스텀 액션을 AICS AX에 탑재한 것이다.

소음기 장착이 가능한 슈어파이어제 총구 제퇴기.

애틀라스 양각대를 덮개에 장착한 모습. 스톡에서 뻗어나온 6각형 덮개에는 각종 액세서리를 장착하기 위한 키모드 구멍이 뚫려있다.

액션 부분은 커스텀 라이플로 유명한 GA프리시전 제품. 액션(리시버+노리쇠)을 사용, 정밀도 높은 총기로 완성됐다.

개머리판은 측면으로 접히는 접절식이다.

AX SERIES AT

AI사의 AX시리즈 라이플은 2010년에 발표된 모델로, 미군 특수부대용의 PSR(Precision Sniper Rifle) 계약용으로 개발된 총이다. PSR은 모듈화된 소총을 목표로, 총열 교환도 사용자 레벨에서 가능해 다양한 구경으로 바꿀 수 있는 저격총을 요구했다. AT(Accuracy Tactical)은 2014년에 개발된 최신 모델로, AX시리즈의 이점을 살리면서 보다 평범하고 쓰기 쉬운 디자인으로 개량됐다.

AX시리즈는 총열 교환이 쉬운 모듈러 시스템을 탑재했다. 사진처럼 고정나사를 풀면 된다.

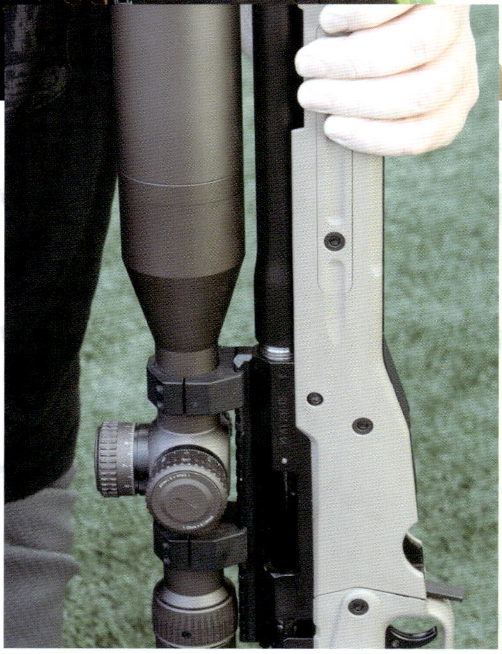

총열은 리시버로부터 간단하게 분리된다.

26인치 길이의 6.5㎜ 크리드모어 총열과 20인치 길이의 .308Win총열. 총열을 바꿔 두 가지 다른 구경을 쓸 수 있다.

.308Win용의 20인치 총열을 장착한 상태.

AI사의 최신형인 AX시리즈 AT와 AE Mark 3.

AT에는 핸드가드 아래에 액세서리 장착 키모드 패널이 있다.

AX/AT는 방아쇠의 위치도 조절할 수 있다.

저격에서 "엘리베이션(상하 편차) 조절은 과학, 윈디지(좌우 편차) 조절은 기술" 이라는 말이 있다. 거리에 의해 변화하는 탄의 낙차를 뜻하는 엘리베이션의 조절은 계산에 따라 할 수 있지만 끊임없이 변화하는 바람을 읽고 신속하게 수정하는 윈디지 조절은 사수의 경험에 의존하는 부분이 많다. 그렇기 때문에 데이터를 수첩에 적으며 실시하는 데이터 수집은 저격수에게 중요한 작업이다.

AI에서는 접절식 개머리판 옵션을 가진 모델이 많다. 힌지(경첩)부분은 단단하며 움직일 때에도 흔들림이 거의 없다.

AI AT의 개머리판을 접은 상태. 20인치 총열과 함께 사용하면 카빈용 케이스에도 들어갈 정도로 컴팩트하다.

오른쪽이 AT용 탄창. AW/AE시리즈와의 호환성이 없다.

6.5㎜ Creedmoor 구경 26 인치 총열을 장착한 AI AT. 스나이퍼 라이플의 총열 교환이 손쉽게 이루어지면서도 높은 정밀도를 유지하고 있다는 사실에 놀라게 된다. 공작 정밀도의 수준을 가늠할 수 있는 부분이기도 하다.

VORTEX 사는 최근 업계에서 강한 존재감을 보여주고 있는 조준경 개발사이다. 이번에 AI AT에 탑재한 것은 이 회사의 최고급 모델인 RAZOR HD GEN2이다.

4.5배에서 27배까지 표시 가능한 가변배율. 퍼스트 포컬에서 전역으로 조준을 가능하게 한다.

RAZOR HD GEN2도 현재 최고의 성능을 자랑하는 저격총 조준경이다. 34㎜ 경통, 영점 조정, 56㎜ 지름의 대물 렌즈의 사양을 가지고 있다.

RPR (루거 프리시전 라이플)

2015년 갑자기 발표된 총이 스텀-루거사의 RPR(Ruger Precision Rifle)이다. 미국 총기업체인 스텀-루거사는 값싸고 성능좋은 총기로 유명하지만 정밀도 높은 총을 만드는 업체라는 이미지는 없었다. 하지만 RPR은 그런 평가를 뒤엎을 높은 성능을 발휘하며 저격계의 평판을 얻고 있다.

RPR은 소매가격 $1,399이다. 할인 가격으로 $1,200면 살 수 있는 저격총이다. AI AT의 값이 3배쯤 되는 것을 감안하면 아주 매력적인 수준이다. 물론 AI가 가진 고급감이나 부드러운 조작감은 없지만 명중률은 근접해있다.

RPR은 기본형은 총구 나사가 파여있어 제퇴기 등을 자유롭게 장착할 수 있다.

프리 플로팅 핸드가드. 배럴 튜브로도 불리는 장비로, 최신 저격총 유행을 따랐다.

M16의 레이아웃을 본뜬 디자인. 상부 리시버 뒤에 장전손잡이가 튀어나와 볼트액션임을 알게 해 준다.

탄창은 AI용이나 AR10용은 물론 M14용까지 사용할 수 있다. 이 부분의 설계는 아주 훌륭하다. 권총손잡이나 개머리판, 안전장치등은 M16용이 쓰였다.

접절식 개머리판 덕에 컴팩트해진다. 개머리판은 맥풀 제품으로 바꿨다.

노리쇠에는 3개의 폐쇄돌기가 있고 개방 각도가 얕아 장전손잡이를 조금만 들어도 열리므로 연사성이 높다.

뛰어난 디자인으로 시장에서 화제가 된 RPR. 곧 다양한 커스텀 부품이 등장하면 금방 메이저 상품이 될 것이다.

프리시전 라이플 시리즈

원거리 저격기술의 최신 기술을 다투는 새 시대의 저격 경기

TEXT & PHOTO : SHIN

기술은 경쟁에 의해 진보한다. "프리시전 라이플 시리즈(Precision Rifle Series)는 원거리 저격 테마의 시합으로, 미국 각지를 순회하며 개최되는 새로운 사격 경기다. 원래 전투기술인 저격을 일정한 규칙에 따라 경쟁하게끔 만든 전술경기인 셈이다.

여기에는 실전경험이 풍부한 전직 군 저격수, 사냥 경험이 풍부한 사격인, 군인, 민간인등이 구분 없이 참가한다. 그 중에서도 실력이 뛰어난 선수에게는 총기 업체나 스코프 업체등이 스폰서가 되어 자사 제품을 사용함으로써 선전효과를 노리는 동시에 치열한 경기에서 태어난 아이디어를 제품에 받아들인다. 이기기 위해 필요한 효율적이고 낭비 없는 디자인이 비용을 무시하고 개발되어 투입되는 곳이 바로 경기다. 따라서 공공기관에서 연구하는 것 보다 훨씬 빠른 속도로 새로운 기술이 태어나고 검증된 뒤 도태된다. 현재 가장 빠르게 진화하는 사격경기가 바로 원거리 저격 분야인 셈이다.

일반적인 저격수의 이미지라면 인내심을 가지고 엎드려 쏴 자세로 적을 기다리다 총을 쏘는 것이지만 최근의 이라크-아프가니스탄 등에서의 실전경험 덕분에 저격 기술은 더욱 공격적으로 변하고 있다. 적극적인 접근과 추격, 다수의 표적에 대한 신속한 저격, 적의 중요 장비에 대한 저격과 파괴가 그것이다. 그리고 사거리와 정확도 역시 기술과 훈련의 발달에 의해 지난 10년간 엄청나게 진보했다. 미국인들은 이런 신기술을 재미로 활용하는데는 천재다. 프리시전 라이플 시리즈는 속도와 정확성을 동시에 겨누는 새로운 형태의 원거리 사격 경기다. 탄약, 총기, 스코프의 진화에 의해 많은 사수들은 정확한 장비만 있으면 거치대나 평평한 지면에서의 엎드려 쏴 자세로 600m거리의 사람을 명중시키는 정도는 쉽게 한다. 하지만 실전에서는 다양한 자세 및 환경에서 필요한 명중률을 신속하게 달성해야 한다.

주어진 장비의 가능성을 최대한 끌어내 실전 상황에 최대한 가깝게 체험하면서 실시되는 원거리 저격은 사격의 즐거움과 어려움을 동시에 느끼게 하는 스포츠다.

표준적인 형태의 볼트액션 저격총이지만 많은 최신장비가 달려있다. 반동을 줄이고 화염과 충격파, 총성을 줄이는 소형 소음기, 야시 어댑터 장착용 마운트, 탈착식 탄창, 대형 장전손잡이, 조정 가능한 칙 레스트 등이 그것이다.

디파이언스사의 액션을 베이스로 만들어진 튜브 건. 핸드가드 부분이 튜브 형태라 그렇게 불린다. 리시버나 개머리판 등은 맥밀란에서 디자인했다.

최근 10년간 소음기의 활용은 크게 늘어났다. 명중률에 영향을 주지 않는 소음기가 차례차례 개발되면서 저격총에 없어서는 안될 아이템이 되었다.

JAE-700 스톡에 탑재된 서전(Surgeon) 라이플제 액션. 스코프는 나이트포스 제품으로 배율을 빨리 바꿀 수 있는 탭이 배율 다이얼에 추가되었다. 역시나 소음기가 장착되었으며 소음기에는 열 차단용의 나일론제 커버가 장착되어있다.

이것도 서전 라이플사의 액션을 AI사제의 AX AICS스톡에 장착한 총이다. 경기용 및 특수부대용의 커스텀 저격총들은 액션, 총열, 스톡, 스코프등의 부품을 조합해 완성하는 시스템이다.

한 쪽에는 튜브건이 있는가 하면 다른 쪽에는 더 단순하고 가벼운 스타일의 스톡도 인기를 얻고 있다. 이것은 사수의 사격 스타일이나 체격등에 의해 좌우된다.

벌리스틱(탄도)란 총으로부터 탄자가 발사되어 명중할 때 까지 탄자가 그리는 경로를 뜻한다. 탄자는 화약 가스의 연소에 의해 총열 안에서 가속되어 총구로부터 빠져나가지만, 나가는 그 순간부터 공기저항으로 인해 속도가 저하되기 시작하고 중력에 의해 아래로 떨어지기 시작한다.
이 두 가지 작용은 탄자의 비행거리가 길어질수록 크게 작용하며 결국은 지상에 떨어지게 한다. 이렇게 해서 탄자가 그리는 포물선을 '탄도' 라 부른다. 많은 총기에는 스코프나 가늠자등의 조준기가 달려있어 이 조준기에서 뻗어나오는 직선과 탄도의 교차점이 탄착점이 된다. 즉 맞추려는 표적의 한 가운데에 조준했다 쳐도 탄도가 그곳을 지나가지 않으면 맞지 않는다. 곡선을 그리는 탄도와 직선을 그리는 조준선. 이 둘이 겹치는 장소, 즉 트러젝토리 포인트(Trajectory point)를 거리에 따라 파악하는 것이 소총 사격에서 중요한 과제가 된다. 표적의 거리에 맞춰 스코프의 엘리베이션을 조정할 필요가 있지만, 얼마나 조정해야 될지는 총과 탄도에 따라 달라진다. 또 기온이나 습도, 기압등의 요소도 어느 정도 감안해야 한다.

경기는 스테이지별로 나뉜다. 이 스테이지에서는 각각 다른 거리에 놓인 표적에 규정시간 내에 명중탄을 맞춰야 한다. 어느 표적이 어느 거리인지, 어떤 순서인지등이 선수들에게 브리핑되고 있다. 그 중에는 사수들에게 거리가 알려지지 않는 UKD(Unknown Distance) 표적도 있다. 이럴 경우 밀도트나 레이저 거리측정기등으로 빨리 거리를 재야 한다.

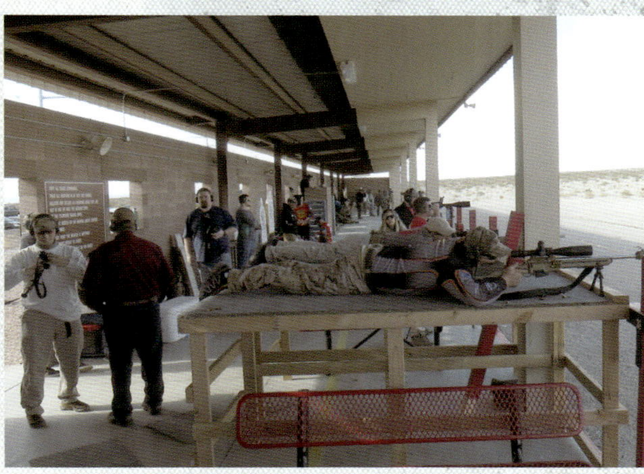
이 스테이지에서의 사격은 목제 플랫폼에서의 엎드려 쏴 자세로 한다. 가장 안정된 사격자세지만, 자세만 잘 잡는다고 쉽게 잘 맞는 것은 아니다.

총에서 어느 정도 떨어진 위치로부터 기다렸다 타이머의 버저가 울리면 시작한다. 규정시간 안에 표적을 찾아 거리를 측정하고 바람을 파악해 스코프의 엘리베이션과 윈디지를 수정한 뒤 맞춰야 한다.

표적 주변이나 표적과 총 사이의 바람이 어떤지 확인하기 위해 고배율 감적 스코프로 풀이나 아지랑이, 명중시의 흙먼지등을 관찰한다.

표적은 강철판이다. 맞으면 소리도 나지만, 근처에 세팅된 카메라의 영상을 무선으로 수신, 녹화하는 시스템으로 정확한 점수를 관리한다.

원거리 사격에서는 주변 환경을 파악해 레티클을 바르게 조절해야 한다.
사거리, 기온, 기압, 사격 각도, 풍속, 풍향, 해발고도 등을 정확하게 파악해 탄도계산기에 입력하면 어느 정도는 이를 커버할 수 있지만 환경이 시시각각 변하는 야외에서는 결국 사수의 능력이 중요하다. 특히 변화하는 바람의 방향과 세기에 따라 얼마나 수정해야 할지의 여부는 사수에 의한 데이터 축적과 높은 판단능력이 필요하다. 이것이 원거리 사격의 묘미다.

현재의 저격은 빠르게 이뤄진다. 표적을 찾아내 연사로 여러 표적을 쓰러트린다. 거리를 판단해 엘리베이션 수정을 실시한 뒤 노리쇠를 조작해 연사한다. 옛날처럼 무겁고 느린 저격총은 시대에 뒤떨어졌는지도 모른다.

다음 스테이지에 맞춰 엘리베이션 수정을 실시한다.

앞의 사수가 얼마나 빗맞았는지를 보고 표적 주변의 환경을 파악한다. 거리별 엘리베이션 수정은 표적까지의 거리를 알고 있다면 비교적 쉽게 할 수 있다. 승부가 갈리는 것은 시시각각 변하는 풍속이나 풍향, 기온이나 빛 등의 자연환경에 맞춰 얼마나 제대로 수정하느냐에 달려있다.

경기장에는 새로운 아이디어가 넘친다. 저격용 스코프는 최근 몇년간 눈에 띄는 변화를 이뤘다. 30배율이 넘는 고배율로 표적 주변의 상황을 파악한 뒤 퍼스트 포컬로 어느 배율에서도 거리 파악이 가능해졌다. 레티클도 조준하기 쉽고, 이동하는 표적에의 사격이나 윈디지 조절도 쉬운 퍼스트 포컬에 알맞는 것이 탄생했다.

프리시전 라이플 시리즈에서 선수는 경기에 사용하는 모든 장비를 직접 등에 매고 이동해야 한다. 따라서 다용도의 경량 기어와 이를 운반하는 배낭류가 중요해진다.

스테이지마다 있는 브리핑. 주어진 정보를 기초로 자신의 도구를 이용해 거리나 바람 등을 측정한다.

브리핑 뒤, 사수는 일정시간 안에 표적의 위치, 크기, 거리등을 포함한 사격 정보를 수집해야만 한다.

케슬러제 윈드미터로 풍속, 기온, 습도등을 측정한 뒤 필요한 수정량을 계산해 팔에 달린 차트에 적는다.

카메라용 삼각대와 라이플 전용 홀더를 조합한 거치대는 현재의 저격에서 중요한 비중을 차지한다.

마무리

저격 기술은 방아쇠를 당기기 이전의 준비단계에 집약되어있다. 사격장에서 다양한 환경에서 사격을 실시하며 데이터를 모으고 자신의 총과 탄이 다른 거리마다 어디에 어떻게 맞는지 알아야 한다. 표적까지의 거리를 알기 위한 거리 측정법, 바람을 읽고 정확한 수정량을 산출하는 경험, 표적까지의 각도를 고려한 조정, 그리고 필요한 장비를 모아 조용히 이동, 빠르게 전개하고 철수하는 기술. 또한 싸움을 유리하게 이끌기 위한 정보수집과 계산 능력도 필요하다.

저격수에게 중요한 요소는 총이 아니라 저격수 자신의 장인정신인 셈이다.

GA 프리시전의 GAP-10G2.
스코프는 March 5~40 × 56 ㎜ FFP

Turk Takano
Special thanks to Doc Beech

GA Precision GAP-10 G2 .308 Tactical Rifle

1,000m 사격

이번 기사는 필자가 평소에 흔히 쓰는 실총 기사와 조금 다르다. 필자가 기사에 나올 총을 직접 만져보고 세세하게 테스트하는게 아니라 필자의 친구가 새 총을 산 다음 그것을 쓰는 과정을 살펴본 뒤 보고하는 형식이다. 따라서 GAP-10G2의 실제 실력을 발휘한 것은 아니라는 사실을 미리 밝혀둬야겠다.

올해 여름, 친구인 퇴역 해병대원 닥(Doc Beech)에게 전화를 받았다. 신제품인 .308의 GA-10G2가 제작사에서 도착했으니 주말에 1,100야드 사격장에 가는데 같이 가지 않겠느냐는 것이다.

이 친구가 GA프리시전사의 신제품인 이 총을 주문했다는 사실은 알았지만, 도착할 때까지 오래 걸리는 만큼 그 사이에 필자도 까맣게 잊어버렸다. 주문하고 몇 달도 아니고 반년 넘게 기다리기는 힘들다. 잘못하면 본인이 주문했다는 사실을 잊어버릴수도 있다.

1,000야드(900m)는 여러 차례 쏴 봤지만, 1,100야드(1,000m)는 처음이다. 겨우 100야드 차이인데? 수치상으로는 그렇다. 하지만 미터법에서 1,000m면 하나의 경계선으로 여겨지고, 또 1㎞로도 표기된다. 나름 매력적인 숫자다. 아무래도 기분 문제다. 1,000은 사격의 세계에서 한때 '매직 넘버' 취급을 받았다. 최근에는 그보다 먼 거리에서의 저격이 자주 성공하니 1,000이라는 숫자의 마력은 예전보다 떨어졌지만….약속한 사격장도 필자에게는 처음 가는 곳이다. 작은 프라이빗 레인지(허락된 사람에게만 개방되는 사설 사격장)으로, 아무나 갈 수 있는 곳이 아니다. 지주 겸 관리인의 강습을 받고 통과하는 사람만 사용할 수 있는 곳이기 때문이다. 500야드(약 450m)를 넘는 사격장은 어디라도 이런 식이라 이곳만 드문 경우는 아니다. 소총을 가지고 있어도 스코프 조정방법을 모르거나 잘못 아는 사람도 많다.

특히 필자가 사는 텍사스 지역의 주변은 넓은 평지라 설령 탄이 뒤로 날아가지 못하게 하는 백스탑(총알막이)을 만든다 해도 그 높이에는 한계가 있다. 따라서 사고 방지를 위해서 사수에게 사격장 사용허가를 주기 전에 어느 정도 교육을 해야 한다.

100야드 사격장이면 문제없지만 500을 넘으면 조금만 잘못 쏴도 장외 홈런이 되어버린다. 스코프 조정법은 MOA와 밀 두가지로 나뉘며, 잘못 혼동하면 위험하다. 그리고 이렇게 사고가 나면 사격장은 폐쇄될 수도 있다. 터무니 없이 멀리 날아간 소총탄이 방목하던 소에 맞았다는 이야기도 들은 바 있다.

벌리스틱(탄도) 소프트웨어

필자에게는 새로운 사격장이지만, 그 동안의 경험 덕에 사격장 사용전 교육은 면제받았다. 가져온 소총은 3정. 필자가 직접 만든 볼트액션 6.5㎜-.284, 서젼 볼트액션(.308), FN SCAR-17(.308)이다. 이번 기사의 주역은 닥으로, 필자는 어디까지나 구경꾼이다. 이번 기사는 감상문으로 읽어주시기 바란다.

닥은 윈드미터(풍향/풍속계)로 유명한 케스트렐(Kestrel)의 사격용 윈드미터 4500/4500NV에 탑재된 탄도 계산 소프트웨어를 만드는 어플라이드 벌리스틱스(Applied Ballistics)사의 직원이다. 앞서 말했듯 해병대 출신으로, 이라크에 3번이나 파병되어 세번째에 죽을뻔한 중상을 입은 뒤 오랫동안 입원생활을 했다. 일상생활에 지장은 없지만 해병대 현역 복귀는 무리여서 9년의 해병대 생활을 마무리했다. 해병대에서의 실전경험도 있고 젊은 세대여서 컴퓨터에도 익숙하여 이 회사에서 잘 일하고 있다.

이번 사격의 목적은 새 총의 영점을 잡은 뒤 어플라이드 벌리스틱의 소프트웨어를 이용해 800야드 밖의 표적에 초탄 명중을 시킬 수 있는지 보려는 것이었다. 아침 9시부터 영점을 잡기 시작했다. March의 5~40×56㎜

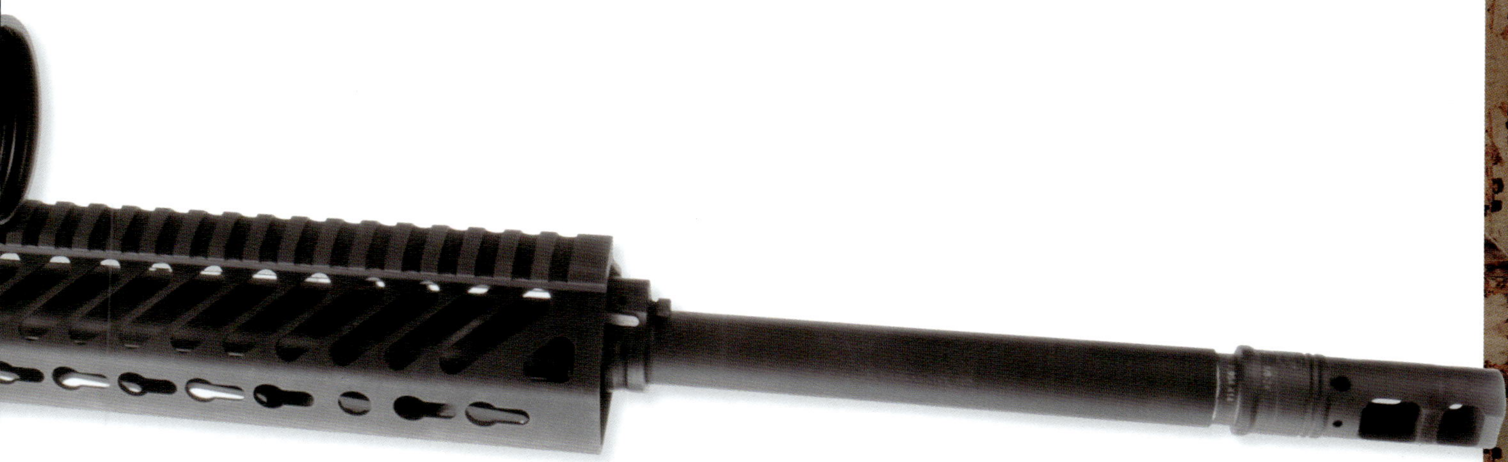

원래 미 육군의 범죄수사관이던 조지 가드너가 경영하는 커스컴 건 메이커인 GA 프리시전이 공급하는 전술용 저격총인 GAP-10 G2 는 반자동이지만 1MOA 의 탄착군을 보증한다 . 이 총과 케스트렐의 윈드미터 , 그리고 어플라이드 벌리스틱 소프트웨어를 조합하면 , 과연 800 야드라는 먼 거리에서도 2MOA 크기의 표적을 초탄에 명중시킬 수 있을까 ?

두 종류의 벌리스틱 소프트웨어가 인스톨된 케스트렐 윈드미터를 앞에 두고 사격한다 . 미국의 원거리 사격 애호가는 거의 전부가 케스트렐 윈드미터를 가지고 있다 . 필자도 마츠오 부편집장도 가지고 있다 . 다만 필자와 마츠오 부편집장의 것은 가장 싸구려로 풍속과 기온이 표시될 뿐이다 .

표적은 800 야드 밖에 있다 . 그 너머에 1,100 야드 표적도 있다 .

케스트렐 윈드미터를 윈드베인 (풍향판) 위에 얹었다 . 바람의 강약 , 방향등을 쉽게 알 수 있다 . 여기서 얻은 데이터를 수정량에 반영한다 . 문제는 측정할 때와 쏠 때 사이의 시간차다 . 스코프에 연동되어 표시되는게 아니기 때문이다 . 따라서 윈드미터로 얻은 탄도 데이터를 이용 , 수정량을 계산한 뒤 스코프의 다이얼을 돌리고 어느 정도는 사수가 오차를 감안해 조준한다 . 환경에 리얼타임으로 대응해 쏘는 것은 현재는 불가능하다 . 데이터에 나온 바람의 세기를 감안해도 결국 그 강약은 몸의 감각이나 아지랑이의 흐름 등을 보면서 파악한 뒤 머릿속에서 최종 수정량을 뽑아낸 뒤 조준할 지점을 수정해서 쏴야만 한다 . 이것이 잘 되는지 아닌지가 우수한 사수와 아닌 사수를 나누는 분기점이다 .

벌리스틱 소프트웨어 (탄도계산 소프트웨어) 의 지시에 따라 엘리베이션 다이얼을 돌린다 . 마구 돌리면 영점을 잡은 지점이 어디인지 알 수 없게 되기도 한다 . 그럴 때 제로 스톱 기능이 필요하다 . 잊어버리지 않을 자신이 있다면 제로 스톱은 필요없는 기능이겠지만 실전에서라면 침착하게 기억하기도 어렵다 .

준비한 리로드 탄 (사수가 직접 제작한 탄). 이번에는 팩토리 카트리지 (공장 생산탄) 은 준비하지 않았다 . 총구에 붙은 붉은 대검같은 것은 전자식의 탄속계인 매그니토 스피드다 . 총 옆의 스마트폰 위에 붙은 작은 기기에 탄속이 표시된다 .

텐트 아래에서의 사격 . 이 날은 화씨 100 도 (섭씨 37.7) 를 넘어 104 도 (40 도) 근처까지 치솟았다 . 텐트 아래가 아니라면 참을 수 없다 . 이라크보다는 시원하다지만….

탄도계산 소프트웨어로 800~1,100 야드에서의 수정량을 산출한다.

FFP/MOA사양에 FMA-2 레티클이 탑재된 스코프는 닥이 반년도 전에 구입한 뒤 이것이 탑재될 총이 완성되기만 기다렸다. 이번에 총이 도착해 드디어 스코프가 원래의 역할을 하게 된 것이다.

닥이 GAP-10 G2의 조정에 전념하는 사이에 필자는 가지고 온 총으로 500야드보다 먼 표적을 쏘기 시작했다. 이 날 필자가 사용한 빌리스틱 소프트웨어는 아이폰 앱인 Mil Dot Ballistic(밀 도트 벌리스틱)이다. 6.5㎜-.284에 탑재된 스코프는 닥의 5~40×56㎜ FFP와 기본적으로는 같지만 레티클은 FML-1, 밀 사양으로 되어있다. 그리고 서전 라이플에 탑재된 스코프도 밀 사양에 조금 작은 March 3~24×52㎜ FFP, FML-1 레티클이다. SCAR-17에 탑재된 것도 March의 1~10×24㎜ SFP, 레티클은 MTR-4이다.

이날은 한여름처럼 더워 오전 9시라도 지붕이 없는 곳에 누우니 땀이 비오듯 했다. 마침 사격장 주인이 간이 텐트를 가져왔다. 필자도 간이 텐트는 있지만 사격장에 지붕이 있겠거니 하고 가져오지 않았다.

지붕이 낮으면 햇빛이 낮게 비추는 오전에도 쓰기 편하다. 반면 너무 낮으면 지붕으로부터의 복사열이 뜨거워진다. 바깥 기온은 화씨 100도(섭씨 37.7도)에 도달했다. 오후에는 섭씨 40도는 넘을 것이다. 닥이 아무렇지도 않게 말한다. "이라크는 한여름에 화씨 140(섭씨 60)도라니까요." 그러면 이 정도 더위쯤이야…. 그 더위 속에 방탄복, 헬멧, 각종 장비를 풀로 갖추고 움직인다니, 필자로서는 상상도 할 수 없다.

필자도 중동에서 생활한 경험이 있기는 하지만 한여름에는 아니었다. 물론 텍사스도 만만찮게 덥기는 하다. 사실 여기도 이 정도는 되어야 덥다고 할 만하다.

보어스네이크로 총열에 쌓인 그을음을 닦는다. 보어스네이크는 총강(총열 안쪽) 청소용의 로프형 도구다. 뱀처럼 굵어 보이므로 보어(총강) 스네이크(뱀)라고 부른다. 이것으로 닦는 것은 솔벤트에 적신 황동 브러시를 끼운 꼬질대로 청소하는 것과는 다르다. 사격 도중에 솔벤트를 쓰기 싫어하는 전술사격인은 많다. 경기중 콜드 보어(청소된 총강)에서 쏴야 하는 스테이지가 있어 청소하고 쐈더니 초탄 탄착점이 청소 전과 달라지면 곤란하기 때문이다. 보어스네이크를 쓰면 이 문제를 최소화할 수 있다. 물론 경기가 끝나면 솔벤트와 황동 브러시로 제대로 닦아야 한다.

초탄 명중은 가능한가

그러면 여기서 이야기를 닥의 GAP-10 G2(.308Win)으로 돌려보자.

광학 센서를 쓰지 않고 전자 센서를 사용하는 탄속 측정기인 매그니토스피드 (MagnetoSpeed)로 총구초속을 측정해 봤더니 2,600fps(792.48m/s)가 나왔다.

이 때 사용한 탄약은 닥이 직접 만든 리로드탄으로, 탄자는 버거 (Berger) 사의 185 그레인 (약 12g) 주거넛 (Juggernaut) G1, 화약은 4166번으로 42그레인(약 2.7g), 탄 전체 길이는 2.87인치(약 7.29㎝)이다.

필자도 6.5㎜에는 핀란드 라푸아사의 탄피를 썼지만 .308에는 PPU사의 탄피를 썼다. 사실 라푸아 탄피가 더 낫지만 .308은 몇백 발씩 리로딩하는 만큼 아무래도 가성비가 좋은 탄피를 찾게 된다.

30 배로 본 1,100 야드 밖의 표적 .

최대 배율인 40 배로는 이렇게 보인다 . 맨눈으로는 더 깨끗이 보인다 . 이 배율로 봤을 때 표적 크기가 얼마인지 참고하는데 쓰시길 .

닥의 800야드 사격에서 초탄의 행방은 어디일까? 표적 사이즈는 2MOA이니 800야드라면 16x16인치(406×406㎜)가 된다. 케스트렐 윈드미터를 이용해 환경을 측정한다. 닥의 벌리스틱 소프트웨어로 환산한 엘리베이션은 23.2MOA다. 윈디지는 5/8MOA를 더했다. 이 때 방향은 묻지 않았지만 같은 시간에 옆에서 총을 쏜 필자는 9시 방향에서의 미풍을 느꼈다. 이것을 감안하면 닥은 왼쪽으로 윈디지를 옮겼을 것이다. 그리고 사진에서 보시다시피 명중했다. 필자의 아이폰 앱으로는 계산을 안했기 때문에 닥의 소프트웨어와 얼마나 오차가 나는지는 모른다. 하필이면 6.5㎜-.284의 탄도 데이터로 내 총을 쏘느라 정신이 없었기 때문이다.

그 뒤 닥이 입력한 데이터와 탄자 데이터를 포함해 거의 같은 수치를 아이폰 앱(밀 도트 벌리스틱스)에 입력, 엘리베이션만 계산했더니 23.95MOA가 나왔다. 표적에 맞는 것만 보노라면 엘리베이션은 닥이 사용한 어플라이드 벌리스틱 소프트웨어에서 나온 수치인 23.2MOA가 더 정확하다.

하지만 사이트 하이츠, 즉 총열 축선과 스코프의 축선 사이의 거리 오차등과 같은 세세한 데이터는 필자의 아이폰에 입력할 수 없는 만큼 어느 정도의 차이는 각오할 수 밖에 없다. 또 탄도 계산 소프트웨어 자체의 계산 방법도 다를 수 있다. 이처럼 여러가지 미묘한 차이가 있는 만큼 보통 사람들은 알기 힘든 면도 있다. 그렇다면 필자가 사용하는 밀닷 벌리스틱스가 산출한 23.95MOA를 사용해 800에서 닥의 총을 쏘면 어떨까?

이론적으로 따지면 명중점이 6인치 위로 올라간다. 하지만 실제로는 16×16인치의 표적에 간신히 맞을 것이다.

800 야드 밖의 표적에 초탄이 명중했다 . 철판의 칠이 벗겨진 부분이 탄흔이다 .

900 야드의 표적은 18 × 18 인치 (45.7 ㎝), 1,000 야드는 20 × 20 인치 (50.8 ㎝), 1,100 야드는 22 × 22(55.9 ㎝) 인치이다 . 표적에 맞으면 2MOA 정도의 정확도가 나오는 셈이다 .

게다가 800야드에서는 불릿(탄자) 스핀 드리프트(강선의 회전방향으로 명중점이 치우치는 현상)가 185그레인 주거넛 탄자라면 오른쪽 6인치(약 15㎝) 정도가 될 것이다. 과거에도 언급한 바 있지만 1,000야드 이하에서는 보통 바람의 방향과 풍속이 가장 중요한 문제가 된다.

탄자의 스핀 드리프트와 코리올리 효과(지구가 자전하는 영향으로 인해 북반구에서는 떠있는 물체가 오른쪽으로 이동하는 경향이 있다)는 필자의 밀 도트 벌리스틱스 앱에서는 on/off선택이 가능하므로 이 두 가지를 고려하지 않고 탄도를 계산할 수도 있다. 필자는 늘 양쪽 다 on으로 해둔다. 대부분의 사격인들은 탄자 스핀 드리프트를 일반 정보 안에 포함시켜 바람을 판단하는 종합 요소의 하나로 넣어둘 것이다. 하지만 현장에서 소프트웨어가 있는 스마트폰이나 패드, PDA같은 디지털 기기를 쓰는 것은 아직 좀 비현실적인 면도 있다. 구시대적으로 보이겠지만, 아날로그인 레인지카드(종이에 사격 정보를 적은 카드)는 지금도 무시 못할 수단이다.

그리고 900, 1,000, 1,100야드에 도전했다. 오후가 되자 바람이 세지면서 원거리 사격의 난이도가 높아졌다. 그리고 이런 상황에서는 .308도 무기력하기 짝이 없다. 그야말로 맞고 안 맞고는 운에 맡기는 판이다.

.308이라면 주변 여건이 좀 안 좋아도 500야드까지는 어지간해서는 잘 맞으며, 숙련된 사수라면 이 거리가 600까지 늘어난다. 그리고 .300윈체스터 매그넘이나 .338 라푸아 매그넘같으면 이 거리가 더욱 늘어난다.

1,100야드쯤 되면 .308의 175그레인 탄자는 목표에 도달하는데 2초 가까운 시간이 걸린다. 그리고 이 탄이 철판 표적에 맞으면 소리가 난다. 사람이 없는 곳이라 조용하므로 바람소리 빼고는 다른 소리는 없다. 그리고 표적에 맞는 소리가 사수에게 들리는데 다시 2초가 걸린다. 즉 방아쇠를 당긴 뒤 5초 정도가 지나야 명중음이 사수에게 들리는 것이다. 물론 맞을 때의 이야기지만….

그런데, 이렇게 멀리서 나는 소리가 들릴까? 일반적인 귀마개라면 안 들리겠지만, 전자식 청력보호장치가 달린 귀마개라면 들린다. 총성은 차단하고 사람의 목소리는 들리게 하는 타입의 귀마개 말이다. 또 고배율 스코프라면 명중 장면을 볼 수도 있고 철제 표적이 움직이는 것도 확인할 수 있다. 고배율이라 하면 30배, 40배 스코프의 세계다.

참고로 스코프의 레티클 사진은 아이폰4s를 어댑터에 끼워서 촬영했고 이런 식으로 촬영했으니 당연히 해상도에 한계가 있다. 역시 폰카메라의 한계다. 스코프와 카메라 렌즈 각각의 색수차가 서로 간섭하면서 화질이 크게 떨어진다. 직접 눈으로 본 스코프 영상은 훨씬 깨끗하다.

GAP-10 G2

GA프리시전이라는 이름을 듣고 어떤 업체인지 아는 독자라면 상당한 '전술 라이플 매니아' 다. 미국에서 이 브랜드를 모르는 전술 사격인이 있다면 가짜거나 시골의 초보자쯤 될 것이다. 창업은 1999년이니 겨우 17년 됐지만 그 사이에 유명 브랜드로 성장했다. 그 원인중 하나는 창업자 겸 오너인 조지 가드너 사장이다. 그 자신이 전술 사격 애호가로, 대회에서 늘 상위를 차지함으로써 사격의 세계에 이름을 알렸다. 게다가 군 경험이나 그 뒤의 법집행기관 경력등 배경도 출중하다. 법집행기관들과의 유대관계도 좋고, 실제로 이 회사의 총을 채택한 기관도 적지 않다. 이 회사의 모토는 "비교적 저렴한 가격으로 고성능 소총을 제공하자" 는 것이다.

원래는 레밍턴 볼트액션 라이플을 베이스로 시작했지만 곧 액션 전문 업체에 제조를 의뢰한 자체 브랜드의 액션을 사용해 오늘날에 이르게 됐다. 이 액션의 이름이 바로 템플러(Templar)이다. 그 뒤로 시대의 수요에 맞게 여러 개량을 거치면서 지금은 템플러가 서전과 함께 신뢰성

GA 프리시전의 조지 가드너 사장 . 직접 대회에 참가하기도 한다 . 덩치는 크지만 성격은 좋다 .

높은 액션으로 진화했다.
이 회사는 지난 8년간 경기용으로 높은 정밀도를 자랑해 온 바틀라인(Bartlein)의 제품만 사용한다. 게다가 최근 유행하는 5조 강선의 총열을 사용한다. 그리고 택티컬/스나이퍼 업계와 밀접한 관계를 맺었다고는 하지만 GA프리시전의 카탈로그에는 템플러 액션을 사용한 사냥용 라이플도 있다.
(편집부 주: 템플러라 하면 템플 기사단을 뜻한다. 900년 전에 탄생한 용어로, 템플 기사단은 제1회 십자군에 의한 성지 예루살렘 탈환 이후 1119년에 발족한 기사수도회(수도사이지만 무기를 들고 전투에 참가하는 기사이기도 하다)를 뜻한다. 예루살렘 방어와 이곳을 순례하는 기독교도를 보호하기 위해 활동했지만 14세기 초반에 프랑스 왕 필립 4세에 의해 누명을 쓰고 궤멸당했다. 오늘날에는 무죄가 입증되어 명예가 회복되었다. 이 기사단에 얽힌 전설도 많고, 자칭 템플 기사단의 후예를 주장하는 단체도 많으며 여러 픽션속에 등장한다)

닥의 March FX 스코프에는 조명식 레티클이 있다. 스코프 마운트는 American Rifle Company 사의 M10 QD-L 34㎜ 타입. 링 부분은 독특한 구조로, 위의 나사를 풀면 좌우 링이 날개처럼 벌어진다.

AR-10의 진화형인 GAP-10 G2

AR-10은 오랫동안 잊혀진 존재였으나 나이츠 아마먼트에 의해 부활했다. 1990년대 초반에 등장한 SR-25가 바로 AR-10의 현대화 버전이다. 네이비 씰에 채용된 것은 2000년이다. 지금도 미군 내에서 현역으로 활동중이다. 그리고 최근에는 기본인 .308뿐 아니라 .243, 6.5㎜ 크리드모어등 흔히 말하는 중(中)형 탄약을 사용하는 AR-10계열이다. 어떻게 보면 기존의 5.56㎜을 확장한 탄약을 쓰는 셈이다. 심지어 AR계열에는 이제 .300윈체스터 매그넘 사용버전도 있다. 인기있는 구경은 다 커버할 기세다. 그리고 이제는 AR-10베이스의 모델을 만드는 업체가 적어도 12개는 넘는다. 이처럼 경쟁이 치열하면 각 메이커마다 나름의 장점을 만드느라 여념이 없게 마련이다. GAP-10 G2는 AR-10베이스의 모델로는 가장 후발주자로, 가장 잘 다듬어진 모델로도 알려져 있다.

이론적으로 유리하다고 알려진 5조 강선(5조 우선, 11.25인치당 1회전)은 레밍턴제 총열이 처음 채택했다. 이것을 처음 채택한 것이 SR-25였다. 이 무렵에 5조의 전설이 탄생했다. 다만 이론적으로는 어떨지 몰라도 실제로 증명되지는 않았다. 적어도 이 기사를 쓰는 시점에서 정설로 굳어지지는 않았다. 필자는 4조도 6조도 별 차이가 없다고 믿는다. 하지만 일부에서는 5조를 숭배한다. 총열의 브레이크 인(길들이기)와 마찬가지로 믿는다 해도 손해는 없다. 라이플이야말로 "믿는 자가 구원받는" 업계이니 말이다.

먼저 스펙을 살펴보자.

탱고다운사의 ACB-4 양각대를 탑재하고 있다.

안전장치와 노리쇠멈치가 오른쪽에도 있다.

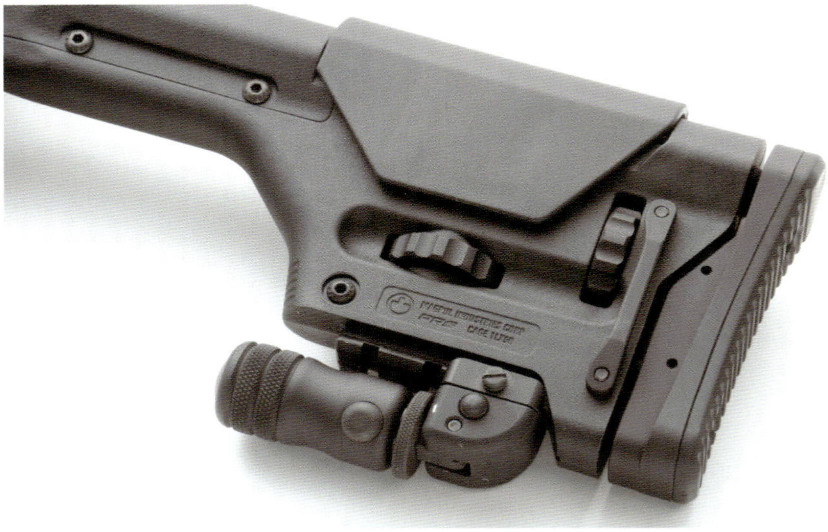

명칭: GAP-10 G2
제작사: GA Precision
구경: .308Win(7.62×51㎜)
작동방식: 가스 직동식(Direct Gas Impingement)
길이: 1,041㎜
총열/총열 길이: 바틀라인 SS 5R 20인치(508㎜)
탄창: 20연발
개머리판: 맥풀 MOE A2 스탠다드
무게: 6.21㎏(스코프 포함/탄창및 양각대 없는 상태)
6.8㎏(스코프, 양각대, Accu-Shot PRM추가, 탄창 없음)
방아쇠: 싱글 스테이지, 약 1.1㎏
마감: 흑색 산화피막, 총열과 가스블록은 무광 세라코트
소염기: 슈어파이어(소음기 장착 가능)
스코프 마운트: 아메리칸 라이플 컴퍼니사의 M10 QD-L 마운트, 20MOA 34㎜. 신속탈착형의 최신 버전으로, 가격은 $300으로 꽤 비싸다. 이 마운트는 스코프와 마찬가지로 GA프리시전과 관계 없이 닥이 개인적으로 구입한 것이다.
가격: 약 $3,000~4,000(옵션에 따라 변동).

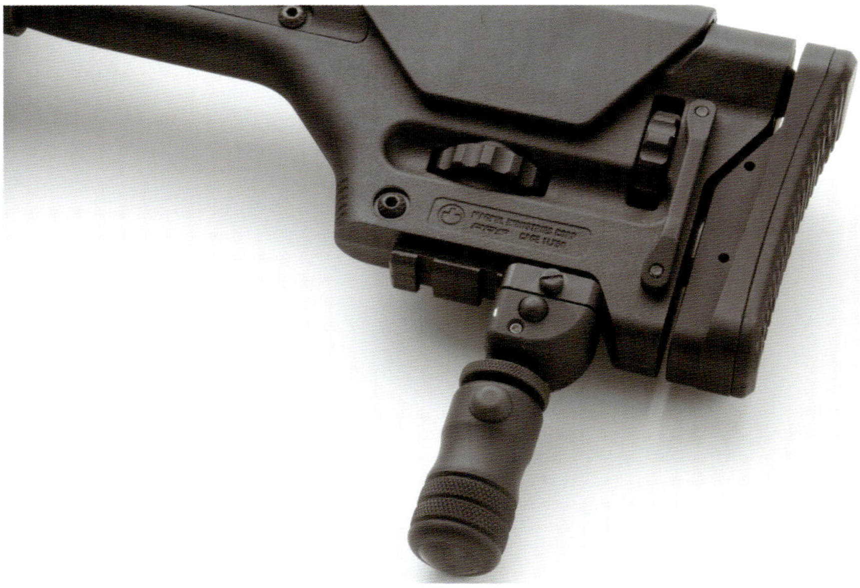

맥풀 PRS 개머리판과 애큐샷 (Accu-Shot) PRM(Precision Rail Monopod). 멋있고 기능적으로 보이지만 필자는 뒤쪽에 가방 등을 받치는 편을 선호한다. 직접 쏴보면 이해가 될 것이다. 필자 개인의 의견이지만….

상하부 리시버를 보면 타사 제품과의 차이가 확연하다. 7075 알미늄 합금 블록을 깎아서 만든 제품이다.

이번 테스트 모델은 스코프와 마운트 없이 약 $3,700 정도였다.
주: GA프리시전 제품은 모든 부품을 외부에서 제작한 뒤 업체에서 조립한다.

외주 부품을 모아서 조립한다면 생각하기에 따라서는 소비자에게 가장 좋은 제품을 제공할수도 있다. AR관계의 부품/액세서리 업체는 그야말로 하늘의 별만큼이나 많으니 제작사가 직접 대부분의 부품을 만들어야 하는 시대는 지났다. 액세서리의 큰손, 맥풀같은 곳이 있으니 말이다.
하지만 좋은 액세서리나 부품이 있으면 많은 메이커가 채용하는 바람에 결국 어느 AR도 비슷한 모양이 되어버린다. 소총의 실루엣만 보고 어느 업체 제품인지 파악할 수 있는 시대는 진작에 지나버리고 말았다. 뭐 권총도 이유는 달라도 결국 비슷하게 되어가고 있지만 말이다.
그러면 GAP-10G2를 좀 더 살펴보자.

a) 상하 리시버는 알미늄 합금(7075)을 깎아 무광검정 산화피막처리가 되어있다.
b) 바틀라인 총열은 이미 적었듯 5조 강선으로, 현재 5조는 .308외에 6.5㎜, 6㎜총열 모델만 존재한다.
c) 구경은 6㎜ 크리드모어, 6.5㎜ 크리드모어, .243Win, .260Rem(레밍턴), 7-08Rem, .308Win등이 있다. 그 외에 .338Fed(페더럴) 버전도 있다. 단, 노리쇠 앞부분의 탄 끼워지는 곳(볼트 페이스) 지름인 0.473인치(약 12㎜)와 호환되는 탄이어야 한다.
d) 방아쇠는 가이즐리(Geissele) SSA-E가 표준장착.
e) 핸드가드는 상부 리시버와 오차없이 연결되지만 일체형은 아니다.
f) 장전손잡이는 배저 오드넌스사의 대형 택티컬 래치 버전 채용.
g) 앵글 베이스는 30㎜, 34㎜ 대응을 위한 링 부착형 GAP 20MOA버전 기본 장착.
h) 스텐레스제 가스블록은 소음기 대응을 위해 가스량 조절이 가능한 방식이 표준이다. 주문에 따라 검정 이외의 색도 선택가능.
i) 노리쇠 멈치, 탄창멈치는 좌우 대칭이다.
j) 미국의 각 주 법에 맞는 특별모델도 조립

가스블록에 가스 조정 기능이 있지만 나사를 얼마나 조이느냐에 따라 좌우되는 원시적인 수준이다. 블록 안의 가스 포트를 나사로 가로막아 튜브에 들어가는 가스의 양을 조절하는 것이다. 원터치 조절 레버를 붙이면 어떨까? 하는 의견도 나왔지만, 이미 오래 전에 정해진 가스블록의 칫수를 바꾸기도 어렵고…. 이것 외에 방법이 없었다. AR이 디자인될 때만 해도 가스조절기 개념이 도입되지 않았고, 소음기 장착 개념도 없었다. 결국 나중에 추가된 것이라 어쩔 수 없나…. 그런 점에서 각 업체가 멋대로 디자인한 가스피스톤은 여유도 있어 이런 변경이 비교적 쉽다. 다만 좀 무거워진다. AR-10 계열은 피스톤이어야 할 이유도 별로 없다. 노리쇠/노리쇠뭉치의 질량이 큰 만큼 약간의 오염으로 불완전폐쇄가 생기는 등의 문제도 없으니 말이다. 그전에 청소도 안하고 몇천발씩 쏠 일이 별로 없다. 군대에서도 7.62NATO를 200발 휴대하는게 한계다. 몇천발 청소없이 쏜다 해도 현실적이지 않다.

플라이어, 즉 탄착군에서 지나치게 벗어난 탄이 나온 것은 사용하던 양각대 문제인 듯 하다. 모래주머니에 얹어 쏘니 플라이어가 급격히 줄었다. 없어진 것은 아니지만 출현 빈도는 크게 떨어져 보통 수준이 되었다.

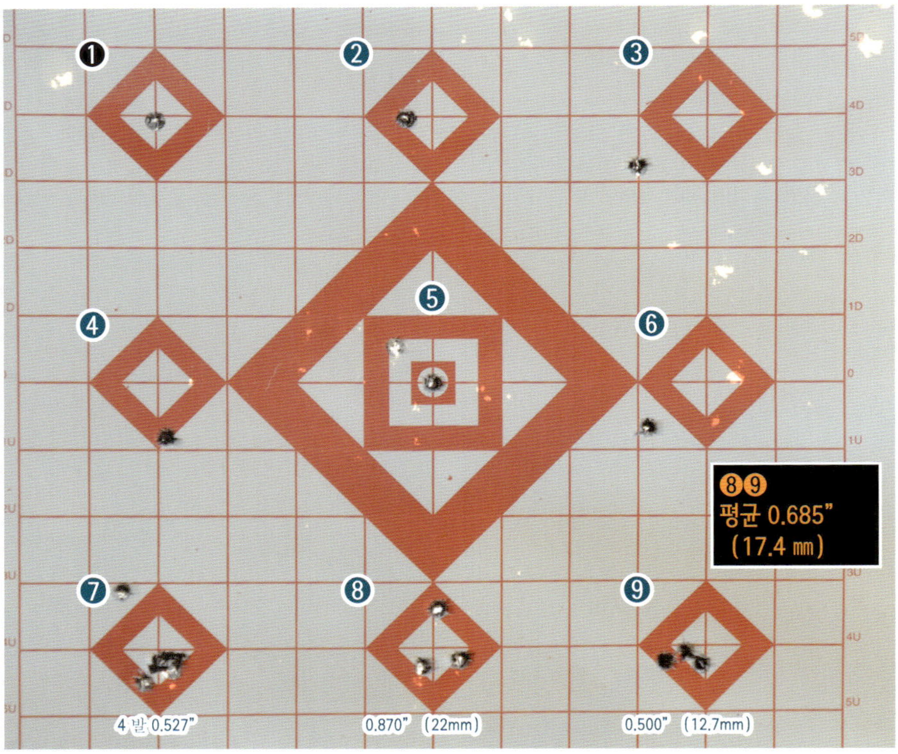

플라이어 발생이 극과 극을 달린다. 센터(오렌지색 4각형의 중심)을 노려 쐈는데 절반이 빗나갔다. 콘크리트 위에서의 사격이 문제를 키운 듯 하다. 모래주머니 위에서의 탄착군(8, 9번)을 보면 3발짜리 2 탄축군의 평균이 0.685 인치(17.4 ㎜)다. 이런 종류의 총으로는 나쁘지 않다.

가능. 캘리포니아 법에 맞는 모델의 조립도 가능하다.

이상의 기본 표준장비 외에도 각 메이커의 소염기나 제퇴기, 홈이 파인 각인 총열, 별도 커스텀 방아쇠등 현존하는 수많은 최고급 부품을 활용한 커스텀이 가능하다.

그나저나 닥은 몇번이나 탄착군을 형성해 봤는데, 어째서인지 때때로 한두발씩 탄착군에서 벗어날 때가 있었다. 흔히 말하는 '플라이어' 가 발생한 것이다.

500야드 사격

이번에는 거꾸로 닥을 필자가 속한 500야드 사격클럽의 사격장에 초대했다. 거리는 1,000야드의 절반이지만 자유롭게 테스트할 수 있는 환경이다.

벤치(거치대)에서의 사격은 총의 잠재능력을 파악하는 방법으로는 지면에 양각대를 이용해 거치하는 것보다 더 낫다.

먼저 100야드(약 91m) 탄착군으로 시작. 사실 이것만으로 총의 성능을 재단하기는 어렵지만 그래도 이 총은 처음에는 문제였다. 중앙을 노렸는데 몇 발이나 이처럼 떨어져 맞으면 치명적이다. 결국 양각대를 떼어내고 모래주머니에 얹어 사격했다. 여기서 하나의 변화가 보였다.

원래 달려있던 탱고다운의 양각대는 필자도 예전에 테스트한바 있다. 양각대는 아무래도 해리스 제품이… 사격 경기에 나가면 거의 해리스의 독무대다. 최신의 레밍턴 저격총도 해리스 양각대를 사용한다. 폼은 안나지만 기능을 생각하면 이것밖에 없다.

3발의 탄착군은 모두 1인치(25.4㎜)이내에 맞았다. 딱 하나의 탄착군이 그야말로 원홀, 하나의 구멍에 모였다. 아무래도 우연의 일치같다. 실력없는 골퍼가 운 좋게 홀인원을 한 정도 아닐까. 물론 다른 탄착군들도 0.25인치(6㎜)이내에 모이는 수준이었다면 우연이 아니라고 볼 수 있겠지만 말이다.

하지만 볼트액션이 아닌 가스압 작동식 총이라는 점을 감안하자. GA프리시전은 볼트액

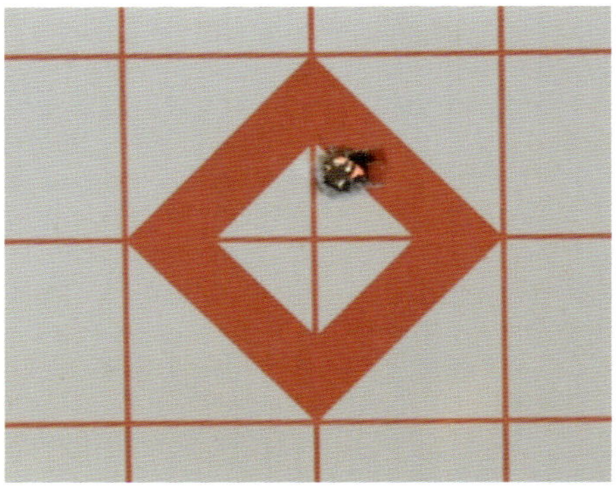

이것이 본문에 나온 '우연 탄착군' 이다. 놀랄만한 탄착군이지만 본문에도 나왔듯 우연이라 의미가 없다. 따라서 크기도 따로 재지 않았다.

청소를 위해 분해.

역시 가스가 직접 닿는 만큼 노리쇠의 오염도 심하다. 하지만 기능상 문제는 전혀 없다.

션이라면 기종에 따라 3발 0.375인치(9.5㎜)를 보증한다. GAP-10 G2 계열은 1인치(25.4㎜)를 보증한다. 물론 특정 탄약을 사용할 때의 결과라는 조건은 붙지만 말이다. 당연하지만 아무 싸구려 탄이나 넣고 쏴도 같은 결과는 나올 턱이 없다.

지금까지의 경험을 토대로 보면 .308의 탄착군은 페더럴사의 골드메달 168그레인이나 175그레인(둘 다 탄자는 시에라 제품)이 유리하다. 이 탄들로 사격을 해도 만족할 결과가 안나오면 스코프를 포함한 총기, 혹은 사수 자신의 실력 문제다.

비약 아니냐는 의견도 있겠지만, 그닥 틀린 생각은 아니라고 본다. 페더럴 골드메달쯤 되면 어설픈 리로드 탄보다 낫다. 하지만 이번에 페더럴 탄으로 테스트할 기회가 없었다. 닥이 쓴 탄에 장착된 버거 185그레인 저거넛 탄자도 2개의 탄착군은 1인치 이하이니 GA프리시전이 보증하는 성능은 여유롭게 통과했다. 물론 필자가 가지고 있는 총은 아니므로 이보다 철저한 테스트는 할 수 없다. 구경꾼으로서 할 수 있는 말은 여기까지다.

필자는 .308의 가스압 작동식 총기로는 FN SCAR17을 가지고 있다. AR베이스의 .308은 현재는 없다. 탄착군으로 따지면 SCAR 17은 어설픈 볼트액션 못잖은 뛰어난 정밀도를 발휘한다.

FN SCAR17에 비하면 AR-10계열은 풍부한 액세서리가 유리하다. AR/M4 5.56㎜의 연장선상에 있으니 그 동안 산더미같이 쌓인 5.56㎜ AR용 액세서리 업체가 그대로 AR-10계열용으로 옮겨가도 이상할 일이 없다. 게다가 70%가까이 부품이 공유되니 더 할 말이 없다. 다만 5.56㎜의 대성공을 .308이 쫓아갈 수 있을지는 의문이다.

우선 탄 가격이 5.56㎜과 비슷하거나 그 이하로 떨어지기는 힘들다. 게다가 반동 문제도 있다. 아무리 제퇴기가 좋아도 원래 센 반동을 줄이는데 한계는 있다. 소음기를 장착하면 좋지만 가격이 제퇴기보다 비싼데다 소음기가 미국이라도 아무나 간단하게 살수 있는 물건은 아니다.

5.56㎜의 장점은 경량, 작은 반동, 값싼 탄의 3박자가 맞춰진 것이다. 대부분의 사격인은 위력이 어쩌고 저쩌고는 의외로 안 따진다. AR-15계열은 여성이나 청소년에게도 쉽게 다뤄지는 점이 매력적이다. 병사라면 대량의 탄 휴대가 가능하다는 점도 있지 않을까? 필자의 친구중 한명인 마이크도 베트남에서 M16을 애용했다. 정찰에 나서면 가장 중요한 것은 휴대한 탄의 숫자라고….

이번에 닥이 가진 GAP-10 G2의 잠재능력을 완전히 끄집어냈다고는 보지 않는다. 앞으로 몇주일 동안 이런저런 실험을 해 봐야 새로운 발견이 나올 것 같다. 설마 이번에 보여준 성능보다 떨어지지는 않겠지….

Turk

보어스네이크로 총열에 쌓인 오염물을 제거한다.

이탈리아의 카메라용 삼각대 업체인 만프로토 (Manfrotto) 가 디자인했다는 총기 장착용 헤드 . 시제품이라고 한다 . 사진용 삼각대에 장착해 총을 확실히 고정한다 . 필자도 테스트했지만 조준이 생각만큼 쉽지는 않다 . 필자에게는 그닥 끌리지 않는다 .

감시탑 위에서 500 야드 밖의 철판 표적을 사격 .

감시탑은 이런 느낌이다.

해병대 출신의 닥 (Doc Beech).

500 야드 표적이다. 좋은 조건 하에서도 .308 로 척척 맞출 수 있는 것은 이 거리가 한계다.

필자의 서전 .308을 쏘는 닥.
원거리 사격은 역시 볼트액션이다.

1,100야드 사격

1,100야드=1,005.84m. 즉 1㎞다. GAP-10 G2를 쓰는 닥의 옆에서 볼트액션을 사용해 1㎞밖의 55.9㎝변의 사각형 표적을 쐈다. 이 거리라면 구경의 선택도 중요하겠지만 종합적으로 볼트액션이 유리하다. 하지만 주변 환경에 좌우되는 만큼 쉽게 맞지는 않는다.

Turk Takano

더운 곳에서 아이폰으로 직찍. 물론 '셀카봉' 따위는 필자에게 없다.

800야드 표적의 초탄명중이 이번 1,100야드 사격장에서 총을 쏜 첫번째 목적이었다. 이 근처에서는 1,100야드 사격장이 개인 소유의 목장같은 곳을 제외하면 최대 거리다. 어디까지나 "회원이 되면 쏠 수 있는 사격장"의 경우다. 다만 사격장에 도착하니 뜻밖의 일이 있었다. 900, 1,000, 1,100야드 표적이 설치된 장소 앞에 울타리가 있어 직접 들어가지 못하게 한 것이다. 관리인만 들어가겠다는 것인가… 표적에 맞은 탄흔을 스프레이로 덧칠해 리셋하는 것이 불가능해졌다.

이번처럼 탄이 어디에 맞았는지 보려는 테스트에서는 아주 불리하다. 표적의 사이즈는 앞서의 기사에도 썼듯 2MOA, 즉 900거리에서 19인치(45.7㎝), 1,000에서 20인치(50.8㎝), 1,100은 22인치(55.9㎝)였다. 이 거리에서 페인트칠이나 표적지 교체가 안된다니, 너무 곤란한 일이다. 탄도에 관하여 이날의 환경 정보는 다음과 같다.

표고 : 400피트(122m)
기온 : 화씨 93도
(섭씨 33.9도). 그 뒤 더욱 더워졌다.
기압 : 29.42 inHg
(996hPa)
습도 : 44%
풍속 : 오전은 비교적 잔잔했는데 오후에는 초속 4m의 바람이 여러 방향에서 불어와서 자세 고정이 어려웠다.
사격방향의 방위각 : 254도
사용 총기 :
단발 볼트액션총. 자작 액션/
실렌 SS 1-8인치 6조 우선
구경 : 6.5㎜-.284
탄자 : 시에라 142그레인
MK(Match King)
BTHP(Boat Tail Hollow Point)
공식BC 0.626

시에라의 142 MK BTHP의 BC(탄도계수: 이 수치가 높을수록 공기저항이 낮음)가 공식적으로는 0.626이지만 어떤 탄도 전문가가 직접 측정하니 0.587이었다고 한다. 여기서는 0.587을 입력했다. 0.587과 0.626의 차이가 어느 정도인지 나중에 서술하자.

필자는 지금까지 6.5㎜-.284탄 용으로 버거(Berger)사의 140그레인 VLD탄자를 사용했다. 이번에는 버거 대신 시에라 탄을 사용해 리로드했다. 과거에 경험이 있는 탄이다. 이번 1,100야드 사격장에 오기 전에 필자가 속한 클럽의 사격장에서 총구초속도 측정, 100부터 500까지 어디에 맞는지도 테스트했다. 시에라 6.5㎜ 142그레인을 썼던 것은 꽤 예전의 일로, 이 총은 그 뒤로 꽤 많은 사격을 했다. 아무래도 다시 튜닝을 해야 할 듯 하다. 실은 총열도 말기에 가깝다. 1,500발이 수명으로, 6.5㎜-.284는 .220스위프트 탄에 비하면 그나마 낫지만 .264윈체스터 매그넘과 함께 이 업계에서는 총열 수명

6.5㎜-.284탄

잡아먹는 탄으로 유명하다. .308Win과는 총열 스명의 차이가 크다. 총열의 마모는 물론이고 튜닝이 필요한 지점 자체가 달라지는 경우도 종종 있다. 물론 사냥용으로 쓸 경우라면 크게 신경쓰지 않아도 되지만 말이다. 신품 총열로 바꾸는 것이 가장 좋지만 가장 경제적인 방법이 리챔버라는 것이다. 총열의 맨 밑둥 (고정나사가 파인 곳) 부분을 2-3인치쯤 절단, 원래 챔버(약실) 부분을 없애고 새로운 약실을 파내는 일종의 리셋이다. 하지만 이것도 직접 하면 몰라도 건스미스에게 맡기면 $200~300은 든다. 늘어나는 수명은 고작해야 500~700발, 총열은 2~3인치(약 5~7.5㎝) 짧아진다.

그러면 아이폰의 밀 도트 벌리스틱스 앱에 데이터를 입력한다. 데이터는 아래와 같다.

총구초속	: 2,920fps(약 890m/s)
탄자	: 시에라 140gr MK BTHP
G1 BC	: 0.587
강선 회전율	: 8인치당 1회전

이렇게 입력하니 밀 도트 벌리스틱스는 1,100야드에서 8.80mil(밀), 닥의 어플라이드 벌리스틱스는 8.72mil을 조절하라고 나왔다. 그 뒤 참고로 같은 데이터를 Perry' s Ballistics(페리스 벌리스틱)에 넣어보니 8.35mil이었다. 결론부터 말하자면, 8.35는 불충분한 수치였다.

500과 800을 쏜 뒤 1,100에 도전했지만 이미 언급했듯 900이상의 표적에는 이미 탄흔이 있어 내가 쏜 탄이 어디에 맞았는지 확인하느라 애먹었다. 맞으면 소리는 난다. 귀가 좋은 사람이면 귀마개를 끼고도 들을 수 있다. 특히 닥은 전자식 귀마개를 쓰니 확실히 들었다고 한다. 하지만 필자의 사격 경력은 자위대 사격팀으로 거슬러 올라간다. 당시에는 휴지를 말아 귀에 끼우는게 고작이었고, 그 결과 지금은 일부 파장은 들리지 않는다. 청력에 문제가 있는 것은 분명하다. 500이라면 소리도 크고 귀마개를 끼워도 잘 들리지만….

오후가 되자 바람이 불었다. 만약 바로 옆에서 시속 10마일(4.5m/s)의 바람이 불어오면 2.2mil의 수정이 필요하다. 불릿(탄자) 스핀 드리프트로 인해 오른쪽으로 치우치는 것은 1,100야드 거리라면 0.27mil쯤 된다. 이 수치도 윈디지에 포함한다. 이 정도까지만 해도 스핀 드리프트는 적고, 사수가 보통 윈디지의 일반 정보에 포함시키는 정도로 끝내는 것도 이 때문이다. 스핀 드리프트도 .308의 시에라 175gr MK BTHP라면 이 거리에서 0.41mil쯤 된다. 구경과 탄자에 따라 바뀌는 것이다. 그리고 이 탄자로 6.5㎜-.284와 같은 조건에서 같은 거리를 쏘면 윈디지 수정량은 총 3.37mil이 될 것이다. 하지만 GAP-10의 기사에도 다뤘듯 조건(날씨와 바람)은 시시각각 바뀌므로 측정한 데이터가 금새 과거의 것이 될 가능성도 있다. 어디까지나 참조용이다. 최종적으로는 다양한 최신 데이터를 파악해 사격 직전에 머릿속에서 결정한 뒤 방아쇠를 당길 수 밖에 없다. 레티클에 있는 눈금도 이 때문에 있다.

닥은 옆에서 GAP-10 G2로 1,100야드에 도전했다. 하지만 오후의 바람 탓에 고전했다. 800을 넘으면 .308에는 상당한 핸디캡이 된다. 그렇다면 필자의 6.5㎜-.284탄은 훨씬 나은 성능으로 좋은 결과를 내지 않을까?

결과는 그닥 좋지 못했다. 페인트로 쉽게 표적을 리셋할 수 있는 환경에서 다시 하고 싶다. 커다란 백스탑(탄 막이용 둑)이 있다면 빗나가도 흙먼지로 다음 탄을 어떻게 수정해 조준할지 알 수 있다.

밀 도트 벌리스틱스로는 8.8mil, 어플라이드 벌리스틱스로는 8.72mil. 소수점 이하의 반올림을 하면 각각 8.8과 8.7. 오차는 0.1에 불과하다. 0.1mil은 100야드 0.36인치(9.1㎜), 1,000야드에서 3.6인치다. 1,100야드면 약 4인치(10㎝)쯤 된다. 사실 각 사수의 총기 취급법이나 주변 환경등에 의해 이 이상의 그 이상의 오차가 발생한다. 아무리 총기와 스코프가 이론적으로 완벽해도 그렇다. 물론 실제로 완벽하게 만들기란 불가능하지만….

페리스 벌리스틱스 소프트웨어로 산출한 8.35mil은 그러면 못쓸 물건인가? 그것도 아니다. 엘리베이션 다이얼은 보통 한 클릭이 0.1mil이니 반올림해 8.4mil로 사용한다. 이렇게 되면 8.7과의 오차는 1,100야드에서 약 0.3mil, 약 12인치(30.5㎝)에 달한다.

보통 원거리 사수는 탄도 소프트웨어의 데이터를 무조건 따르지는 않는다. 실제 쏴보며 확인한다. 따라서 리셋이 가능한 표적을 원한다. 원거리 사격장에 들어갈 여건이 안된다면 자신이 쏠 수 있는 가장 먼 표적의 데이터를 사격으로 얻은 뒤 그것을 토대로 계산한다. 미국이 넓기야 하지만 1,000야드 사격장을 찾기 힘든 지방도 적지 않다. 사격장이 없다면 실제 쏴서 연습하고 싶어도 안된다. 사격대회 참가자가 처음으로 1,000야드를 쏴보고 흥분하는 경우도 드물지 않다.

진지한 사수라면 쏠 때 실제로 사용한 수정량을 레인지 카드(사표)에 적어 데이터를 축적한다. 하지만 주변 환경이 나쁘면 그것도 결국 단순한 참고자료에 불과하게 된다. 대회에서는 비축된 데이터를 활용해 점수 손실을 최소화한 사수가 우승을 거머쥐게 된다.

마지막으로 하나의 의문점을 다뤄보자. BC를 0.587이 아니라 업체가 공식발표한 0.626으로 바꾸면 어떨까. 결과는 8.49mil이 나왔다. 반올림하면 8.5mil이다. 어플라이드 벌리스틱스로 앞서 나온 데이터가 8.7이었다. 밀 도트 벌리스틱스는 8.8. 어느 쪽이 옳은지 실사로 증명하기는 힘든 수치다. 앞뒤로 강한 바람이 불면 이 정도 오차는 간단하게 나온다. 어디까지나 계산으로 이런 수치가 나왔다는 이야기다. 필자에게 이 오차를 확인할 능력은 없다.

편집자 주

페리스 벌리스틱스(Perry' s Ballistics)는 페리 시스템사의 제럴드 L. 페리가 개발한 탄도계산 소프트웨어로, Nightforce Ballistics Program 이라는 상품명으로 2001년부터 나이트포스 브랜드로 판매되고 있다. 윈도우 대응. 2015년 8월 기준의 버전은 9.0.2921.

URBAN PRECISION SNIPING

Hiro Soga

스나이퍼 (저격수) 란 멀리 떨어진 표적을 고성능 총기로 저격하는 훈련을 받은 사수를 뜻한다 . 그리고 스나이퍼에는 군사조직에 소속되어 전장에서 임무를 수행하는 밀리터리 스나이퍼와 경찰등의 법집행기관에 소속된 폴리스 스나이퍼가 존재한다 . 이 둘 사이에는 임무나 전술 , 운용등에 있어 큰 차이가 있다 . 여기서는 중동전 이후 크게 진화한 시가지에서의 저격 , 즉 '어번 프리시전 스나이핑' 에 초점을 두고 두 스나이퍼의 차이를 다뤄볼까 한다 .

왼쪽부터 .223레밍턴, .300Win Mag, .30-06스프링필드, .308Win탄 3종

스코프의 나이트포스의 NXS, 2.5~10×32㎜. 컴팩트한데다 무게도 535g으로 가볍다.

GA Precision "SHORTY"
구경: .308Win
액션: Remington 700SA
총열: 17in Bartlein Stainless, 5조 우선 10인치당 1회전
스톡: McMillan A-1
방아쇠울: Badger M5 DBM

스코프에서 보이는 표적은 딱 멈춰있다.

소음기는 슈어파이어제. 커버는 그리폰 인더스트리의 HMMS다.

이것이 Hog Saddle(호그 새들) 총기 거치대다. 이 안에 붙어있는 고무가 또 물건이다. 총이 고정된 상태에서도 미세한 총의 움직임과 조준 수정을 가능하게 해 주기 때문이다. 큰 움직임도 맨프로토사에서 만든 볼 헤드로 원터치 조절이 가능하다.

스코프가 작아서 총 자체도 작게 보인다.

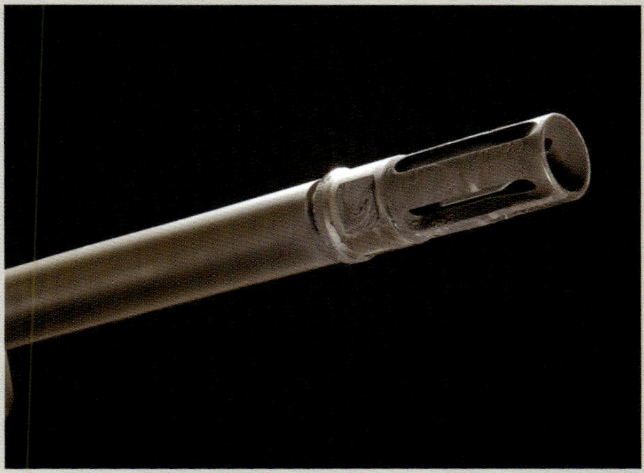

슈어파이어사의 FH762K03 소염기. 소음기를 달고 청소 없이 450발을 쐈더니 이렇게 됐다. 카본(그을음)이 많이 묻었다.

이 스코프는 최대 10배율이지만 2.5배율에 맞는 위치에 세팅, 넓은 시야를 확보했다.

삽탄의 확실성이나 재장전 속도, 고장 배제의 용이함등을 감안하면 탈착식 탄창이 필수적이다. 배저(Badger)사의 방아쇠울은 내구성과 신뢰성으로 정평이 나 있다.

스나이퍼의 정의

스나이퍼(저격수)라고 하면 여러분은 어떤 이미지를 가장 먼저 떠올릴까. 아마 위장용 길리 수트를 입고 숲속을 포복하는 기묘한 모습이 아닐까.

2015년, 클린트 이스트우드가 감독한 '아메리칸 스나이퍼' 가 개봉한 덕분에 일반인들 사이에서도 스나이퍼, 혹은 스나이퍼 라이플(저격총)이 주목받게 됐다.

하지만 스나이퍼라고 해도 군사조직에 소속된 '스카우트' 나 특수부대의 스나이퍼등 밀리터리 스나이퍼와 경찰이나 법집행기관 소속의 '폴리스 스나이퍼' 는 그 임무나 운용에 큰 차이가 있다.

여기서는 먼저 스나이퍼의 정의를 나열해볼까 한다.

GA Precision 커스텀 볼트액션 라이플
Caliber: .308Win
구경: .308Win
액션: Remington SA
총열: 22in Bartlein Stainless, 5조 우선 10인치당 1회전
스톡: McMillan A-1
방아쇠울: Badger M5 DBM

- 원거리 사격훈련을 받고 그 기술과 지식에 통달한 전문가.
- 단독, 스포터(감적수)와의 콤비, 혹은 3~6명의 저격수 팀으로 활동.
- 고정밀 볼트액션, 혹은 반자동 저격총에 각종 광학기기(스코프나 야시장비 등)나 최신기기를 탑재해 사용한다.
- 사격 기술뿐 아니라 거리 측정, 위장, 표적포착, 험지 극복, 정찰, 감시, 통신등의 지식과 경험을 가진다.
- 사람뿐 아니라 무기, 통신장비, 차량등 상대의 전력에 영향을 끼칠 대상을 파악하고 파괴한다.

이 정도가 되지 않을까.
여기까지는 군-경 모두의 스나이퍼에 통용되는 정의지만, 실제로는 커버하는 거리나 임무의 시간이나 전술, 사용하는 총기등에 따라 양자간에 큰 간격이 생긴다.

밀리터리 스나이퍼

밀리터리, 즉 군 스나이퍼는 소수의 팀으로 적에게 확인되기 어려운 장소를 잡고 본대의 안전확보를 위해 정보를 보내며 필요하다면

슈미트&벤더사의 폴리스 막스맨 II, 3~12×50㎜. 이것도 우수한 스코프다.

쇼트 액션의 노리쇠가 딱 맞는 위치에서 멈추는 맥밀란사의 스톡. 옵션의 조절식 칙 피스를 장착했다.

Larue Tactical OBR
고정밀 반자동 저격총으로 .308Win. 소음기 장착. 반자동은 빠른 차탄 사격이 가능하므로 근거리/중거리에서의 시가지 저격에 적합하다.

닥쳐오는 위험을 배제하거나 감시-수색을 실시한다. 어떻게 보면 일종의 백업같은 존재가 되는 셈이다.

작전에 따라서는 전선 깊숙이 침투되어 적 전력의 정보수집과 분석을 실시하고 아군 정보기관의 지시를 받아 대상을 무력화시킬 뿐 아니라 필요하면 폭격이나 포격을 유도한다. 때로는 아군의 진격을 막는 적 저격수를 상대하는 카운터 스나이퍼 임무도 맡는다.

당연히 밀리터리 스나이퍼가 커버하는 범위는 매우 넓고 다채로우며 그에 따라 쓰이는 총이나 사용 탄종도 다양하다.

예를 들어, 지금까지 대인용으로 7.62㎜ NATO(.308Win) 볼트액션이 주종이던 저격총도 1990년대에는 .50BMG(12.7×99㎜) 구경의 M82A1 반자동 저격총이 추가되었으며 특수부대등에는 .300Win Mag(윈체스터 매그넘)이나 .338 라푸아 매그넘등이 채용되면서 그 위력이나 사거리가 비약적으로 높아졌다. 현재 기록된 최장거리 저격 기록은 2012년에 오스트레일리아군 특수부대원이 M82A1으로 달성한 2,815m로, 이 탄의 최대사정으로 불리는 1,500~2,000m를 한참 넘는 것이다.

"우리 해병대의 스카우트 스나이퍼만 보자면, 이라크에서 지급된 것은 7.62㎜구경의 볼트액션(M40계열)과 7.62㎜의 반자동 Mk.11(SR-25), 그리고 M82A2였지요. 원거리 저격이나 대물 저격의 가능성이 있다면 M82를 가져갔습니다. 무거웠죠. 상하 리시버를 분리해 두사람이 운반했어요. .300Win Mag나 .338라푸아를 쓰는건 씰 같은 특수부대 저격수들 뿐이었습니다."

2003년부터 두번이나 이라크에서 스카우트 스나이퍼 리더로 파견된 빅터 로페스는 이렇게 말했다.

"2003년 당시와 비교하면 저격수의 환경은 엄청나게 변했습니다. 바그다드의 시가지에서는 건물 속에 저격 포인트를 만드는 경우가 많았지만 실내에서 쏘면 7.62㎜의 커다란 발사음이 울리는데다 발사 화염때문에 내 위치가 들킬 경우가 있었죠. 소음기의 필요성도 종종 느꼈고 말이죠."

"그러다 2009년에 파병될 때는 M40A4가 되면서 탈착식 탄창도 쓰게 됐죠. 다만 나는 소음기가 달린 반자동의 Mk.11을 애용했어요. 모래바람에는 약하지만 빠르고 확실하게 제2탄을 날리는데다 소음기의 존재가 크니 말이죠. 또 전자기기같은 부가장비도 엄청나게 진화했어요. GPS로 시작해 위성을 사용

SWAT로 출동할 때에는 볼트액션과 OBR모두를 가져간다는 제이슨.

LaRue Tactical OBR

무게: 9.5파운드(약 4.3㎏). 16.1인치 기준. 액세서리 없는 빈 총 기준.
길이: 37.5인치(약 95.25㎝: A2형 개머리판 기준)
총열: 16.1인치(약 41㎝), 10인치당 1회전
총열 수명: 1만발(추정)
최대 유효사거리: 800m
발사속도: 반자동
탄창 용량: 10발 혹은 20발(표준 M110탄창 사용 가능)

내구성이 느껴지는 프레임 주변과 단단히 고정된 덮개.

한 영상이나 정보 교환이 가능한 통신장비, 컴퓨터, 거리측정기 등 최신장비에 익숙해져야 했죠. 뭐, 탄도 계산을 컴퓨터가 순식간에 해내는건 다행이지만 말입니다."

어쩌면 앞으로 스나이퍼에게 사격 실력은 필요없게 되고 이런 장비들을 다루는 기술이나 지식만 필요해지는 시대가 올지도 모른다.

폴리스 스나이퍼

법집행기관(경찰, FBI, 경호실 등)의 스나이퍼는 대부분이 인질사건에 출동하는것을 주 임무로 삼는다. 기본적으로 폴리스(경찰) 스나이퍼는 SWAT의 일원으로서 전문적인 훈련을 받은 뒤 교섭인이나 강행돌입 팀과 협력하며 임무를 수행한다.

"경찰 스나이퍼의 역할은, 대상이 되는 사람의 목숨을 지키는 것 하나로 압축됩니다. 우리가 합법적으로 방아쇠를 당기는 것은 인질의 생명이 위험에 빠졌을 때 뿐이죠. 만약 무기를 들고 경찰의 손에 의해 죽기를 원하는 자살 지원자가 있다면 가능할 경우 주변에 피해가 가지 않는 범위 안에서 당사자가 든 무기만 정확히 명중시켜 무력화하기도 합니다. 사격 타이밍이야 우리에게 맡기지만, 사격할지 어떨지의 여부는 그 자리의 책임자가 결정합니다."

오랫동안 아케디아PD(Police Department: 경찰국)의 SWAT스나이퍼로 근무하는 제이슨의 이야기다.

"흔히 말하는 도시 SWAT팀의 스나이퍼가 출동할 때 사격하는 거리의 통계를 보지요. 90%이상이 100야드(약 90m)이하로, 그 대부분이 50~75m거리입니다. 어찌 보면 당연한 결과입니다. 예를 들어 중무장한 은행강도가 인질을 잡고 은행에 버티고 있다 치죠. 경찰은 당장 범인과 교섭을 시작해야 하는데다 SWAT팀도 언제든 돌입할 수 있는 위치를 확보해 대기해야 합니다. 우리 스나이퍼는 상대에게는 잘 안보이지만 나는 상대를 최대한 잘 볼 수 있는데다 최대한 가까운 자리를 찾으려 합니다. 우리에게는 인질 뒤에 몸을 숨기고 움직이는 범인을 확실히 한 발에

스코프는 슈미트&벤더 폴리스 막스맨 II, 4~16×50㎜. 밝고 선명한 렌즈가 장점이다.

JAE700 J. Allen Enterprises, Inc. /RemingtonM700
Remington M700 Short Action
구경 .308Win
18인치 총열, AI사제 10연발 탄창 사용

쓰러트릴 기술이 요구됩니다. 최소한 조준한 지점의 2인치(약 5㎝)이내에 명중시킬 필요가 있어요. 빗나가서는 안됩니다."

당연한 이야기지만, 사용하는 총기나 장비도 밀리터리 스나이퍼와는 크게 다르다. 먼저 구경이 너무 강하면 표적을 관통한 탄이 뒤의 인질을 다치게 할 수도 있고, 경우에 따라서는 벽을 뚫고 2차 피해를 낼수도 있다.

".308Win(7.62×51㎜)구경의 볼트액션에 시야가 넓은 저배율 스코프가 달린 정도라면 충분하다고 봅니다. 하지만 상황에 따라서는 최신의 고성능 반자동 총기를 고르는게 나을 수도 있어요. 최근에는 어설픈 볼트액션보다 정밀도가 나은 반자동 저격총도 있으니 말이죠. 또 '호그 새들(Hog Saddle: 멧돼지 안장?)' 으로 불리는, 소총을 단단히 고정하는 거치대는 이제 필수품이 된 느낌입니다. 최근의 범죄는 난이도가 높아졌고 우리가 위치를 잡은 뒤 실제 발포할 때까지 몇시간씩 기다려야 할 경우도 많습니다. 같은 자세로 무거운 소총을 설치한 뒤 겨누고 스코프를 들여다보는 것은 결코 쉬운 일이 아닙니다. 하지만 이 호그 새들이 있으면 몇시간을 대기해도 정확한 한 발을 쏴 날릴 수 있어요. 나머지는 1/2MOA(100야드에서 0.5인치에 집탄)의 성능을 가진 총기와 그것을 능숙하게 다룰 능력과 체력, 그리고 심리상태가 요구되며 이것들이 갖춰지면 일류 SWAT스나이퍼가 될겁니다."

시가지 정밀사격

중동 지역에서 '테러와의 전쟁' 이 시작되자 사막같은 개활지는 물론 일반 시민이 사는 시가지에서의 정찰, 안전지대 확보, 정보수집 등 지금까지 경험된 일이 별로 없는 상황에서의 스나이퍼 활동이 비약적으로 늘었다. 평범한 전면전이 아니라 게릴라식 매복이나 IED공격등의 소모전이 계속되면서 적 탐색부터 제거까지의 과정을 담당하는 스나이퍼 팀의 중요성이 주목받게 됐다.

이것도 견실한 세팅이다. 소음기 장착 가능한 슈어파이어제 제퇴기, 개량된 장전손잡이, 양각대등이다.

스코프는 US옵틱스의 SN-3, 3.8~22×44㎜.

EEBERLESTOCK M1ASP Stealth(에버레스탁 M1ASP 스텔스)
Remington M700 Short Action
구경 .308Win, 24인치 총열
스나이퍼용의 배낭으로 유명한 에버레스탁에서 매력적인 커스텀 스톡을 만들고 있다. 레밍턴 700시리즈의 액션같으면 그냥 나사로 고정해도 저격용으로 쓸 수 있다. 무엇보다 멋진 것은 방아쇠울 바로 뒤, 권총손잡이 부분까지 접힌다는 점이다. 이렇게 하면 16~18인치 총열과 조합할 경우 배낭에 쉽게 수납된다.

권총손잡이 부분까지 접히는 디자인은 길이를 더욱 줄일 수 있다.

"도심지에서의 세력권은 시시각각 변화합니다. 아군 지역 안에서 IED나 자폭공격이 벌어지는 일도 드물지 않고, 그럴 가능성을 미리 발견하는 것도 우리 역할이었죠."

앞서 말한 스카우트 스나이퍼, 빅터 로페스의 말이다.

"2009년에는 6명으로 구성된 스나이퍼 팀으로 행동했습니다. 프라이머리(주)와 세컨더리(부)로 나뉜 두 명의 스나이퍼, 그리고 스나이퍼당 한명씩의 스포터(감적수)가 붙고 여기에 RTO(Radio Telephone Operator: 무전병)과 포인트맨(이들을 지키는 일반병)이 추가되어 6명입니다. 이 6명이 거점이 될 건물을 확보한 뒤 정찰, 정보수집을 하는거죠. 스나이퍼가 한발이라도 쏴야만 하는 상황이 닥치면 팀 리더는 상황에 따라 다음에는 어디로 이동해야 할지 고민해야 합니다. 첩보전같은 것이죠. 그러다 보니 엎드려 쏴 자세로 느긋하게 조준하고 쏘는 상황은 전

전부 알미늄 합금으로 만든 스톡. 기관부 바로 뒤에서 접힌다.

MONTANA RIFLE COMPANY MTR
.338 라푸아 매그넘, 26인치 총열 사용
APA(American Precision Arms)사제 FB 제퇴기
무게: 15파운드(약 6.8kg)
견고한 자사제 액션과 총열로 유명한 몬타나 라이플 컴퍼니의 MTR은 이 회사의 고급 원거리용 라이플을 전술용으로 다듬은 것이다.

액션은 "마우저98과 윈체스터 M70의 장점을 조합한 듯한" 독자 제품이다.

곳곳이 .338라푸아 매그넘탄의 압력을 버티기 위해 보강되어있다.

왼쪽부터 .223레밍턴, .308Win, .30-06스프링필드, .300Win Mag, .338라푸아 매그넘.

체의 20%밖에 안됩니다. 창밖으로 총구를 내놓지 못하는 것도 물론이고, 그 때문에 양각대나 삼각대를 사용한 앉아쏴나 무릎쏴가 대부분이었습니다."

"그러니, 아래로 쏠 때 등 각도가 추가될 때의 탄착점이나 총을 옆으로 기울여 쏴야 할 때 등 시가지 사격에 필요한 기술들이 필요합니다. 또 빌딩의 틈새에서 부는 바람도 독특한 것이라 여기에 대한 경험과 지식도 필요하죠."

그는 이처럼 시가지형 사격에 필요한 요점들을 아래와 같이 나열했다.

- Cold Bore Data(콜드 보어 데이터: 총열이 식은 상태에서의 탄착점)
- 시가지, 혹은 빌딩 속에서 쓸 수 있는 은엄폐물로부터의 사격자세. 엎드려쏴, 앉아쏴, 무릎쏴, 서서쏴 등.
- 저격 거점 만드는 범(높은 위치로부터의 사격 가능성이나 위치적인 위험성등을 고려)
- 400야드까지의 정보수집
- 각 사거리에서의 조준점
- 이동 표적 대책

총열 길이가 26인치에 달하는 것은 .338라푸아탄의 충분한 가속을 위한 것이다. 탈착식 탄창과 소음기 장착이 안된다는 점 빼면 최고 수준의 성능을 발휘한다.

완전조절식 개머리판이 달린 스톡은 Pendleton Composite Stocks(펜들턴 컴퍼짓 스톡)사의 T11 커스텀 모델이다.

아메리칸 프리시전 암스사의 제퇴기. 고속 매그넘탄에서 효과를 발휘한다.

스코프는 류폴드 Mk.4, 6.5~20×50㎜.

경우에 따라서는 저격이 해가 진 뒤에 이뤄질 수도 있다. 그래도 표적이 실내에 있으면 저격이 가능하다.

- 시가지에서의 위장과 은폐
- 건물 소탕 기술
- Shot Placement(샷 플레이스먼트: 어디에 맞출 것인가)
- 주변의 상황(장애물, 바람 등)의 변화에 따른 탄착점의 변화

빅터의 경험에 의하면 시가지에서의 저격은 이동하는 표적에 대해 이뤄질 경우가 많다고 한다. 그러다 보니 표적을 무력화하려면 여러 발 쏴야 할 경우가 늘었다(초탄으로 상대의 움직임을 막고 제2탄으로 무력화)고 하며,

5.56㎜구경이라면 표적을 스코프 시야 안에 둔 채 제2탄 사격이 가능하다.

스코프는 류폴드의 3~9x40㎜, Mark AR이다.

사이오닉스라고 읽는 이 회사는 애리조나 주 투싼에 있는 AR전문업체다. 가격은 괜찮고 품질도 뛰어나다.

SIONCS "DMR" (Designated Marksman Rifle)

5.56×45㎜
가이즐리 15인치 레일 덮개
슈어파이어 총구 제퇴기
400~500야드의 중거리를 커버하는 5.56㎜저격총이다.
어디에도 총을 얹을 수 있는 15인치 길이의 덮개가 장착
되어있다.

400야드 앞의 표적을 사격중인 FN SCAR17S의 소유주 리처드. 10발을 쐈지만 한 발도 빗나가지 않았다.

이 때문에 고정밀 반자동 저격총의 필요성이 높아졌다고 한다.

그런 의미에서 보자면, 이번에 소개할 FN SCAR17S/US옵틱스 SR-8C 1~8×27㎜의 조합은 딱 맞는 존재다. 그야말로 공장에서 나온 상태 그대로임에도 불구하고 나중에 테스트해 보니 600야드(약 540m)에서 필자가 쏴도 표적에 90%이상 명중했다. 거의 바람이 없는 조건이기는 했지만, 600야드 밖의 인체형 표적은 8배 스코프 안에서는 쌀알 정도로밖에 보이지 않는다. 스코프의 해상도가 좋고 레티클이 보기 편한 것도 있었지만 이런 정밀도는 놀랄 수준이다. 실전에서의 신뢰성이 어떨지도 검증해봐야 겠지만, 역시 반자동 저격총이 주목을 받는 것도 자연스러운 수순이 아닐까.

리처드는 PFI라는 회사의 판매 담당으로, 전 세계에서 시범사격을 한다.

리처드의 애총 3정. 왼쪽부터 AR-15+PFI RR-CQLR, 스프링필드 M1A+PFI RR900, FN SCAR17S+PFI/US Optics SR-8C.

FN SCAR 17s
구경: 7.62x51mm
총열: 16.25인치(41.28㎝)
길이: 35.5인치(90.17㎝)
무게: 7.9파운드(3.58㎏)

짧은 스코프와 머즐브레이크를 장착한 모습은 말 그대로 '배틀라이플'
(전투용 소총) 그대로지만 저격총으로의 성능도 무시할 수 없다.

제퇴기는 PWS(Primary Weapons System)에서 만든
FSC시리즈가 표준장착되어있다.

PFI/US옵틱스 SR-8C, 1~8×27㎜. 이것이 PFI사와 US옵틱스사의 기술의 결정체, SR-8C다. 1~8의 가변배율+조명식 레티클이라는, 스코프 개발의 난제를 클리어한 몇 안되는 스코프중 하나이다.

레드도트(붉은 광점)은 버튼식 스위치를 사용, 12단계로 밝기조절이 된다.

스코프 자체는 SR-8C라도, 이 모델은 PFI사가 개발한 레티클을 사용하는 스페셜 모델이다.

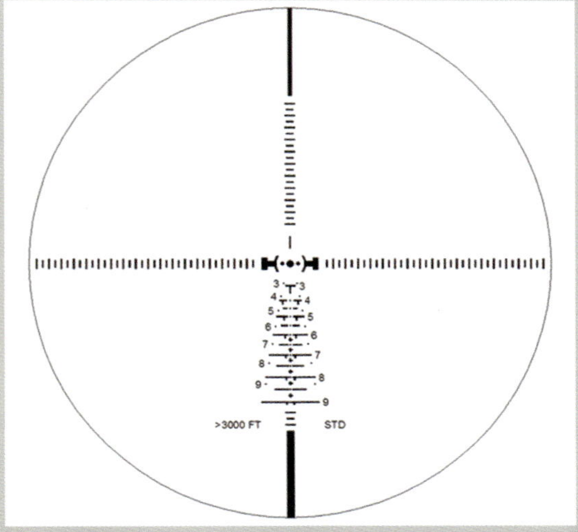

이것이 SR-8C에 사용된 PFI사의 래피드 레티클(Rapid Reticle)이다. 이 레티클의 사용법을 숙달하면 순식간에 표적까지의 거리와 필요한 조준점을 파악할 수 있다고.

MIL-DOT BALLISTICS

스마트폰용 앱 "밀 도트 벌리스틱스".
얼마나 정확히 탄도를 계산할 수 있을까?

Turk Takano

MD 벌리스틱스의 데이터를 기반으로 엘리베이션, 편차를 조정한다. 또는 화면의 값을 보면서 레티클 선을 잡아서 사격할 수도 있다. 우선 앱의 기본 기능인 스코프의 엘리베이션과 편차의 사용법을 설명하고자 한다.

계속 진화하는 전술/사냥 스코프용의 탄도계산용 소프트웨어. 한때는 PC용으로나 쓰이던 것들이 오래지 않아 PDA용으로 쓰이기 시작했고, 이제는 스마프폰 앱이 되었다. 최근에는 예전보다 더 복잡한 정보를 입력하고 그만큼 더 정확한 데이터가 출력되고 있다.

게다가 비싸지도 않다. 격세지감이 느껴진다. 다만 먼저 밝혀둘 것은 필자가 탄도계산 소프트웨어나 컴퓨터 전문가는 아니라는 것이다. 그저 필자의 사격에 필요한 범위에서 사용법을 조금 알 뿐이다.

PC로 사용하는 본격적인 소프트웨어를 처음 입수한 것은 텍사스 주 남부의 전술 라이플 사격대회였다. 탄도계산 소프트웨어 디자이너인 제럴드 페리씨 본인으로부터 Perry System/The Exbal Ballistics Program(페리 시스템 강외탄도 계산 프로그램)이 든 플로피 디스크를 얻은 것이다 - 플로피 디스크라니, 이게 도대체 얼마나 오래 전 이야기인지 짐작하시는 분도 계실 것이다.

당시에도 벌써 몇몇 소프트웨어가 존재했지만 Exbal Ballistics Program은 쓰기 쉬워 미 공군에도 채택되었다. 지금도 발전형이 존재한다. 마츠오 부편집장도 10년쯤 전부터 쓰고 있다. 필자도 지금까지 사용중이지만 몇년 전부터 밀 도트 벌리스틱스 앱을 추가해 몇년 전부터 맥과 아이패드 미니, 아이폰등에 인스톨해서 쓰고 있다. 이번에 소개할 것은 아이폰용이다. 필자의 아이폰은 지금 기준으로는 골동품인 4s다. 서비스센터에 갈 때마다 6s시대에 뭘 쓰냐는 핀잔을 듣지만 이걸로도 충분하다. 스크린이 커지고 액정이 발전하는 등의 매력은 있다 해도 신형이 커지는 것은 싫다. 이미 아이패드 미니도 있으니 굳이 6s를 새로 사봤자 큰 스크린이라는 매력도 없다.

이번에는 사격에 필요한 각종 데이터를 단말기기(아이폰등)에 입력, 앱으로 사격 제원을 얼마나 정확히 산출할지 살펴보자. 아주 대충의 참고자료라는 것도 옛날 이야기다. 산출된 데이터를 스코프에 실제로 적용해 사격해서 결과도 포함, 이들 탄도 계산 소프트웨어/앱의 사용법을 간단하게 설명해보자.

미국 안에서도 이런 종류의 전자기기 사용을 싫어하는 사람은 적지 않다. 특히 필자 또래가 되면 컴퓨터따위 X나 먹으라는 사람이 많다. 거꾸로 젊은 세대는 이미 생활 속에 녹아든 도구가 되어있다. 어느 나라나 마찬가지 아닐까.

스마트폰에 인스톨된 앱이라면 더더욱 편리하다. 어디를 가도 스마트폰을 휴대하는 지금, 틈이 나면 밀 도트 벌리스틱스 앱으로 두뇌 운동도 할 수 있다.

밀 도트 벌리스틱스의 기능을 모두 설명하면 그야말로 기나긴 사용설명서가 되어버린다. 독자들에게는 지루할테니 여기서는 앱으로 얼마나 성능이 나올지를 사진 해설로 전하고자 한다.

사용하는 총은 .308 구경, 강선 10 인치당 1 회전에 스코프는 March의 3~24x42 FFP 규격이다. 밀 사양의 FML-1 레티클이 사용됐다. 레티클 디자인은 일러스트를 보시기 바란다. FFP(Front Focal Plane: 제 1 초점면)의 장점은 스코프의 줌을 몇배로 바꿔도 레티클 눈금의 값이 변하지 않으므로 레티클 선을 이용하는 거리측정이나 오조준등의 상황에서 골치를 썩힐 필요가 없다는 것이다. 다만 배율이 커질수록 레티클 선이 굵어지므로(옛날에는 전신주라고 비웃음받았다) 고배율 스코프에서는 꺼려지는 편이었다. 최근에는 이 문제도 점점 해결되어 듀플렉스 타입이라는 특수한 구조를 채택, 가느다란 레티클 선을 사용해도 저배율시에 선이 너무 가늘어 잘 안보인다는 단점이 해결되었다. 반대로 배율이 높을 때에도 선이 너무 굵게 보이는 일도 없다. March 이외에도 나이트포스, 사이트론, 류폴드등의 여러 메이커가 우수한 FFP 전용 레티클을 옵션으로 제공하고 있다. 한때 필자가 유럽제의 FFP 스코프를 처음 들여다봤을 때 최대 배율 상태에서 레티클의 선 굵기에 놀란 일이 있다. 30년 이상 전의 이야기지만 말이다. 당시의 배율비(최소비율 대비 최대비율)은 최대 4배, 잘해야 대부분 3배였다. 하지만 지금은 FFP라도 배율비 6배부터 9배까지의 스코프가 만들어진다.

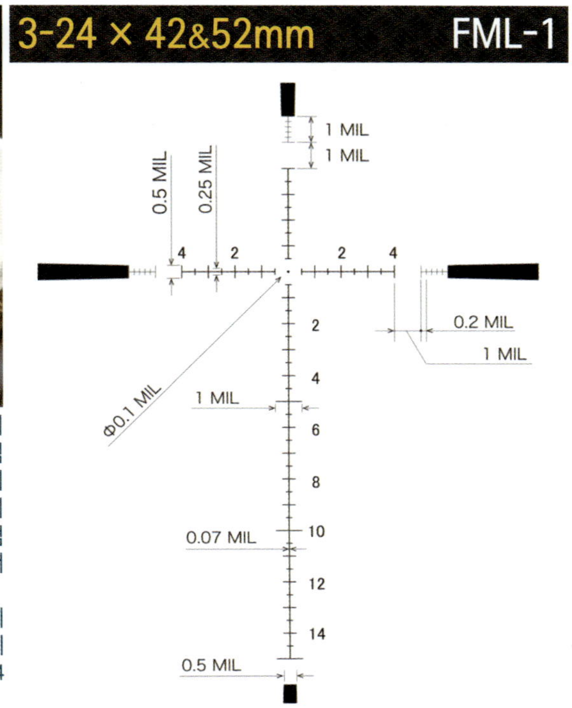

아이폰에 인스톨하면 스크린에 Mil-Dot Ballistics 라는 아이콘이 표시된다.

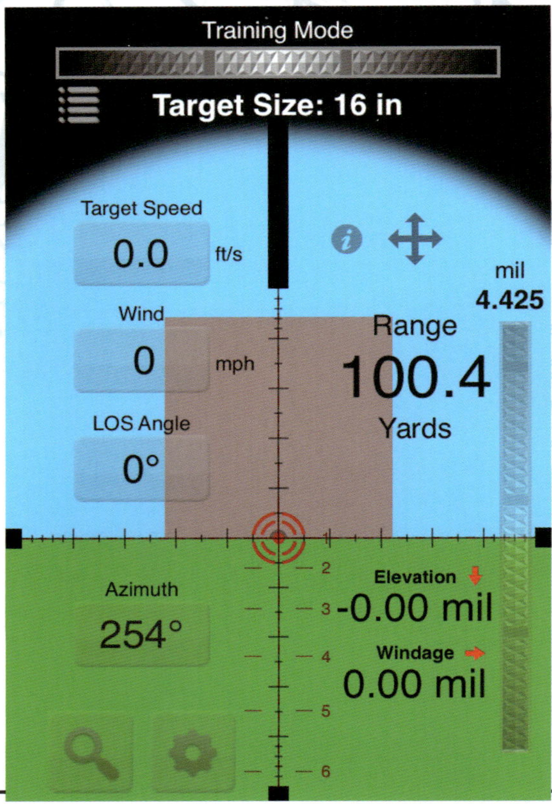

아이콘을 누르면 밀 도트 벌리스틱스 특유의 화면이 표시된다. 먼저 위로부터 Target Size: Horizontal(수평) Bar(막대)를 누른 뒤 좌우로 이동하면 목표의 표적 사이즈가 설정된다. 표적 사이즈를 알면 밀 레티클을 이용하는 거리 판정이 쉬워진다. 표적은 연한 갈색의 사각형으로 표시되지만 다양한 표적이 준비되어 있으므로 얼마든지 바꿀 수 있다.

Target Speed : 눌러서 속도 설정의 수평 막대를 좌우로 이동해 목표의 속도를 설정한다.
Wind : 풍속. 이것도 눌러서 변경. 앞으로 다른 항목들도 거의 같다.
LOS Angle : 목표와의 각도.
Azimuth : 사격방향/방위각.
확대경 마크 : : 표적과 십자선을 중심으로 한 전체의 사이즈를 설정.
톱니 마크車 : 여기서 설정을 바꾼다. 탄약, 총열, 탄자등에 대한 자세한 데이터나 사용하는 단위를 넣는 것도 여기다. 표적의 형태도 바꿀 수 있고 심지어 화면의 색도 바꿀 수 있다. 나중에 그 화면도 살펴보자.

오른쪽으로 화면 이동(좌우 반전도 가능)을 해 보자.

십자 마크 : 앵커 포인트. 표적에 대한 중앙의 관계위치를 포함하는, 자신에게 맞는 줌 사이즈로 설정할 수 있다.
Range : 표적까지의 거리. 더블탭하면 야드와 미터를 바꿀 수 있다.
Elevation : 필요한 엘리베이션 수정량이 Mil 단위로 표시된다.
Windage : 편차의 수정량도 Mil 단위로 표시된다. 더블탭으로 단위 변경.
Mil Scale : 오른쪽 화면의 수직 스케일. 스케일을 누르면서 상하로 옮기면 앞서 입력된 표적의 크기에 맞춰 환산된 거리가 표시된다. 화면에서 보이는 것처럼 16인치 크기의 표적을 설정하면 목표까지 거리가 계측된다. 스코프의 표적을 밀 눈금으로 볼 때 4.425mil 일 경우 화면을 스크롤하여 표시된 표적을 4.425mil 에 맞추면 표적까지의 거리는 100야드로 표시된다. 이 표적이 스코프 안에서 0.5mil 로 보일 때 화각을 스크롤해 표적의 크기를 0.5mil 에 맞추면 표적까지의 거리가 813야드로 표시된다.

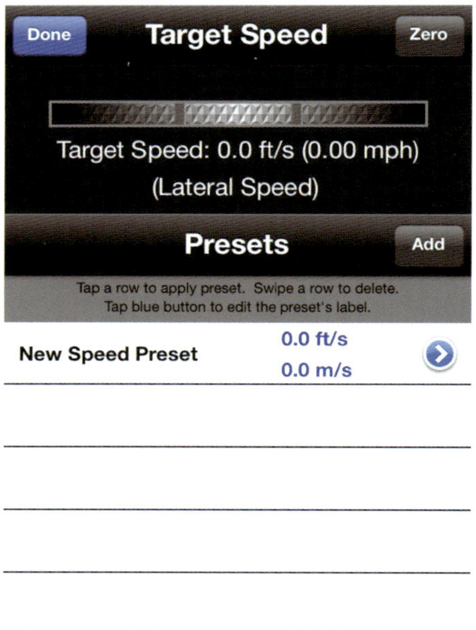

Target Speed를 더블탭. 수평의 탭 스케일을 사용해 이동목표의 속도를 입력한다. 이번에는 이동목표가 아니라 속도를 0으로 넣었다. 다양한 표준 이동목표물의 데이터를 입력하는 것도 가능하다.

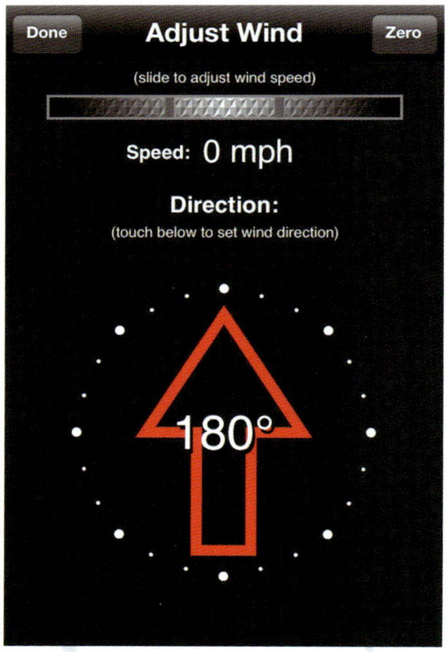

Wind. 수평 막대에서 바람의 세기를 입력, 방향 설정 다이얼의 화살표를 이용해 풍향을 설정한다.

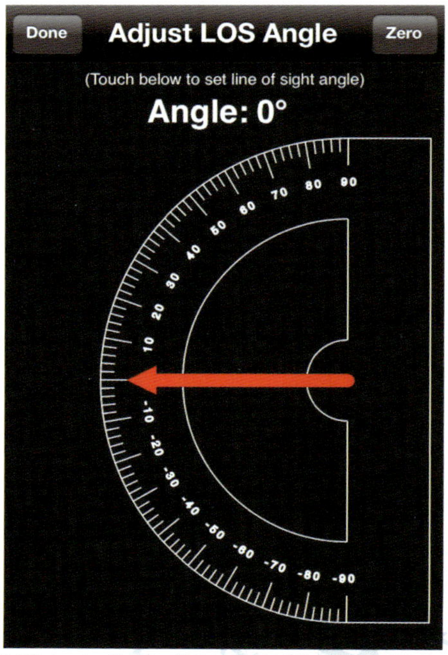

LOS Angle을 탭. 목표와의 수평각도를 설정한다. 사격환경에 따라 실제로는 다양한 각도가 발생한다.

Azimuth 를 누른다. 화살표를 누르며 회전시켜 마음대로 사격 방향 및 방위각을 입력한다. 이 사격장에서는 254˚ 였다. 이 수치는 아이폰에 원래 들어있는 나침반을 사용해 얻은 것이다. 설정 항목에서 'Coriolis Effect' 를 on 으로 선택하면 표시되지 않는다. 지구 자전의 영향을 고려할지 아닐지를 선택하는 것이다.

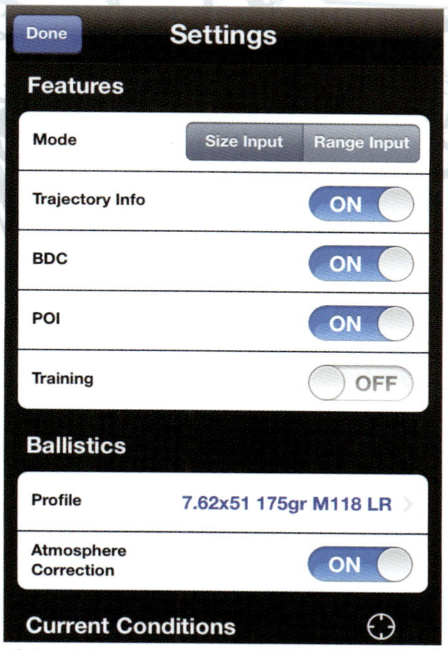

세팅 (설정) 을 누른다. 다양한 항목이 나온다. 여기서 스크롤하며 기온, 고도, 대기압, 습도등의 환경 데이터를 입력한다.

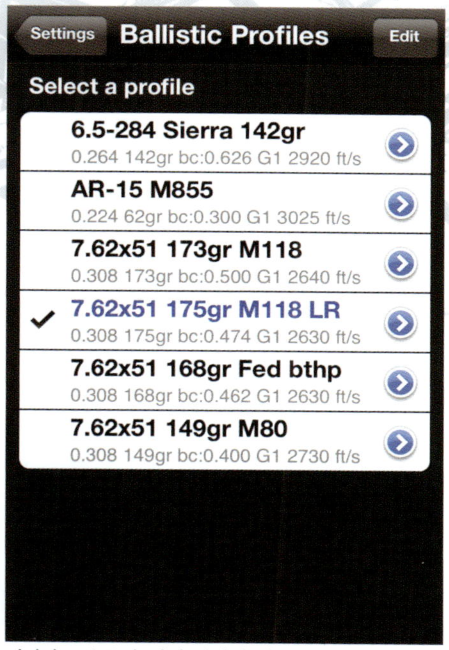

여기서 소유주가 가진 탄약의 탄도 데이터 입력이 가능하다. 예전에 썼던 탄약의 데이터라면 다시 꺼내 사용할 수 있다. 여기서는 7.62 × 51 의 175gr(그레인) 을 선택. 필요한 항목을 고른 뒤 "EDIT" 을 누르면 해당 탄약의 특성들이 표시된다. 전혀 새로운 탄약을 사용하면 New Profile 을 누르면 된다.

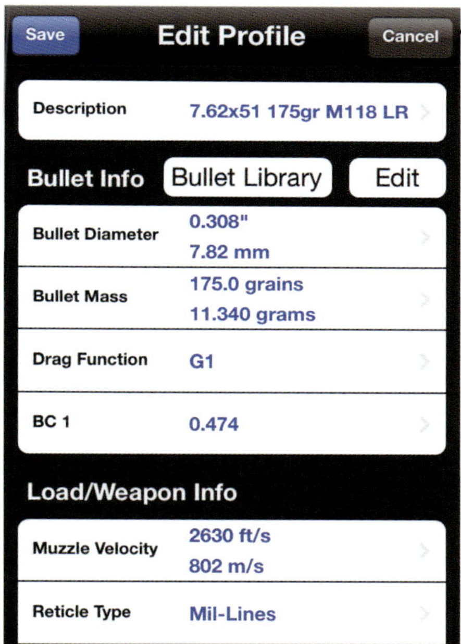

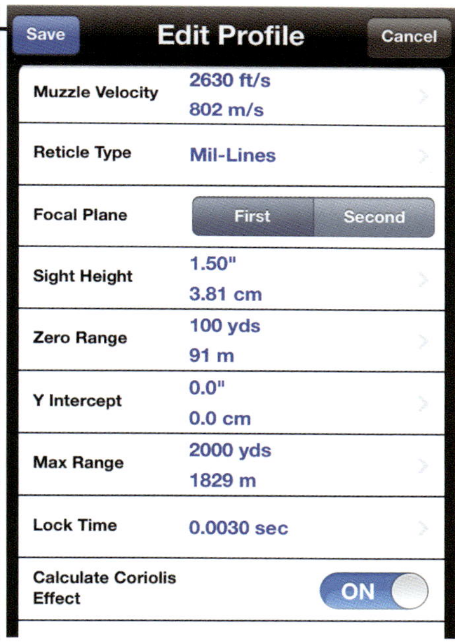

구경, 탄자 중량을 고른 뒤 Drag Function(탄자 저항 패턴) 은 G1 을, 탄도계수 1(BC1) 은 0.474 를 입력했다. 시에라 175 그레인 탄자의 G1 BC 는 공식적으로는 0.496 이지만, 필자의 사격 친구인 한 탄도 소프트웨어 업체의 컨설턴트에 의하면 실제로는 0.474 에 가깝다고 한다. 그의 추천에 따라 0.474 를 입력했다.

Muzzle Velocity: 총구초속. 실측치 2,630ft/s.
Focal Plane: 제 1 초점면 (FFP) 와 제 2 초점면 (SFP) 의 선택이 가능하다.
Seight Height: 총구 축선과 스코프의 광학축선 사이의 거리다. 가장 일반적인 1.5 인치를 선택했으나 최근의 전술 총기들은 2~5 인치짜리도 많다. 대구경의 56 ㎜ 대물렌즈가 스코프에 흔해졌기 때문이다.

Zero Range: 미국의 전술 소총 사격계에서는 가장 기준이 되는 영거리를 100 야드로 잡는게 보통이지만 이것도 변경 가능하다. 200, 300 으로도 바꿀 수 있고 미터로도 바꿀 수 있다

Lock Time: 록타임, 즉 방아쇠를 당기고 격발이 일어날 때 까지의 간격을 0.0030 초 로 입력했다. 레밍턴 M700 계열은 대부분 이 정도다. 커스텀으로 0.002 초까지 줄인 것도 있지만… 그래봐야 도토리 키재기, 숫자놀음에 불과하다.

Coriolis Effect: 지구의 자전이 비행중인 탄에 미치는 영향을 뜻한다. On/off 선택 가능. 선택이 가능한데, 소화기 사격의 최대거리는 대개 1,000 전후 (미터건 야드건) 인 경우가 많지만, 이 거리에서는 고려해야 할 다른 환경요소가 많다. 그에 비하면 코리올리 효과는 미미한 편이다. 지구의 자전은 북반구에서는 오른쪽, 남반구에서는 왼쪽으로 간주된다. 보다 구체적으로 설명하자면, 만약 정북쪽으로 탄을 발사하면 북반구에서는 탄이 오른쪽 (동쪽) 으로 움직인다. 그리고 이렇게 생기는 오차는 지구가 구형인 만큼 위도와도 관계가 있고, 탄이 날아가는 방향, 비행 시간과도 관계가 있다. 사격장의 방향은 천차만별이고, 또 소화기의 유효사거리를 감안하면 그 영향은 미미하다는 것이 정설이다. 물론 병기에 따라서는 박격포나 야포처럼 다른 경우도 있다. 이런 장사정 무기라면 코리올리 효과를 고려하지 않을 수 없다. 실제로 사격대회에서 택티컬 라이플 사수들에게 물어봤지만 코리올리 효과를 아는 것은 잘해야 절반, 나머지는 잘 모르고 있었다.

Calculate Spin Drift: 불릿 스핀 드리프트 (탄자의 회전방향에 따른 편이) 역시 on/off 가 가능하다. On 을 선택하면 총열의 방향, 길이, 강선 회전수등을 입력한다. 탄자의 회전이 클수록 스핀 드리프트가 커진다. 10 인치당 1 회전 / 총구초속 2,630fps 의 경우, 500 야드에서 2.3 인치 (58 ㎜) 오른쪽으로 드리프트 (이동) 한다. 1,000 야드라면 17 인치 (42.8 ㎝) 나 된다.

그러면 같은 탄자를 12 인치당 1 회전짜리 강선으로, 같은 탄속으로 발사하면 어떨까? 14.5 인치 (36.8 ㎝) 가 된다.

이 앱의 최대 사거리는 2,000 야드로 되어있는데, 7.62 × 51 ㎜는 1,000 을 넘으면 위력이 크게 떨어지기 시작한다. 30 도 전후의 각도로 쏘면 3~4 ㎞ 밖까지 도달하지만, 탄은 완전히 엉덩이부터 떨어지므로 유효사거리 이내에 맞을 때와는 의미가 전혀 달라진다. 미 해병대의 경우, 7.62 × 51 ㎜의 전술용 소총은 유효사거리를 600 야드 정도로 보는 편이다.

지난 수년, 다양한 탄자를 사용했다. 시에라 168 그레인 HPBT MK를 주로 사용했지만 이번부터 시에라 175그레인 HPBT MK로 바꿨다. 이러면 새로운 데이터를 입력하는 등 여러 모로 시간이 걸린다. 지금까지 간신히 외웠던 데이터를 새로운 데이터로 바꿔야 하기 때문이다.
시장에는 다양한 탄자가 만들어지고 있다. 하지만 시에라의 168과 175그레인은 현재의 신형 탄자들에 비해 비교적 보수적인 디자인으로, 튜닝이 쉽다는 장점이 있다. 그 외에도 다양한 이유들이 있다. 이야기가 길어지므로 여기에 대해서는 다른 기회에 다뤄보자.

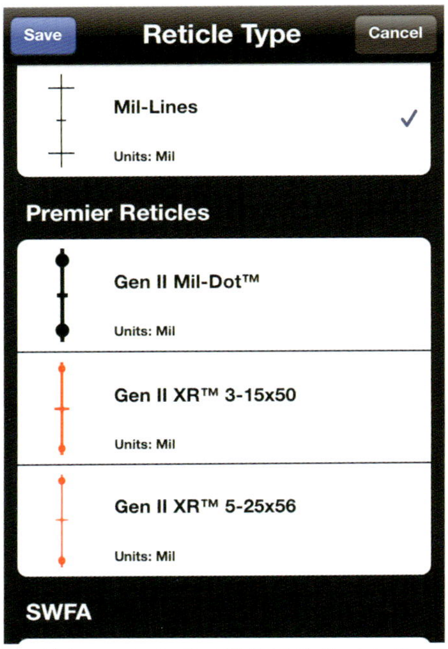

Load/Weapon Info의 3항목째에 'Reticle Type'이 있다. 이걸 누르면 현재 시장에서 고를 수 있는 대표적인 레티클이나 나이트포스, 슈미트 & 벤더, 볼텍스, US옵틱스, 프리미어등의 브랜드를 고를 수 있다. 필자의 March FML-1은 실려있지 않지만, Generic이라는 브랜드의 Mil-Lines 레티클을 그대로 쓸 수 있다. 고른 다음 Select를 눌러 선택을 확정한다.

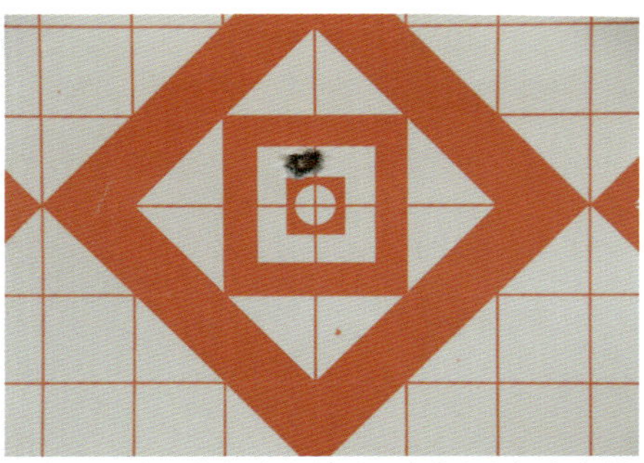

먼저 100야드에서 탄착 확인. 엘리베이션 다이얼은 0. 제로 스톱이 걸려있으니 이 시작점을 잃어버릴 일은 없다. 확인을 위해 2발 쐈다. 가운데를 노렸지만 약간 위에 맞았다. 며칠 전 쏠 때와 똑같다.

감시탑에서 본 사격장 전경. 200, 300, 400, 500야드의 16인치 지름 강철 표적을 사격.

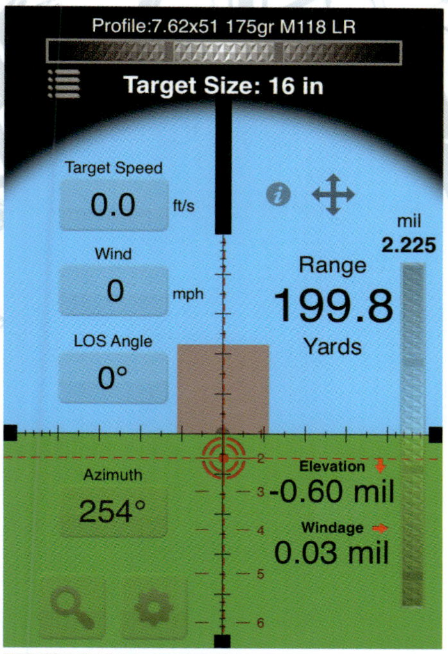

200 야드 사격의 조정 수치. 실제 명중탄의 윈디지는 0 이지만 0.03mil 의 윈디지 수치가 앱에 떴다. 이것은 스핀 드리프트를 계산해서 나온 것이다. 엘리베이션 다이얼을 0.6mil 반시계방향으로 돌린다. 표적의 가운데를 노리고 사격. 후방 좌우로부터 바람이 있었지만 윈디지는 고려하지 않았다.

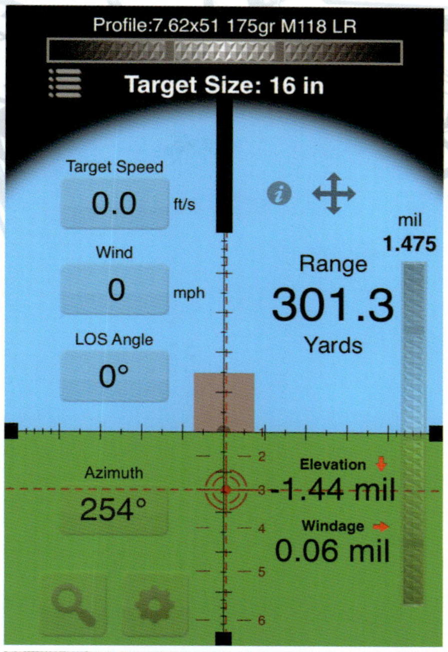

300 야드에서는 100 야드보다 1.4mil 만큼 엘리베이션 다이얼을 돌린다. 거의 중앙에 2 발 명중.

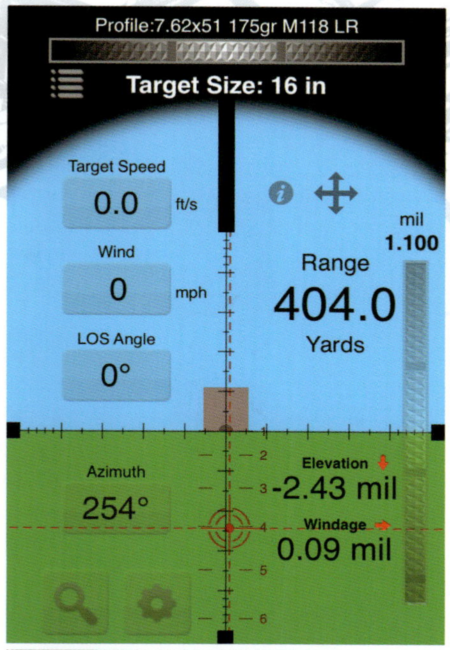

400 야드에서 2.43mil. 반올림해 2.4mil 만큼 돌린다. 탄흔이 이어졌지만 이것도 2 발의 탄흔이다.

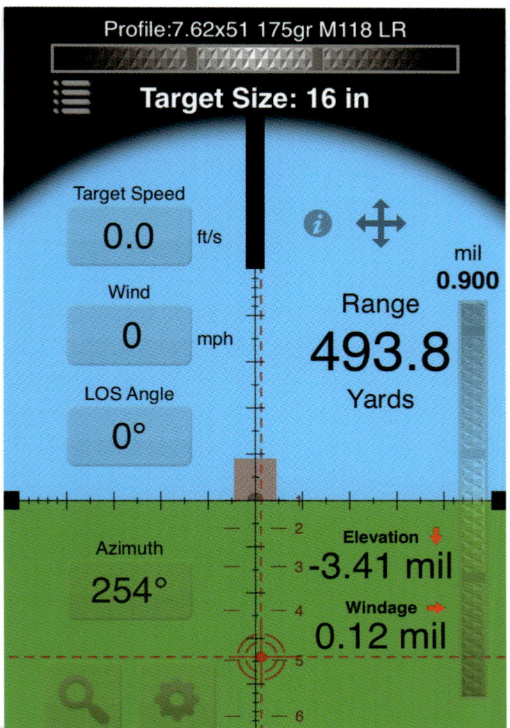

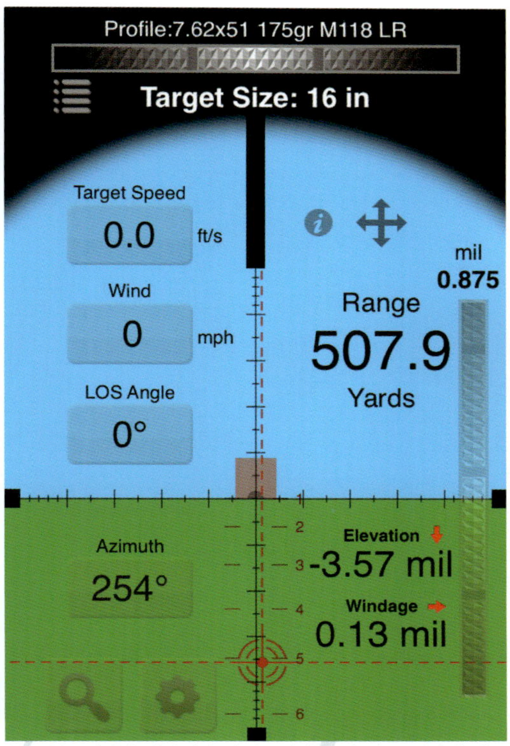

500 야드에서 3.41mil 과 3.57mil 이 나왔다. 아이패드에서는 딱 맞는 거리가 나왔지만 아이폰에서는 딱 맞는 거리가 나오지 않았다. 엘리베이션 다이얼을 3.5mil 만큼 돌려준다. 500 야드 3.5mil 의 결과는 아이패드로 산출한 것이다.

제 1 탄은 오른쪽 위에 명중. 이것은 필자의 실수다. 제 2 탄은 왼쪽 위. 환경을 어느 정도 파악하고 쏜 마지막 세 발은 약간 위에 맞았다.

1 클릭 되돌리면 어떨까? 예를 들면 3.4mil 이라든가 말이다. 계산으로는 약 2 인치(약 5 ㎝) 만큼 탄착점이 내려간다. 그러면 거의 가운데에 맞는다. 대부분의 사수들이 그렇게까지 할지는 의문이다.

Profile: 7.62x51 175gr M118 LR

Caliber:0.308" Weight:175gr G1 bc:0.474 Velocity:2630 ft/s wind:0 mph from 180.0°

Range	Elevation			Windage			Velocity	Time	Energy
(yds)	(in)	(mils)	(MOA)	(in)	(mils)	(MOA)	(ft/s)	(sec)	(ft lbs)
400	-34.4	-2.39	-8.22	1.3	0.09	0.31	1954.4	0.530	1484.52
425	-40.6	-2.65	-9.11	1.5	0.10	0.34	1916.0	0.568	1426.74
450	-47.3	-2.92	-10.03	1.7	0.11	0.37	1878.1	0.608	1370.80
475	-54.6	-3.19	-10.98	2.0	0.12	0.40	1840.6	0.648	1316.69
500	-62.6	-3.48	-11.96	2.2	0.12	0.43	1803.7	0.689	1264.39
525	-71.3	-3.77	-12.96	2.5	0.13	0.46	1767.3	0.732	1213.88
550	-80.6	-4.07	-14.00	2.8	0.14	0.49	1731.5	0.774	1165.16
575	-90.7	-4.38	-15.07	3.1	0.15	0.52	1696.2	0.818	1118.18
600	-101.6	-4.70	-16.17	3.5	0.16	0.56	1661.6	0.863	1072.96

Graph 5 10 25 50 100

아이폰을 옆으로 눕히면 거리에 따른 탄도 데이터가 표시된다. 3.48mil/500 야드로 되어있다. 반올림하면 3.5mil 이다. 밀 도트 벌리스틱스 앱의 계산대로라는 뜻이다. 놀랄만한 성능이다. 이번에 500 야드 외에는 바람을 완전히 무시했다. 불릿 스핀 드리프트도 마찬가지. 앞서 언급한 페리도 쓰기는 하지만 스마트폰에서 쓸 수 없어 최근에는 밀 도트 벌리스틱스를 더 많이 쓴다.

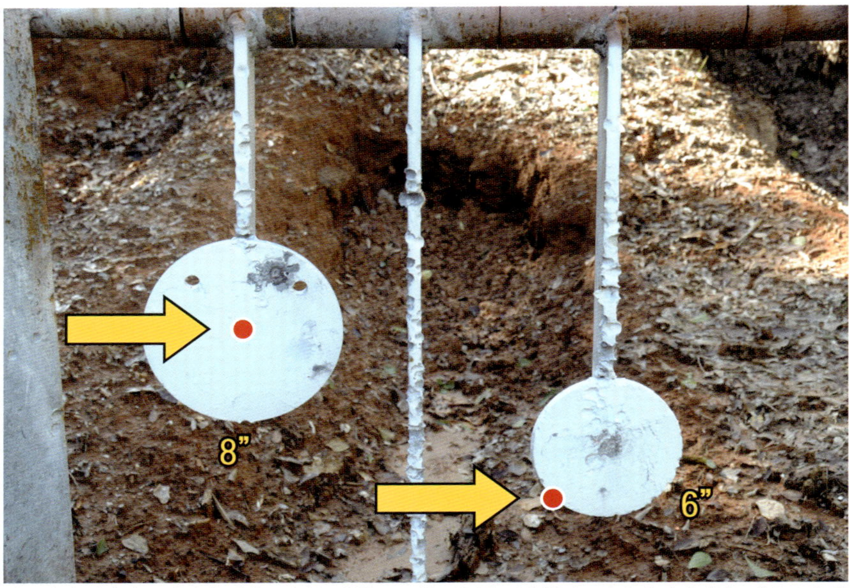

사수마다 다양한 스타일이 있다. 필자는 종종 오조준 기법을 사용한다. 하나의 사례지만, 테스트가 끝난 뒤 지름 8 인치짜리 표적에 500 야드에서 도전했다. 가운데를 노렸더니 1 시 방향에 맞았다. 이러면 옆의 6 인치는 가운데를 노리면 빗맞는다. 그래서 화살표에 표시된 곳을 겨눠 쐈다.

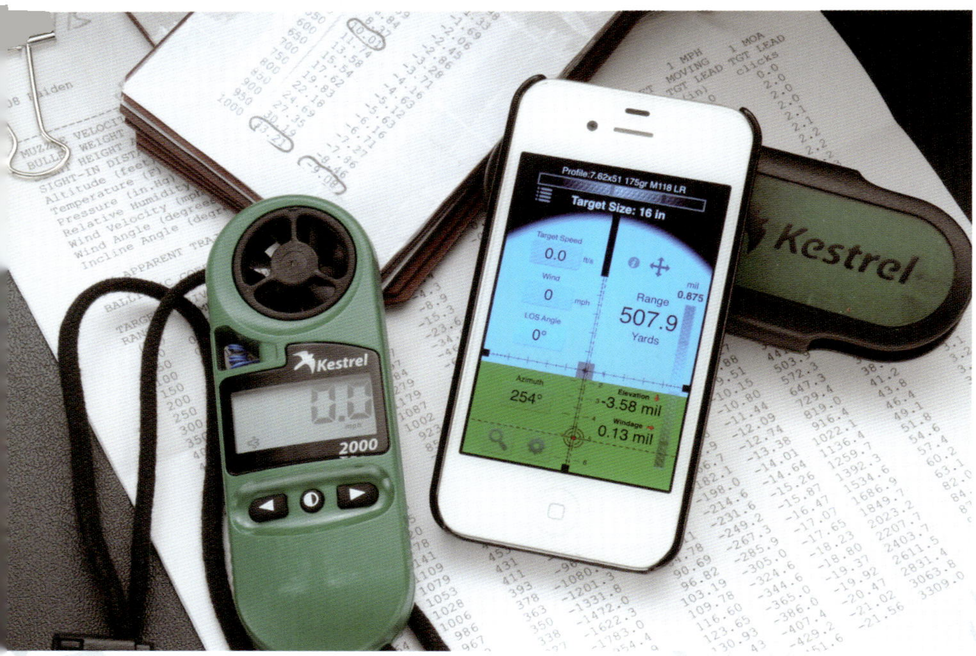

왼쪽 아래 사진에 있는 도구가 필자의 사격에 중요한 3 대 도구다. 케스트렐 윈드미터중 가장 싼 2000 모델과 아이폰, 그리고 레인지 카드다. 실제로 경기에 쓰기 쉬운 것은 예나 지금이나 아날로그식의 레인지 카드다. 기온의 차이같은 탄도 데이터를 모아놓은 것이다. 이걸 쓰는 편이 가장 빠르다. 얼핏 보면 앱을 쓰는 편이 쉬워보이지만 사격대회에서 일일히 입력할 시간도 없고, 또 뙤약볕 아래에서 액정 스크린을 보기도 어렵다. 스마트폰에 들어있는 밀 도트 벌리스틱스 앱은 한가할 때에 시간 보내기는 최고로, 다양한 상황을 상정해 데이터를 보며 공부도 할 수 있다.

사격은 다양한 불확실요소가 모인 것으로, 어떻게 맞을지 100% 정확히 계산하는 것은 아주 어렵다. 이번에 바람따위는 데이터에 넣지 않았다. 바람은 시시각각 변하는데다 기껏 윈디지 조정을 했더니 기상이 전혀 다르게 변해버리면 원래 영점에서 잡았던 탄착점을 잃어버려 경기중에 최악의 상황에 직면하기 때문이다. 옛날에 이런 경험을 해 망한 일도 있어 그 뒤로 경기중에 엘리베이션 다이얼은 돌려도 윈디지는 돌리지 않고 레티클의 눈금을 사용한다. 시간이 없으면 엘리베이션도 레티클만 가지고 조정한다. 아이언 사이트(역자 주 : 일반적인 가늠자/가늠쇠)로는 안되지만 스코프에서는 가능한 일이다. 이럴 때를 위해 레티클 눈금이 준비된 것이다. 바람이 3 시 방향에서 분다고 탄이 바로 옆 9 시 방향으로 움직이는 것은 아니다. 우회전 강선에서 나온 탄자라면 10 시 정도 되지 않을까? 5 시 방향이라고 11 시, 10 시방향이라고 5 시라는 식으로 간단하게 정해지는 것도 아니다. 밀 도트 벌리스틱스는 이런 수정도 바람의 각도로부터 자동 수정, 좌우의 이동량뿐 아니라 엘리베이션 조정량에까지 반영한다. 현재의 탄도 계산 소프트웨어는 모두 20 년전에는 꿈의 도구였다. 하지만 아직 컴팩트한 완전자동조준식의 탄도 계산 스코프는 나오지 않았다. 그것도 시간문제라고 생각하지만 말이다.

아이폰/아이패드용의 Mil-Dot Ballistics 는 미국/일본 앱스토어에서 다운로드 가능.

트래킹포인트가 스나이퍼를 대체할까?

Satoshi Matsuo

2013년, 라스베가스 SHOT쇼 전시회장의 거의 가운데에 위치한 트래킹포인트의 부스에서 필자는 '드디어 올게 왔다!' 고 느꼈다. 원거리용 라이플에 탑재된 블루와 레드의 3개 렌즈를 가진 거대한 스코프, 그리고 '1,000야드따위 쉬워!' 라고 적힌 자극적 문자가 부스에 적혀있었다. "이거야말로 신세대의 디지털 스코프!" 적어도 처음 본 필자 역시 그 때는 그렇게 생각했다.

총의 진화 속도는 느리다. 화약의 연소에 의해 고압을 만들어 금속 덩어리를 쏴 날리는 기본 컨셉은 13세기에 시작되어 오늘날까지 기본적으로 그대로다. 이 컨셉에서 벗어나지 못하는 한, 총의 전자화는 안될 것이다. 하지만 총 자체가 아닌 그 주변의 기술들은 전혀 다른 전개가 예산된다. 특히 조준장치는 전자화가 비교적 쉽다.

스코프는 기본적으로 망원경이다. 렌즈를 조합해 대상물을 확대한다. 여기에 레티클이라 불리는 조준용 눈금을 끼워넣어 표적을 포착한다. 광학기기 중 가장 전자화된 것은 카메라일 것이다. 한 때 카메라 조작은 특수기술이었다. 노출, 초점 맞추기등의 모든 행위가 수동으로, 간단하지 않았다. 특히 빛의 상태를 확인해 노출을 정하는 것에 많은 경험이 필요했다. 하지만 노출계가 등장해 경험이 없어도 노출계만 있으면 누구라도 빛의 상태를 측정할 수 있게 됐다. 그에 맞춰 셔터 스피드를 맞추면 어쨌든 정확한 노출로 촬영이 된다. 그리고 노출계가 카메라에 내장되고 전자적으로 노출을 맞춰주는 자동노출이 등장. 그 뒤, 스트로보 내장이나 오토포커스등의 발전이 있었다. 결국 디지털 카메라까지 등장하면서 카메라 조작은 특수기술과는 거리가 멀어졌다. 손떨림 보정이나 얼굴 자동인식 기능은 물론 촬영자의 의도를 반영하는 노출보정까지 실현됐다. 멋진 작품이 찍힐지 어떨지는 몰라도, 누구든 사진은 찍게 됐다.

스코프를 사용한 사격도 만만찮은 특수 기술이다. 그저 표적을 레티클에 맞추면 탄이 정확히 날아가 맞는게 아니다. 하지만 그것이 가능하다면 어떤 의미로는 이상적인 스코프가 될 것이다.

오랫동안 스코프에 큰 진보는 없었다. 스코프의 지름이 늘어나고, 밝아지고, 배율이 높아졌지만 기본적으로는 망원경이다. 커다란 진보가 없었다고 쓰면 스코프 설계자들이 싫어할 것이다. 밝고 색수차가 없는 렌즈를 만드는 것은 대단한 기술이다. 총의 위력이 높아지면서 그에 맞춰 내구성이 높은 스코프를 만드는 것도 쉽지 않다. 이런 고된 기술혁신을 부정하는 것은 아니다. 오히려 존경할 정도다. 그렇게 진화한 스코프를 필자 자신도 기꺼이 구입한다. 20년 넘는 사격생활동안 구입한 스코프는 20개 가깝다. 사실 스코프의 전자화를 그닥 바라는 것은 아니다. 하지만 다양한 제품이 전자화되는 현재, 스코프에도 큰 변화가 생길 것 같다.

손목시계에는 엄청난 정밀도를 자랑하는 태양전지/GPS전파시계가 있지만 반면 장인정신으로 만드는 정밀한 기계식 시계도 여전히 인기다. 스코프의 미래도 이런 양극화를 걷지 않을까. 하지만 스코프는 아직 전자화가 제대로 진행되지 않고 있다. 기껏해야 레티클에 조명이 들어간 정도다. 전자적인 스코프가 아예 없는 것은 아니다. 레이저 거리측정기를 내장해 표적까지의 거리를 측정, 미리 정해진 탄약의 탄도에 맞춰 조준점을 사수에게 알려주는 스코프가 있다. Burris사의 Eliminator가 그렇다. 하지만 거리 측정과 조준점 수정은 그리 어렵지 않다. 사격에서 가장 어려운 것은 주변 환경을 읽는 기술이다. 이것을 정확히 읽어 적절한 수정을 할 수 있다면 누구라도 쏠 수 있는, "언제나 맞는 이상적인 스코프" 가 탄생하는 셈이다(사수가 총을 제대로 파지하는 기술까지는 여기서 생각하지 말자).

트래킹포인트가 등장했을 때, 드디어 이런 스코프가 탄생했다고 생각했다. 거대한 칫수와 요란한 모양 때문에 그렇게 생각했다. 트래킹 포인트는 서전 XL액션, .300윈체스터 매그넘 버전에 27인치의 크류거 총열을 장

이런 화면이 나온다.

착, 애큐러시 인터내셔널 AX섀시 시스템에 얹은 뒤 네트워크화된 트래킹 스코프를 포함한 PGF(Precision Guided Firearms)시스템으로 팔고 있다. 가격은 얼추 $20,000정도다. 표적을 포착한 뒤 tag버튼을 눌러 락온하는 방식에 의해 최적의 조건에서 격발한다. 원거리 사격에 필요한 특수기술의 상당수를 트래킹포인트가 대신하는 셈이다. 하지만 바람이라는 가장 어려운 부분은 수동으로 입력해야 한다. 사수가 있는 지점의 풍속과 풍향은 알 수 있지만, 표적까지의 공간에 놓인 환경은 알 수 없다. 이걸 모르면 절대로 표적에 맞는다고 장담할 수 없다.

등장한지 2년 반이 지난 2015년, 트래킹포인트사가 경영압박을 받는다는 이야기가 있다. 아무래도 표적까지의 환경을 완전히 읽어 자동 수정하는 시스템이 아닌 이상 "늘 맞는 이상적인 스코프" 는 될 수 없다. 그렇지 않다면 이 PGF시스템을 사는 사수는 적을 것이다. 그런 스코프가 탄생한 뒤 매우 작아지고 많은 사람들이 쉽게 사는 가격으로 떨어지면 스나이퍼는 실업자가 될 것이다. 사수부터 표적 사이의 환경을 정확히, 리얼타임으로 측정하는 기술… 어떻게 그것이 실현될지는 전혀 알 수 없다. 하지만 언젠가 그럴 날이 올 것이다. 뭐, 그 전에 스나이퍼가 드론에게 쫓겨날 날이 올지도 모르지만 말이다.

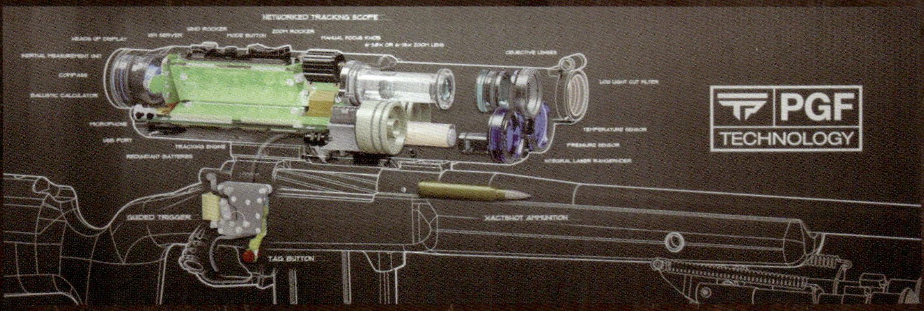

Tracking System의 내부 구조

Tracking System은 매우 크다.

고정밀 저격을 가능하게 하는 매치 애모

TEXT : SHIN

저격총이 높은 정밀도를 발휘하게끔 하려면 정밀도 높은 전용의 매치 애모가 필요하다. 매치 애모는 대량생산된 일반 탄약과 달리 경기용으로 생산되어 높은 균일성을 가진 탄약이다. 이 균일성이야말로 높은 정밀도를 위한 중요한 요소다. 그리고 주의깊게 작업하면 리로딩을 통해 매치 애모를 직접 만드는 것도 가능하다.

매치 애모의 특징

6.5㎜ 크리드모어(Creedmore)탄은 호너디 사에서 2007년에 개발한 원거리/저격 경기용 탄이다. .300윈체스터 매그넘에 필적하는 탄도를 지니고 1,000m를 넘는 거리에서도 높은 명중 정밀도를 자랑한다. 매치 애모가 가진 각 부분의 특징에 대해 소개한다.

불릿(탄자)

매치용 탄자는 안에 있는 납의 무게, 그것을 감싼 재킷의 두께, 형태, 지름이 최대한 균일하게 제작된다. 총열의 중심에서 흔들리지 않고 정확히 회전하려면 재킷 두께의 균일성이 특히 중요하다.

케이스(탄피)

매치용 케이스는 고급 황동으로 만들며 각 부위가 정확히 제작된다. 숄더(어깨) 부분에는 열처리가 실시되어 정확한 칫수를 유지하게 한다.

넥(목)

탄자는 넥 부분의 탄성으로 자리를 지킨다. 넥의 두께도 균일하게 만들어져 약실 안에서 총강의 중심에 탄자가 정확히 위치하게 한다. 넥의 탄성도 균일화되어 어떤 탄도 같은 압력으로 탄자가 탄피에서 빠져나가야 한다.

숄더(어깨)

탄약이 얼마나 깊게 약실에 들어갈지는 헤드와 숄더에 의해 통제된다. 약실 중심에 정확히 탄약이 유지되도록 헤드와 숄더의 거리도 탄피마다 균일하게 만들어진다.

바디(본체)

바디는 약실 내에 빈틈없이 수납되지만 지나치게 타이트하게 늘어붙지는 않을 사이즈로 만들어진다. 탄피 전체를 약실 중심에 정확히 위치시키는 역할을 맡는다.

림(테두리)

림은 갈퀴가 탄피를 약실에서 끄집어내는 역할을 한다.

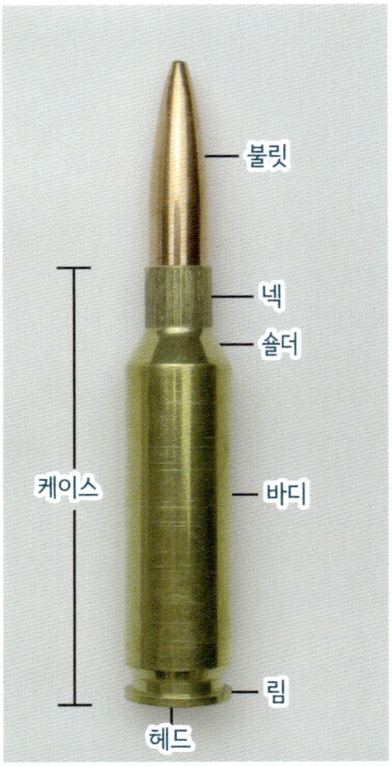

6.5 Creedmoor 탄

매치 애모의 리로딩

대량생산된 탄, 즉 팩토리 탄도 여러 종류여서 저렴하고 정밀도가 꽤 높은 물건부터 처음부터 높은 정밀도로 생산된 매치 애모도 있다. 자신의 총에 맞춰 보다 명중률 높은 매치 애모를 직접 만드는것이 '핸드로드'이다. 탄피의 프렙(준비), 탄자 선택, 화약이나 충전방법 등 다양한 기술과 시행착오를 거쳐 높은 정밀도를 얻게 된다.

케이스 프렙

먼저 탄피(케이스)를 리로드(재충전) 할 수 있도록 가공한다. 여기에도 정밀도를 위한 노하우가 많다.

리로딩 다이(틀). 왼쪽부터 사이징/디캐핑 다이, 오른쪽이 시팅 다이.

리로딩 프레스는 핸들을 눌러 다이에 탄피를 끼워넣는, 말 그대로의 프레스(압축기)이다.

사이징/디캐핑 다이를 리로딩 프레스에 세팅해 탄피를 다시 쓸 수 있도록 다듬는다. 이 작업 전에 탄피가 다이에 늘어붙지 않도록 윤활제를 바른다.

모양이 다시 다듬어진 (사이징된) 탄피 . 넥과 숄더 부분을 원하는 지름과 길이로 조정한 뒤 탄자를 탄피에 , 그리고 탄피가 약실에 정확히 유지되도록 가공한다 . 세밀한 조정은 총에 맞춰 사용자가 직접 한다 .

사이징한 탄피를 텀블러 (세척기) 로 깨끗하게 닦아낸다 .

케이스 프렙이 끝난 탄피 . 각 탄피는 사이징 다이로 균일한 형태로 다듬어졌고 , 앞서 사용한 뇌관되 제거했다 . 그리고 뇌관으로부터의 불꽃이 정확히 화약에 닿도록 뇌관 수납부 (프라이머 포켓) 과 플래시 홀 (불꽃 전달구) 도 다듬어졌다 .

로딩

금속제 탄약은 날아가는 탄자, 연소 가스를 발생시켜 탄자를 뿜어내는 파우더(화약), 화약에 점화하는 프라이머(뇌관), 이것들을 담는 금속제 탄피로 구성된다. 리로딩은 이들 구성품들을 탄피에 끼우는 작업이다.

페더럴사의 매치 프라이머는 확실하게 격발되어 균일한 양의 불꽃을 발생시킨다 . 구조는 일반 뇌관과 같지만 제조과정에서의 품질검사가 엄격하게 이뤄져 매치용으로 판매된다 .

핸드 프라이머 툴로 프라이머 포켓에 뇌관을 끼운다 .

왼쪽이 뇌관이 끼워진 상태 .

화약의 무게를 잰다 . RCBS 사의 자동 화약 저울은 설정된 양의 화약을 자동적으로 트레이에 붓는다 .

각 탄피에 화약을 주입한다 .

매치용 탄자 . 라푸아사의 SCENAR 6.5 ㎜ , 139 그레인 .

리로딩 프레스에 시팅 다이를 세팅한다 . 그리고 탄피의 넥 부분에 탄자를 얹는다 .

리로딩 프레스의 핸들을 누르면 탄자가 탄피에 끼워져 넥의 탄성으로 붙들린다 . 탄자가 탄피에 비뚤어져 들어가지 않도록 세심하게 작업한다 .

사용된 빈 탄피와 핸드로드된 탄약 . 황동 탄피는 구경과 사용하는 압력에 따라 다르지만 여러번 리사이즈해서 쓸 수 있다 . 저격총이 그 정밀도를 발휘하는 가장 중요한 요인은 정밀한 탄약이다 .

Milipol 2015에 등장한 스나이퍼 라이플

Photo & Report : Tomonari SAKURAI 櫻井朋成

이 원고를 파리에서 쓰고 있는 시각은 유럽판 9.11테러라고 불리는 2015년 11월 13일의 파리 동시다발 테러로부터 딱 1주일 뒤이다. 18일에는 이 테러의 주모자인 IS의 간부, 벨기에 국적의 압델하미드 아바우드 체포작전을 프랑스 경찰 특수부대인 RAID가 실시했다. 격한 총격전 끝에 아바우드는 사살당했는데, 여기서 RAID의 저격수가 활약했다고 한다.

프랑스 경찰의 저격총은 프랑스제인 FR-F1/F2가 오랫동안 쓰였다. 여기에 더해 최신 모델로 프랑스제의 PGM저격총, 일반 경찰용으로는 단거리용으로 핀란드제 티카 T3등이 배치되었다. 특수부대나 대테러부대용 저격총으로 블레이저 LRS2, 그 외에 반자동 저격총인 HK417도 고배율 스코프와 함께 배치되어있다.

2년마다 개최되는 프랑스 내무부 주최의 밀리폴(Milipol: 안전보장 국제견본시)가 2015년에도 11월 17~20일 일정으로 예정대로 개최됐다. 당시의 파리 테러 사건으로부터 불과 4일 뒤의 개최여서 한때 어떻게 될지 의문시됐지만 첫날부터 대성황을 이뤘다. 출품 업체도 다양해졌으며, 최근 유행하는 드론부터 각종 장비, 총기등이 충실하게 전시됐다. 이번에는 그 중에서 저격총들을 소개할까 한다.

Heckler&Koch G28E3 (Patrol)

독일군의 요구로 만든 반자동 저격총으로, 시판 모델인 MR308 버전을 군용으로 다듬은 것이 G28이다. 이것은 경량화된 패트롤 버전인 E3다. 표준 버전은 800m 까지의 사용을 상정하지만 패트롤 버전은 600m 까지를 상정했다. 100m 에서 10 발을 쏘면 탄착군이 45mm(1.5MOA) 이하라는 것이 HK 의 보증이다. 이전 봤던 모델은 4 방향 레일 핸드가드가 달려있었지만 이번 모델은 피카티니 레일은 상하에만 달려있고 좌우는 키모드 타입이 되어 경량화가 실현됐다.

구경 : 7.62 × 51 ㎜ 길이 : 965~1,082 ㎜
총열 길이 : 421 ㎜ (12 인치당 1 회전) 무게 : 5.15 kg (탄창 제외)
작동방식 : 반자동 가스압 작동식
탄창 용량 : 10/20 발
탑재 스코프 : 슈미트 & 벤더 PM II, 1~8x24 DMR 레티클

CG.HAENEL RS8&RS9

독일의 오래된 업체인 헤넬. 독일 메르켈사의 사법기관용 제품 브랜드로 재출발했다. 메르켈사가 가진 생산력을 살려 독자 설계를 통해 전개되는 저격총 라인업은 이미 독일 일부의 기관들에서 채택되었다. 모델은 구경에 따라 구분되며, SR8 이 .308, .300WinMag(윈체스터 매그넘)을 사용해 1,000m 까지의 유효사거리 (.300WinMag 의 경우)를 가진다. SR9 은 .338 라푸아로 1,500m 까지의 사거리를 가진다. 스코프는 둘 다 슈타이너 (Steiner) T5Xi, 5~25x56 으로 Spuhr 사의 링을 이용해 에임포인트 마이크로 T2 도 장착했다.

Haenel RS8
구경 : .308Win 혹은 .300WinMag
길이 : 1,130 ㎜
총열 길이 : 24 인치
무게 : 5.6kg(액세서리 제외)
탄창 용량 : 10 발 (.300WM: 7 발)

Haenael RS9
구경 : .338 Lapua
길이 : 1,300 ㎜
총열 길이 : 27 인치
무게 : 8kg(액세서리 제외)
탄창 용량 : 10 발

VOERE X3

오스트리아의 사냥용 라이플 메이커 Voere 가 저격총을 내놓았다. LBW 라는 이름의 사격 경기용 라이플 시리즈가 기본이지만 모듈러 시스템으로 간단하게 구경을 바꾸는 시스템을 갖췄다. 총열 교환도 간단하며 노리쇠 헤드 교환에도 공구가 필요없다. .308Win, .300WinMag, .338Lapua, 심지어 .408CT(CheyTac) 까지 하나의 플랫폼으로 대응할 수 있다. 게다가 12 게이지 산탄총으로까지 변환할 수 있다.

길이 : 96~135cm
총열 길이 : 660mm, 12 인치당 1 회전 (.308Win)/720mm, 18 인치당 1 회전 (.408CT)
무게 : 5.4kg 이상
탑재 스코프 : 칼레스 (KAHLES) 624i (6~24x56mm, 조명 레티클)

PGM Precision

Mini Hécate2 (proto type)

프랑스의 저격총 전문 업체 PGM. 스위스 국경에 가까운 산악지대로 사냥꾼도 많은 사보와 지방에 거점을 두고 저격총을 개발했다. 프랑스군을 시작으로 PGM 제품을 채택한 기관도 많다. 마치 뼈대만 있는듯한 스켈레톤 타입의 총기를 일찍부터 채택했고, 기름을 사용하는 유냉식 총열을 가진 독특한 스타일로 유명하다. 헤카트 (Hecate) 는 .50 구경 총기지만 그것을 좀 작게 만들어 .338 탄에 맞춘 것이 미니 헤카트다. 그것을 더욱 진화시켜 인체공학적으로 개선한 모델이 미니 헤카트 2 다. 탑재 스코프는 슈미트 & 벤더 4~16 × 50 PM II 다.

(전시품이라 노리쇠가 빠져있다)

PGM Precision

Ultima Ratio Commando 2

프랑스군이 채용한 총기인 Ultima Ratio(울티마 라티오). 7.62x51mm 로, PGM 사의 대표작이다.

구경 : 7.62 × 51 ㎜ 길이 : 750~980 ㎜ 총열 길이 : 470 ㎜
무게 : 6.1 ㎏ (소음기 제외) 탑재 스코프 : 슈미트 & 벤더 3~12x50 PM II

(전시품이라 노리쇠가 빠져있다)

PGM Precision

LUDIS

전술 강사인 필립 페로티 씨의 협력으로 개발된 단발 총기가 루디스 (Ludis) 다. 사격 경기용으로 쓰이는 동시에 본격적인 저격수의 훈련용으로도 쓸 수 있다. 울티마 라티오의 구조를 응용했고 총열 제거는 6 각 렌치를 이용하면 30 초 안에 끝난다. 개머리판 조정기능등을 생략하고 탄창까지 없애 최대한 가격을 낮췄다.

구경 : 7.62 × 51 ㎜ (이외에도 6 ㎜ BR 이나 .243Win, .260Rem 등 .308 이하의 쇼트 액션용 탄약들에 대응) 길이 : 1,100mm 총열 길이 : 600mm 무게 : 7.4 ㎏ (탄창 제외) 탑재 스코프 : 슈미트 & 벤더 12~50x56 PM II

(전시품이라 노리쇠가 빠져있다)

FNH

SCAR H TPR

벨기에의 FN 사가 SCAR-H 를 베이스로 만든 반자동 저격총. 7.62 ㎜로 반자동 온리다. 리시버에는 SCAR-H PR 이라고 적혀있지만, 개머리판은 TPR 용이다. 일반 SCAR 와 달리 개머리판이 접히지 않는다. 그 대신 길이 - 높이가 완전 조절된다. 같은 모델은 미국 특수전 사령부에서 Mk.20 SSR 이라고 채택되었다.

구경 : 7.62 × 51 ㎜ 길이 : 1,029~1,079 ㎜ 총열 길이 : 20 인치 무게 : 4.9 ㎏
탑재 스코프 : 슈미트 & 벤더 3~12x50 PM II

CADEX DEFENCE

CDX-50 Tremor

캐나다의 CADEX DEFENCE 사가 공급하는 저격총용 섀시는 미군의 PSR 경쟁에서 이겨 미군에 채택된 레밍턴 MK.21 PSR(Precision Sniper Rifle) 에도 사용되고 있다. 레밍턴은 Cadex 사로부터 섀시 (예전의 총 같으면 스톡이라고 불릴, 총의 몸통에 해당할 부분) 공급을 받고 있다. 이 회사는 섀시만 공급하는게 아니라 독자적인 저격총도 제조한다. CDX-30, CDX-300, CDX-33 등의 모델이 이미 존재한다. 이번 밀리폴에는 .50 구경의 CDX-50 Tremor 를 발표했다.

SAKO

TRG M10

핀란드의 사코 (SAKO) 사는 현재 베레타 그룹의 일원이다. 베레타는 볼트액션 저격총이 없었기 때문에 사코를 합병한 셈이다. 사코의 플래그쉽이라 할 모델이 2011 년에 등장한 TRG M10 이다. 총열 교환등의 간단한 작업으로 .308/.300Win Mag/.338Lapua Mag 등의 다양한 탄약에 현장에서 대응할 수 있는 멀티캘리버 사양이다. 사진에 탑재된 스코프를 제조한 슈타이너 (Steiner) 사도 베레타 그룹의 일원이다.

구경 : .308Win/.300Win Mag/.338Lapua
길이 : 1,037 ㎜ /1,186 ㎜ /1,216.5 ㎜
총열 길이 : 509.5 ㎜ /656 ㎜ /689 ㎜
무게 : 6 ㎏ /6.1 ㎏ /6.5 ㎏
탄창 용량 : 11 발 /11 발 /8 발
탑재 스코프 : STEINER M5Xi 5~25x56

SAKO

TRG22/42 Desert Tan

사코의 저격총에 기본형이라 할 모델이 TRG22/42 다. 1989 년에 원형인 TRG21/41 이 등장, 현대 사코 액션이 기본이 된 3 개의 로킹 러그 (폐새돌기) 가 탄생했다. TRG22/42 는 그 개량형이다. TRG22 는 .308Win 과 .260Rem 으로 중거리, TRG42 가 .300Win Mag 와 .338Lapua Mag 로 원거리를 대응한다.

구경 : .308Win & .260Rem/.300Win Mag & .338Lapua
길이 : 1,150 ㎜ /1,200 ㎜ 총열길이 : 660 ㎜ /690 ㎜
무게 : 4.9 ㎏ /5.3 ㎏ 탄창 용량 : 10 발 /7 발, 5 발
탑재 스코프 : STEINER M5Xi 3~15x50

Tikka

T3 TAC

핀란드 업체인 티카는 사코에 흡수되었지만 브랜드는 살아남았다. 한때는 사코 제품의 염가판같은 느낌이었지만 현재는 사코와는 별도로 제품을 전개해 독자 제품으로 빠르게 보급이 이뤄지고 있다. 사코보다 값은 싸지만 정밀도는 동등하다는 점이 매력이다. 프랑스 경찰도 티카의 T3 를 채택했다.

구경 : .308Win 길이 : 1,020 ㎜
총열 길이 : 510 ㎜
무게 : 3.6 ㎏
탄창 용량 : 5 발
탑재 스코프 : STEINER M5Xi 3~15 × 50

SIG

M400 PREDATOR

SIG 는 AR 계열 클론의 피스톤 방식 SIG516 은 물론이고 오리지널 가스직결식을 그대로 채택한 M400 도 발매중이다. 이것은 M400 에 18 인치 총열을 조합한 제품인 프레데터다. 2015 년에 SIG 가 발표한 자사 브랜드의 6 배 스코프인 탱고 6, 1~6 × 24 ㎜를 탑재했고 소음기도 자사 브랜드의 SRD556-QD 를 장착했다.

구경 : 5.56 × 45 ㎜ 길이 : 921 ㎜
총열 길이 : 18 인치
무게 : 3,175 ㎏ (탄창 제외)

SIG

716 Gen2 DMR

가스피스톤 방식 AR 의 7.62NATO 버전인 SIG716. 그 총의 저격 버전인 SIG716 DMR 은 18 인치 총열을 탑재하고 있다 . 이것은 그 2 세대인 Gen2 로 , 16 인치 총열에 SIG 의 독자 모델인 SRD762-QD 를 탑재했다 . 또 개머리판은 맥풀의 고정타입인 PRS 에서 신축식인 CTR 로 바꿔 더 컴팩트해졌다 . 스코프는 탱고 시리즈의 3~18 × 44 ㎜ 버전 탑재 .

구경 : 7.62 × 51 ㎜
총열 길이 : 16 인치
탄창 : 20 연발

B&T

APC300

스위스의 소음기 및 액세서리 브랜드인 B&T. 그 높은 품질을 살려 총기 개발에도 진출 , 저격총도 만들고 있다 . APC300 은 총열 전체를 덮는 소음기와 아음속의 .300 위스퍼 (Whisper) 탄을 조합한 제품으로 , 총성을 크게 낮춰 격발음이 총성보다 더 잘 들릴 정도라고 한다 . 다만 유효사거리는 150m 정도로 짧다 .

구경 : .300Whisper
길이 : 782~1,001 ㎜
총열 길이 : 250mm(8 인치당 1 회전)
무게 : 4.8kg(스코프 , 양각대 포함)　탄창 : 10 연발
탑재 스코프 : KAHLES K15i(1~5 × 24 ㎜ , 조명 레티클)

B&T

APR308P

원래 B&T 는 PGM 사의 대리점이었지만 PGM 사의 울티마 라티오를 개량해야 한다고 판단하다 PGM 측과의 마찰로 발전했다 . 결국 두 회사가 결별하면서 PGM 의 기술자 일부가 B&T 로 이적해 APR 시리즈를 개발해 2005 년 밀리폴에서 발표했다 . 싱가포르 육군이나 스위스 특수부대가 APR308 을 사용하며 , 사진은 짧은 총열을 갖춘 경찰용의 P 사양이다 .

구경 : .308Win　　　길이 : 796~1,090 ㎜
총열 길이 : 500 ㎜ (10 인치당 1 회전)
탑재 스코프 : KAHLES 624i (6~24 × 56 ㎜ , 조명 레티클)

B&T

APR338

APR 의 .338 라푸아 매그넘 사양 . 이전에는 APR308 과 같은 모양의 개머리판을 썼지만 이번에는 완전히 새로운 스켈레톤 형태로 바뀌었다 . 이전에는 없던 금속 핸드가드가 장착되어 시대에 따른 업데이트가 이뤄졌다 . 예전에는 슈미트 & 벤드 스코프에 전용 레티클을 넣어 세트로 판매했지만 지금은 스코프는 사용자의 선택에 맡기고 있다 . APR 은 Advanced Precision Rifle 의 약자다 .

구경 : .338Lapua Mag　　　길이 : 1,002~1,311 ㎜
총열 길이 : 68 ㎜ (11 인치당 1 회전)
무게 : 7.9 ㎏　　　탄창 : 5 연발
탑재 스코프 : KAHLES 624i (6~24x56mm, 조명 레티클)

Tactical Scopes

저격총용 택티컬(전술) 스코프에 분명한 정의는 없다. 하지만 각 스코프 업체는 전술용으로 적합한 스코프를 계속 개발-생산하고 있다.

한때 10배율의 단초점 스코프가 저격용 스코프다! 라고 하던 시대가 있었다. 미 육군이 M24 저격총을 채택한 1985년, 여기에 탑재된 스코프가 류폴드(Leupold) 울트라 M3 10x가 10배율 단초점이라 그랬던 것 같다. 확실히 10배율이면 가장 다양한 용도로 쓸 수 있다. 배율이 너무 높아 시야가 좁아지지도 않고, 너무 낮아 원거리 사격이 불가능하지도 않다. 그렇게 보면 쓰기는 편하다. 게다가 고정 배율(단초점)이라 가동부가 적고 고장 가능성도 낮아진다. 그렇게 보면 우수한 스코프인 셈이다. 그보다 전에는 4배율 정도의 스코프가 많이 사용됐다. 2차 세계대전 때에도 그 점은 크게 변하지 않았고, 그 뒤도 얼마간 그랬다.

스코프가 급속도로 진화한 것은 1990년대부터 21세기 초반의 사이가 아닐까? 가변배율(줌) 스코프의 신뢰성이 높아지면서 전술용으로도 쓸 수 있는 모델이 몇가지 등장하더니 최근에는 그 숫자가 크게 늘었다. 배율을 지정하는 것도 이제는 의미가 없다. 예전처럼 저격수가 늘 같은 총을 쓰는 것도 아니고, 여러 총을 목적에 맞춰 선택하는 시대가 되었기 때문이다.

그래도 억지로 저격용의 택티컬 스코프에 대한 정의를 내린다면 대충 이렇다.

- 가혹한 환경에도 버티는 터프한 스코프
- 레티클에는 밀(mil)혹은 MOA등에 기반을 둔 어떤 눈금이 있을 것
- 패럴랙스(시차)보정 다이얼은 스코프 왼쪽에 있어 사수가 쉽게 다룰 수 있을 것
- 엘리베이션, 윈디지는 늘 조정할 수 있을 것

대충 이정도가 아닐까 싶다.
여기서는 다양한 저격용의 택티컬 스코프들 중 이 책의 원 발매국인 일본에서 비교적 쉽게 입수되는 것, 혹은 일본 국내에서 제조되는 것들을 모아봤다.
(역자 주: 불행히도 이 스코프들은 국내에서 원래의 기능을 다 살린 상태로는 불법인 경우가 많지만, 그래도 현대의 대표적인 저격용 스코프들이어서 충분히 참고할 가치가 있다)

» Hensoldt

Hensoldt
ZF 4-16 × 56 ㎜ SF

배율 : 4~16 배율
투과율 : 약 92%
1 클릭 조정량 : 0.1MIL
상하이동 총량 : 30MIL
좌우이동 총량 : 10MIL
패럴랙스 보정 : 50m~ 무한대
튜브 지름 : 34 ㎜
무게 : 900g
레티클 조명 : 3 시간후 자동 차단
규격 : 세컨드 포컬 플레인 (SFP)

Hensoldt
ZF 3.5-26 × 56 ㎜ FF

배율 : 3.5~26 배율
투과율 : 약 92%
1 클릭 조정량 : 0.1MIL
상하이동 총량 : 40MIL
좌우이동 총량 : 120MIL
패럴랙스 보정 : 50m~ 무한대
튜브 지름 : 36 ㎜
무게 : 1,300g
레티클 조명 : 3 시간후 자동 차단
규격 : 퍼스트 포컬 플레인 (FFP)
KH/S 마운트 (0MOA+60MOA 플레이트 부착)
MRDS 홀로사이트 + 홀로사이트 가드 + 홀로사이트 마운트링 부속

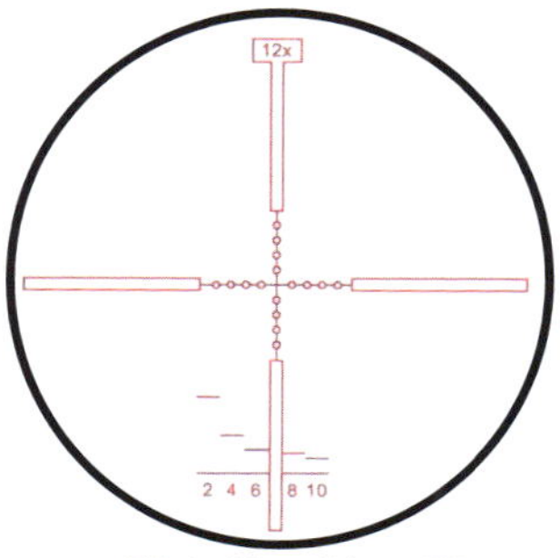

ZF 4~16 × 56 ㎜ SF
시스루 (반투명) 타입 , 밀 도트

인사이트 테크놀러지사의 MRDS 홀로사이트 (초소형 도트사이트) 가 튜브에 비스듬하게 부착되어 근거리 표적에도 총만 기울이면 신속하게 대응할 수 있다 .

배율 조절 다이얼에는 돌기가 튀어나와 있어 스코프를 보면서 감각으로 몇배율인지 파악할 수 있다 .

3.5~26x56 모델에 포함된 마운트는 신속탈착형으로 , 원거리 대응을 위해 60MOA까지의 앵글 베이스도 들어있다.

1 클릭 =0.1mrad(0.1mil). 엘리베이션과 윈디지의 조절에는 US옵틱스사의 다이얼 기술이 응용되어있다(3.5~26배율 모델 한정).

패럴랙스 보정 다이얼과 같은 축에 레티클 조명 스위치가 있다 .

에어버스 디펜스&스페이스

1849년, 모리츠 칼 헨졸트(Moritz Carl Hensoldt, 1821~1903)은 칼 케르너와 함께 망원경-현미경 제조사업을 시작해 1850년에 "M. Hensoldt & Soehne AG" 를 설립했다. 제조공장은 베츨러(Wetzlar)에 있고 상표에도 이 이름이 있어 흔히 헨졸트-베츨러로도 불렸다. 1897년에는 루프 프리즘식 망원경을 개발, 1905년부터 지금까지 이어지는 Dialyt(디알리트) 브랜드의 쌍안경을 만들었고 그 뒤에 소총 스코프도 개발했다. 1차 세계대전중에는 군용 쌍안경을 만들었지만 패전으로 인한 불황에 헨졸트의 경영도 차츰 악화되었다.

1928년, 결국 헨졸트는 동업자인 칼 차이스 재단에 지원을 요청했다. 우수한 기술을 가진 칼 차이스의 지원으로 차이스 제품의 일부를 제조하는 형식으로 헨졸트는 명맥을 유지할 수 있었다.

1954년, 칼 차이스 재단은 헨졸트사의 대주주가 되었고 1966년 이후 차이스의 쌍안경을 모두 헨졸트가 생산하게 된다. 1968년에는 차이스의 완전한 자회사가 되었고 헨졸트는 차이스의 군-경용 광학제품을 주로 만드는 브랜드로 자리잡는다.

반세기 가까이 이어진 이 상황도 최근에 변화했다. 헨졸트 브랜드 제품의 생산은 결국 차이스가 담당하고 있지만, 2012년에 칼 차이스의 방위-보안 부문이 카시디안(Cassidian)에 매각된 것이다. 카시디안은 EADS(European Aeronautic Defence & Space)의 자회사로, EADS는 세계 제2위의 항공우주기업이다. 동시에 유럽을 대표하는 방위산업체중 하나이기도 하다.

헨졸트는 Cassidian Optronics Gmbh가 되었지만 2014년에 EADS가 에어버스 그룹으로 사명을 바꾸면서 이번에는 에어버스 디펜스&스페이스(방위&우주)부문의 일부가 됐다. 엄청난 변화인 것 같지만, 결국 생산의 주체는 여전히 칼 차이스이다.

3.5~26×56㎜ & 4~16×56㎜

헨졸트제 스코프의 최고봉은 뭐니뭐니해도 6~24×72 SAM이다.

SAM이란 Sniper Auxially Module의 약자로, '스나이퍼 보조 유닛' 이라 할 수 있다. 스코프 마운트 아래에 삽입된 전자 회로에 의해 스코프 시야 아래에 7구역으로 나뉜 LED가 대기압, 기온, 총의 상하좌우 경사각, 엘리베이션과 윈디지 다이얼의 위치등을 표시한다. 탄도 데이터를 미리 입력한 뒤 사격 시점에 필요한 데이터를 현장에서 입력하면 내장된 탄도계산 컴퓨터가 수정량을 표시한다는 것이다.

물론 단점도 있다. SAM까지 포함하면 무게가 1.7㎏이 되어 스코프치고도 무거운데다 덩치도 크다. 대물렌즈의 지름이 DSLR렌즈급인 72㎜나 된다. SAM이 보급되지 않는 것은 이런 문제와 함께 긴급시에는 컴퓨터에 데이터를 입력할 틈이 없기 때문일 것이다. 고성능-저가격의 탄도계산 앱이 스마트폰에 깔리는 지금, SAM의 보급은 쉽지 않다.

사실 지금은 SAM탑재 모델보다는 이번에 소개한 ZF 3.5~26×56㎜, 그리고 ZF 4~16×56㎜등을 추천한다. 3.5~26×56㎜는 튜브 지름이 무려 36㎜다.

한때 스코프의 튜브는 1인치 지름이 주류였지만 최근은 34㎜가 늘고 있다. 강도 향상과 함께 엘리베이션, 윈디지 조정량이 커지는 장점이 있다. 광학성능은 역시 칼 차이스 제품인 만큼 설명할 필요도 없다. 이번에 소개하는 두 개의 스코프는 같은 브랜드 제품이라고는 생각하기 힘들 정도로 이질적인 외관을 지니고 있지만 조작계통은 아주 비슷하다. 좌측 터렛(다이얼)이 패럴랙스 보정 다이얼이고, 같은 축선에 조명 스위치가 있다. 클릭 느낌은 각각 다르지만 확실해서 애매한 부분이 없다. 차이스 제품다운 압도적인 신뢰감이 분명히 느껴진다.

» SCHMIDT & BENDER

Schmidt&Bender 5-25 × 56 PMⅡ LP P4LF 1/4

배율 : 5~25 배율
투과율 : 약 90%
1 클릭 조정량 : 1/4 MOA
상하이동 총량 : 64MOA
좌우이동 총량 : 32MOA
패럴랙스 보정 : 10m~ 무한대
튜브 지름 : 34 ㎜
무게 : 1,150g
규격 : 퍼스트 포컬 플레인

Schmidt&Bender 3-12 × 50 PMⅡ LP GenⅡ

배율 : 3~12 배율
투과율 : 약 90%
1 클릭 조정량 : 0.1mil
상하이동 총량 : 22mil
좌우이동 총량 : 12mil
패럴랙스 보정 : 50m~ 무한대
튜브 지름 : 34 ㎜
무게 : 860g
규격 : 퍼스트 포컬 플레인

독일 특수부대용 저격총 선정 경합

슈미트&벤더의 역사는 1957년으로 거슬러 올라간다. 정밀기계 기술자 헬무트 슈미트(Helmut Schmidt)과 정밀광학 기술자 헬무트 벤더(Helmut Bender)가 아주 작은 광학기기 업체를 창업한 것이다. 이들은 싸구려 사냥용 스코프를 온갖 브랜드로 OEM판매했다. 그렇게 10년을 이어가니 충분한 제조경험과 개발기술이 쌓였고, 60년대 후반부터 자체 브랜드 제품을 내보냈다. 다만 이때에도 슈미트&벤더는 아직 유명하지 않고 사업적 성공과는 거리가 먼 시대가 계속됐다. 하지만 우수한 스코프를 꾸준히 공급한 결과, 슈미트&벤더 제품의 평가는 점점 높아졌다.

1980년대 후반, 독일에서 특수부대용 고성능 저격총 선정 경합이 실시됐다. 이때 압도적으로 높은 평가를 받고 있던 브랜드는 칼 차이스, 그리고 그 아래에

3~12x50 의 패럴랙스 보정은 50m 부터 가능하지만 5~25x56 은 10m 부터 가능하다.

조명 스위치는 튜브 좌측면 옆에 있어 시야를 전혀 가리지 않는다. 스코프 링의 부착 위치가 한정되는 단점도 있지만 강렬한 반동으로 링이 풀리는 경우 스코프 위치가 옮겨지는 사태를 최소한으로 억제하는 장점도 있다.

1 클릭의 다이얼 이동량은 적지만 클릭 감촉은 분명히 느낄 수 있다. 단단하고 정밀한 톱니가 도는 느낌이다.

MTC(More Tactical Clicks) 엘리베이션 터렛 (다이얼). 엘리베이션 다이얼이 제로 (0) 위치로부터 한바퀴째가 되면 맨 위가 평평해지지만 두바퀴째까지 돌리면 윗부분이 튀어나온다. 이렇게 해서 다이얼이 두 바퀴 돌았음을 확실히 알 수 있다.

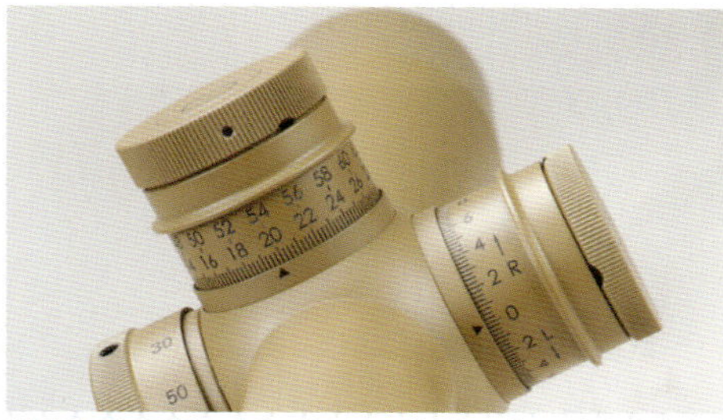

윈디지 다이얼은 사용 빈도도, 돌리는 양도 엘리베이션에 비해 훨씬 적다. 바람의 영향을 하나하나 다 반영하지는 않으니 말이다. 그 때문에 레티클 눈금이 있다. 그러니 레티클의 디자인이 매우 중요하다.

있던 헨졸트였다. 마우저가 내놓은 M66에는 차이스의 Diavari-ZA 1.5~6×42T*(별표는 멀티코팅 모델을 의미)가 탑재됐다. SIG자우어는 SG550-1을 제출했고 여기에도 차이스의 Diavari 2.5~10이 탑재됐다. SIG는 볼트액션식의 SSG2000도 제출했고 여기에는 차이스의 Diatal ZA, 8×56T가 쓰였지만, 동시에 슈미트&벤더 1.5~6×42도 사용됐다. 발터가 제출한 불펍식의 반자동 WA2000에도 슈미트&벤더 2.5~10×56㎜가 탑재됐고, H&K의 PSG-1에는 헨졸트 ZF6×42가 전용으로 개조되어 탑재됐다. 이 시점에서 슈미트&벤더가 차이스의 아성을 무너트리기 시작한 것이 보인다.

같은 시기, 영국에도 저격총 선정 경합이 벌어졌다. 명문 파커 헤일의 M85와 당시의 신예 업체인 애큐러시 인터내셔널(AI)사가 마지막까지 남아 신구 대혈전이 펼쳐졌다. 하지만 파커 헤일도 슈미트&벤더 6×42㎜, AI도 슈미트&벤더 10×42㎜를 탑재했다. 결국 승자는 AI가 되어 영국군 제식 저격총인 L96A1이 탄생했다. 그 뒤, L96A1에는 슈미트&벤더 2.5~10×56㎜도 채용되었다. 이처럼 1980년대 후반에 슈미트&벤더가 군-경 분야에서 빠르게 점유율을 넓히고 있었다. 이러자 브랜드 이미지도 크게 좋아지면서 사냥 분야에서도 시장 점유율이 늘어났다.

헝가리에 진출

하지만 1990년에도 슈미트&벤더는 아직 최상급 스코프 취급은 받지 못했다. 시판품의 미국내 가격은 $500~600정도로, 미국제의 류폴드보다는 비쌌지만 품질보다는 독일제라서 비쌌던 것 같다. 당시의 슈미트&벤더 제품들은 모두 강철제 튜브를 써 무거웠다. 또 베스트셀러, 폴리스 막스맨(Police Mar-ksman: PM)시리즈도 아직 없었다. 이 시대에는 류폴드의 전술용 라인업인 Mark 4만 정가 $1,339~라는, 당시로는 이례적인 가격으로 브랜드 이미지를 높이고 있었다.

1992년, 헝가리 부다페스트에 자회사인 Schmidt & Bender Hungaria Optikal Kft.가 설립됐다. 이곳은 원래 국영 광학기기 업체였지만 공산정권이 무너진 뒤 슈미트&벤더에 합병됐다. 그리고 렌즈 전문 공장으로 변신했다. 유리 재료 공급의 세계적 업체인 쇼트(Schott AG)로부터 원료를 구입, 부다페스트에서 렌즈로 가공한 뒤 독일 에센주의 슈미트&벤더 공장으로 옮겨 이곳에서 원피스 하우징같은 다른 부품을 생산, 헝가리제 렌즈를 끼워 숙련 기술자들이 조정한 뒤 슈미트&벤더 스코프로 완성한다. 이 고성능 렌즈와 숙련 기술자의 존재는 고성능 스코프에 모두 필수적이다. 특히 아무리 부품 성능이 좋아도 조립하고 조정하는 기술자가 형편없으면 스코프 성능도 떨어진다. 그만큼 스코프는 예민한 광학기기다.

폴리스 막스맨 등장

1993년, 미국 시장의 점유율이 높아지자 뉴햄프셔주에 현지법인을 세우고 기존 대리점 체제를 끝냈다.

1995년, 알미늄 합금 튜브의 제품이 등장해 늦게나마 경량화가 진행됐다. 동시에 주요 줌 스코프의 가격은 모두 $1,000을 넘는 고급으로 자리잡았다. 특히 폴리스 막스맨(PM) 시리즈가 이 해에 등장했다. 오늘날의 폴리스 막스맨 II로 진화하기 전의 초대 모델이다. 이 스코프가 많은 군-경 저격수들에게 쓰이게 되었다. 그리고 슈미트&벤더는 소비자들의 목소리에 귀를 기울이며 제품 개량에 나섰다.

그 결과, 2000년에 등장한 신형이 폴리스 막스맨 II, 3~12×50㎜, 4~16×50㎜, 2.5~10×5.6㎜였다. 튜브 지름은 34㎜. 다른 업체 스코프들의 대부분이 1인치(약 25㎜)로 일부가 30이던 당시, 그보다 4㎜나 굵었다. 34㎜튜브는 슈미트&벤더가 처음은 아닐지라도 그 전까지 매우 예외적인 존재였다. 폴리스 막스맨이 등장한 이래 15년이 지난 2015년에도 2.5~10×56㎜외에는 모두 생산되고 있다. 34㎜튜브도 그 뒤에 다른 메이커들에 퍼지면서 지금은 널리 보급되었다. 거꾸로 1인치 튜브는 사냥용 스코프에는 지금도 나름 쓰이지만 전술용,

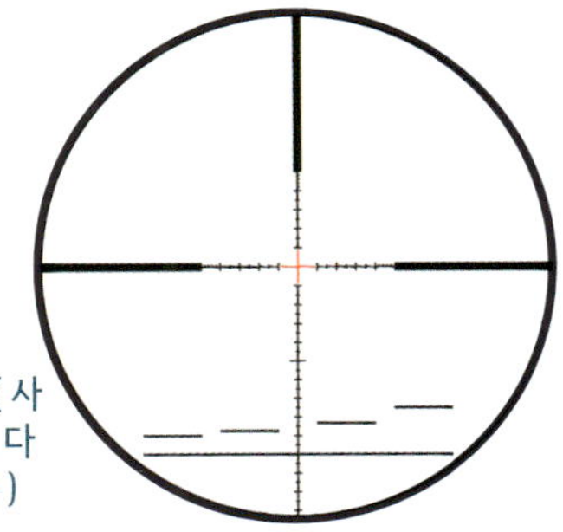

4P L Fine 레티클 (사진은 참고자료로 , 다양한 변형이 있음)

Schmidt&Bender 12-50 × 56 PMⅡ P4F

배율 : 12~50 배율　투과율 : 약 90%
1 클릭 조정량 : 1/4 MOA
상하이동 총량 : 65MOA　좌우이동 총량 : 32MOA
패럴랙스 보정 : 10m~ 무한대
튜브 지름 : 34 ㎜　무게 : 1,110g
규격 : 퍼스트 포컬 플레인

Schmidt&Bender 5-20 × 50 PMⅡ Ultra Short LP P4F

배율 : 5~20 배율
투과율 : 약 90%
1 클릭 조정량 : 0.1mil
상하이동 총량 : 35mil
좌우이동 총량 : 12mil
패럴랙스 보정 : 25m~ 무한대
튜브 지름 : 34 ㎜
무게 : 905g
규격 : 퍼스트 포컬 플레인

저격용, 표적 사격용 스코프의 대부분은 30 아니면 34㎜가 되었다. 34㎜보급의 원동력이 슈미트&벤더였음은 틀림없다.

미 해병대 채택

그 뒤 슈미트&벤더는 제1급 택티컬 스코프로서 많은 군 특수부대나 경찰 특수부대등에 채택되었다. 미 해병대는 2004년 M40시리즈 저격총용으로 수십 년간 쓰이던 전설의 스코프인 유너틀(Unertl MST-100)을 대체할 새로운 스코프 선정 테스트를 실시했다. 세계 각지에서 25종의 다양한 스코프가 1년 이상의 가혹한 테스트를 받았다. 유명한 스코프들이 차례차례 탈락하는 와중에 끝까지 살아남은 것이 슈미트&벤더 3~12×50 PM II였다. 결국 유너틀의 후계로 3~12×50 PM II LP USMC버전이 채용되어 지금도 쓰이고 있다.

슈미트&벤더는 일찍부터 가변 배율(줌)

울트라 쇼트는 새로 디자인된 "울트라플랫 로킹 더블턴 엘리베이션 터렛" 을 채택했다. 스코프 위에 지근거리용 미니 도트사이트를 탑재할 경우에 대비해 터렛(다이얼) 높이를 최대한 억제한 것이다.

더블턴 엘리베이션 어저스트먼트 터렛은 MTC 와는 별도 시스템으로, 엘리베이션 다이얼이 제로 위치로부터 한바퀴 돌면 맨 위의 창이 검정색이 되지만 두 바퀴까지 돌면 노란색으로 변한다. 이것도 엘리베이션 다이얼이 두바퀴 돌았음을 알려준다.

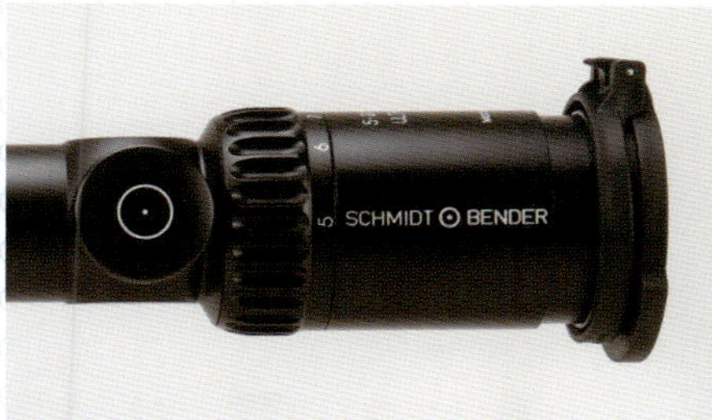

최근 개발된 S&B(슈미트 & 벤더) 스코프는 이전과 달리 줌 조정 링의 홈이 깊어져 감촉이 분명해졌다. 실전에서는 빨리 배율을 바꿔야 할 때가 있다. 이 때 이 링의 디자인이 요긴하게 쓰일 것이다.

10m 로부터 패럴랙스를 보정할 필요가 있을까? 그렇게 생각하는 사수도 있겠지만, 실은 필요하다. 지근거리에서 정확한 1 탄을 날릴 필요도 없지 않다. 그렇다면 있는 편이 낫다.

근거리에서 장거리까지, 다양한 표적을 커버해야 한다면 엘리베이션 다이얼은 적은 회전수로도 다양한 거리를 커버하면 좋다. 다이얼을 몇 바퀴씩이나 돌려야 하면 귀찮다. 그렇다면 한 클릭당 이동량은 적게 하면 좋다. S&B는 이 요구에 분명히 응하고 있다.

스코프에 퍼스트 포컬 플레인을 채택했다. 그 덕에 레티클도 함께 변하면서 어느 배율에서도 레티클 눈금으로 거리를 잴 수 있게 됐다.

원래 다른 업체의 스코프들은 대부분 세컨드 포컬 플레인이라 거리 측정은 일정 배율에서만 가능했다. 그러던 것이 최근 10년 사이에 퍼스트 포컬 플레인을 채택한 메이커가 많아졌다. 퍼스트 포컬 플레인의 요긴함에 메이커나 사용자가 이제야 눈을 뜬 것이다. 여기서도 슈미트&벤더의 선진성을 알 수 있다.

고배율비에 도전

슈미트&벤더는 최근의 고배율비 스코프 개발 경쟁에도 참전했다. 배율비란 줌 스코프의 가변배율 범위로, 예를 들어 3~12배율 스코프의 배율비는 4배다. 오랫동안 배율비는 3~4배 정도가 한계라는게 상식이었다.

배율비를 높이는 자체는 쉽지만 그러면 여기에 반비례해 광학성능이 크게 나빠지기 쉽다. 그래서 3~4배율이 한계였지만 2007년에 스와로프스키가 Z6시리즈로 6배 제품을 투입, 2008년에는 부쉬넬이 Elite6500, 4.5~30×50㎜로 6.7배를 제품화했다.

이들은 광학적 성능에도 문제가 없었다. 2009년에는 일본의 디온에서 Marcch 1~10×24㎜(D10-V24), March 2.5~25×42㎜(D25V42)를 제품화하면서 단숨에 배율비 10배의 제품들이 등장하게 된다.

2011년에는 퍼스트 포컬 플레인으로 8배인 March-F, 3~24×42㎜가 제품화됐다. 8배, 10배가 되었어도 광학성능도 좋고 컴팩트했다.

슈미트&벤더는 한동안 겉으로는 관망하는 분위기였지만 고배율비를 가진 제품의 개발에 엄청나게 노력했다.

2014년, 신제품으로 3~27×56 PM II High Power(고배율비) 제품을 발표해 퍼스트 포컬 플레인으로 9배를 실현하면서 퍼스트 포컬 플레인으로는 세계 최고에 등극했다.

슈미트&벤더는 세계 정상급 스코프 메이커이지만 정작 일하는 종업원은 독일에 60명쯤, 헝가리에 100명쯤으로 의외로 소규모 회사이다.

이것은 독일 본사에서는 총기용 스코프와 그 관련제품만 만들기 때문이다. 다른 광학기기 메이커와 달리 쌍안경등 다른 광학기기에 손을 대지 않는다. 독일에서 일하는 종업원의 대부분은 사냥꾼으로, 제품이 어떤지 잘 파악하고 있다. 이들의 대부분이 조립작업에 종사하는 기술자들이다.

한편, 헝가리에는 앞서 언급한 렌즈 공장이 있지만, 이곳에서도 Schmidt & Bender Hungaria의 브랜드로 단순한 사냥용 스코프를 5종류 제조한다. 그 뿐 아니라 Aspheron브랜드의 치과용 현미경이나 광섬유 제품등도 공급한다. 독일 본사와는 사업 형태가 좀 다른 것이다.

투과율 96%

2015년에 등장한 슈미트&벤더 신제품은 전술용은 아니지만 투과율이 무려 96%라는 엄청난 밝기를 가진 스코프, Polar T96이었다.

슈미트&벤더의 다른 제품이나 다른 업체 제품들은 거의가 투과율 90%정도인 것과 비교하면 압도적인 수준이다.

투과율은 밝을수록 선명하다. 여기에 대적할 총기용 스코프는 아직 없다. 또 2014년에는 3~27×56㎜ PM II 하이파워 디지털이나 5~25×56㎜ PM II PSR 디지털을 발표했다. 탄도 컴퓨터나 거리 측정기, 디지털 윈드미터에 접속해 그 정보가 렌즈를 통해 직접 보이는 디스플레이 기능을 내장한 스코프들이다.

창업 58년(2015년 기준), 슈미트&벤더는 멈추지 않고 의욕적으로 스코프 개발을 계속하고 있다.

» NIGHTFORCE

Nightforce
15-55 × 52 Competition

배율 : 15~55 배율
투과율 : 약 92%
1 클릭 조정량 : 0.125MOA
상하이동 총량 : 55MOA
좌우이동 총량 : 50MOA
패럴랙스 보정 : 25 야드 ~ 무한대
튜브 지름 : 30 ㎜
무게 : 790g
규격 : 세컨드 포컬 플레인

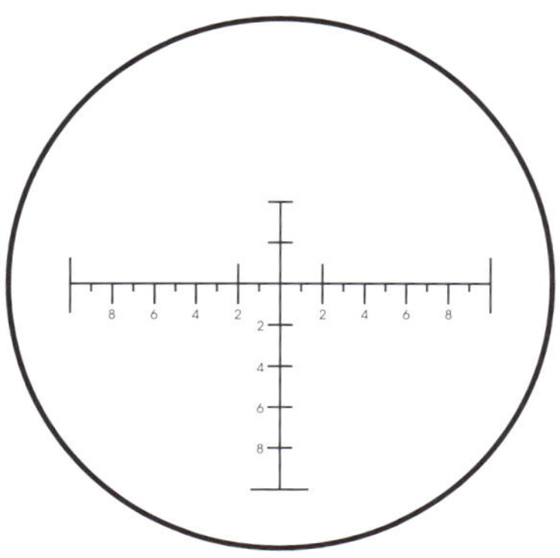

FCR-1 레티클 (참고)

다이얼의 글자는 큼직하고 알아보기 쉽다. 실제로 써 봐도 숫자가 큰 쪽이 실용성이 높다.

ED렌즈는 선명하고 컨트래스트와 해상도가 높다.

다이얼은 한 클릭 0.125MOA. 즉 1/8MOA다.

유럽식 스타일의 아이피스는 초점 조절이 쉽다. 이 아이피스의 위에 나이트포스 상표가 적혀있다.

많은 나이트포스 제품들이 미국제로 바뀌어가고 있지만 이 제품은 일본제의 신제품이다.

택티컬 전용 모델이 주류인 나이트포스이지만 경기용 모델도 만들어지고 있다. 사실 NSX등장 이전에는 나이트포스라면 신세대 경기용 브랜드였다.

라이트포스는 레이먼드 데니스 박사가 1978년 창업한 오스트레일리아의 조명기기 메이커였다. 차량용 및 휴대용 라이트를 만들었는데, 갑자기 전혀 다른 총기 스코프의 세계에 진출한 것은 오스트레일리아의 사냥터에서였다.

1992년, 레이먼드 데니스 사장은 친구들과 야간 수렵에 나섰다. 오스트레일리아에서 야간 수렵은 불법이 아니다. 야행성의 사슴등을 쏠 경우 밤에 쏘는 편이 움직임도 있어 쏘기 쉽기 때문에 의외로 인기가 있다. 하지만 스코프를 장착해보니 어두워 사냥감이 보이지 않았다.

어둠에 더 강한 스코프가 있으면… 그러나 당시 시장에는 만족할만한 수준의 스코프가 없었다. 그 때문에 데니스 박사는 직접 스코프를 만들기로 결심하고 그 해에 나이트포스 옵틱스(Nightforce Optics)사를 미국에 설립했다.

나이트포스는 이상적인 스코프의 스펙을 정한 뒤 일본에서 그 스펙을 맞춰줄만한 광학기기 업체들을 찾았다.

여러 회사에서 시제품을 만들었지만 어디도 요구 스펙을 맞추지 못해 협력관계를 이어가지 못했다. 워낙 요구조건이 엄격했기 때문이다. 결국 "어느 광학기기 메이커" 가 발탁되어 생산 계약을 맺고 1990년대 후반부터 나이트포스 스코프가 만들어지기 시작했다.

나이트포스를 일약 유명하게 만든 것이 NXS(Nightforce Extreme Scope)다. 문자그대로 궁극을 지향한 스코프다.

소재는 6061-T6 항공기 등급 알미늄 합금, 충격가속도 1,200G의 반동 및 충격에도 견딘다. 3기압까지의 수압(수심 30m)에서 24시간 방치해도 문제가 없다. 섭씨 영하 62도부터 영상 121도까지의 극한 환경에 한시간을 버틴다.

인공적인 환경이 아닌 이상 지구상에 이런 환경이 있다고는 생각하기 힘들다. 즉 인간이 생활하는 지구상의 거의 어디에서도 사용이 가능한 셈이다.

심지어 홍보용으로 내충격성을 보여주기 위해 이 스코프로 못을 박은 일도 있었다. 설마 스코프를 망치 대신 쓰는 사람은 없을 것이다. 하지만 나이트포스로는 그게 된다. 게다가 이래도 광학기기로서의 기능이 파괴되지 않았다.

이것은 그저 물리적으로 파괴되지 않았다는 뜻이 아니다. 총기용 스코프에 요구되는 것은 원래 만들어져 설정된 조준점을 완전히 재현했다는 의미다.

전장에서 실제로 사용된 나이트포스 NXS, 3.5~15×50㎜중 하나가 적이 쏜 7.62×39㎜탄에 맞아 튜브가 좌우로 관통되었음에도 살아남았다. 가변배율 기능은 멎어버렸지만 나머지 기능은 정확히 살아있었다. 이것을 사용하던 미군 병사는 부상도 당하지 않았고, 스코프의 총탄 구멍을 테이프로 막아 그대로 임무를 계속한 뒤 3일 뒤에 기지로 돌아갔다고 한다.

나이트포스 제품들은 그저 단단할 뿐만이 아니다. 렌즈에는 4층의 다중 코팅이 되어 있어 높은 컨트래스트와 선명한 화상을 제공한다. NSX모델이 등장한 뒤 나이트포스는 많은 사격인과 사냥꾼, 전술 사격인들과 스나이퍼들에게 애용되었다. "아메리칸 스나이퍼" 로 유명한 고 크리스 카일도 나이트포스의 애용자였다. 이런 나이트포스는 현재도 더욱 우수한 모델을 시장에 투입하며 약진을 이어가고 있다.

ATACR(Advanced TACtical Rifle)스코프는 NXS의 퍼포먼스를 계승하면서 튜브 지름을 34㎜로 확대, 엘리베이션 조절폭을 20%이상 개선해 120MOA/34.9mil까지 확대했다. 이것으로 원거리에서 생기는 탄자의 큰 낙폭에 대응했다.

BEAST(Best Example of Advanced Scope Technology)도 나이트포스의 새 모델이다. 갑자기 원거리 사격을 해야 할 때 위력을 발휘하는 i4F 엘리베이션 콘트롤 시스템과 M2정밀 엘리베이션 레버를 탑재해 엘리베이션 다이얼을 빠르고 쉽게 회전시킬 수 있게 했다.

이 페이지에서 소개할 모델은 스나이퍼들이 사용할 택티컬 모델이 아니라 나이트포스의 새로운 경기용 모델이다. ED(특수 저분산) 렌즈를 사용해 높은 컨트래스트와 고해상도를 얻는 동시에 광 투과율 92%를 달성한 밝은 화상도 매력적이다. 여기에 고속 조절 다이얼을 탑재, 단순하면서도 나이트포스다운 고성능을 발휘하는 모델이다.

현재 나이트포스 제품은 미국에서 조립한 made in USA가 주류를 이루고 있지만 그 중에서도 경기용 모델등의 일부 제품은 예전과 같이 일본제이다.

» MEOPTA

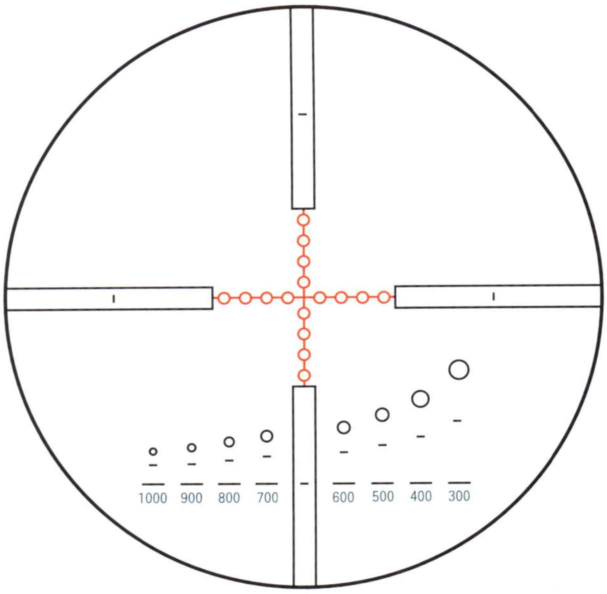

밀 도트 (Mil Dot) 2 규격 레티클 . 시스루 (반투명) 도트 사용 . 아래의 거리 측정 눈금은 12 배율일 때 아래의 숫자 눈금과 원의 맨 위까지가 높이 182 ㎝를 나타낸다 . 이것으로 높이 182 ㎝의 물체 (대개는 인간) 가 어느 거리에 있는지 알 수 있다 . 거리 표시는 미터 .

렌즈 캡은 소총 스코프용보다는 쌍안경용에 가깝다 .

Meopta
ZD 6-24 × 56RD

배율 : 6~24 배율
투과율 : 약 92%
1 클릭 조정량 : 1/4MOA
상하이동 총량 : 83MOA
좌우이동 총량 : 830MOA
패럴랙스 보정 : 39m~ 무한대
튜브 지름 : 30 ㎜
무게 : 865g
규격 : 세컨드 포컬 플레인

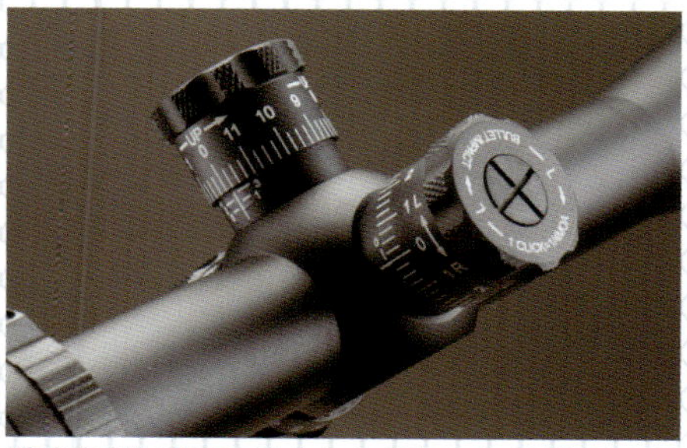

엘리베이션 터렛은 버니어 스케일로 다이얼을 몇번 돌렸는지 읽는 가장 표준적인 타입이다.

1클릭=1/4MOA. 의외로 다이얼 모양이 돌리기 쉽게 되어있다.

패럴랙스 보정 다이얼은 지름이 커 미세 조정이 쉽다. 최단거리는 30m.

체코제 공업제품은 아무래도 흔치 않을 듯.

렌즈 코팅은 난반사를 억제한 타입으로, 투과율이 92%라는 상당히 좋은 수치를 기록한다.

레티클 일루미네이션(조명)은 256단계로 조절된다. 양측 버튼을 동시에 2초 이상 누르면 꺼진다. 끄는 것을 잊어도 두시간 놔두면 자동으로 꺼진다.

메옵타의 역사

메옵타는 체코 최대의 광학기기 메이커로, 품질도우수하다. 하지만 의외로 외부에 알려진 역사는 짧다. 그것은 체코라는 나라의 불행한 역사 때문이다.

유럽 국가들의 역사는 침략과 지배의 반복이다. 헝가리나 폴란드, 합스부르크 왕가가 옛날부터 보헤미아(오늘날의 체코)를 지배했다. 1867년에는 오스트리아-헝가리 제국의 지배하에 놓였다. 하지만 1차 세계대전의 종결 덕에 슬로바키아와 함께 독립해 1920년에 체코슬로바키아 공화국이 되었다.

그 뒤 체코슬로바키아는 우수한 경기관총인 ZB26을 탄생시켰다. 독립한지 얼마 안됐지만 체코슬로바키아는 그만큼 공업능력이 뛰어난 나라였다.

1933년, 오로모츠 주 플제로프에 광학기기 업체 옵티코테크나(Optikotechna)가 공학기술자 Alois Benes에 의해 설립됐다. 원래는 렌즈나 컨덴서를 생산했지만 그 뒤 사진 인화기나 쌍안경, 총기 스코프등 다양한 제품을 개발했다. Flexaret Automat이라는 이름의 우수한 쌍안 반사 카메라도 만들어 클래식 카메라 애호가들에게 나름 이름이 알려져 있다. 1936년, 이 회사는 늘어나는 수요를 감당하고자 공장을 확장했지만 곧 맘대로 제품을 생산하는 시대가 끝났다. 1939년에 나라가 독일에 합병됐기 때문이다. 그리고 전쟁이 터지면서 이 회사의 민수 상품 생산은 멈추고 독일군을 위해 쌍안경이나 잠망경등을 납품해야 했다.

2차 세계대전 종결후, 옵티코테크나는 메옵타라는 이름으로 부활했다. 1947년의 일이다. 다시 카메라 생산을 개시해 라이카와 비슷한 디자인의 오페마(Opema)나 옵티네타(Optineta)등의 제품을 공급했다. 이것들도 정밀도가 뛰어났다.

체코슬로바키아는 곧 공산국가로 변해버렸지만, 그래도 나름 독자노선을 걸으며 서방측에 제품 수출을 계속했기 때문에 메옵타 브랜드는 나름 애용자도 많았다.

하지만 1971년에 메옵타는 카메라 사업으로부터 발을 빼고 바르샤바 조약기구 군대를 위한 군수품 생산에 주력하면서 서방 시장에서 사라졌다. 이것은 1968년 '프라하의 봄' 사건과 관련이 깊다. 당시 체코슬로바키아는 자유화 개혁조치를 진행했지만 결국 소련군이 개입해 좌절됐다. 결국 메옵타 제품은 약 20년간 서구 세계에서 자취를 감췄다.

베를린의 벽이 무너지고 동유럽 공산정권들이 무너지자 메옵타는 다시금 광학기기 업체로 시장에 부활했다. 1991년, 실레지아 지방에 있는 체코 제3의 도시, 오스트라비아에 메옵타가 민간기업으로 등기한 뒤 광학 관련으로 폭넓은 사업을 전개해 오늘에 이르고 있다. 새로 탄생한 메옵타는 135,000제곱미터의 부지에 2,500명의 사원을 갖추고 있다. 1992년에는 미국의 공업용 유리제품 업체인 TCI뉴욕과 사업 협력을 시작했고 2005년에는 TCI뉴욕이 메옵타 USA가 되었다.

ZD

메옵타는 총기용 스코프도 만들어 세계 각지로 공급하고 있다. 유럽에서는 지명도가 높고 보급률도 만만찮다. 제품은 종류도 많아 Meostar R1, Meostar R2, MeoPro, ZD, Artemis, 무배율 도트사이트인 Meosight III가 있다. 사냥용이 주류를 이루지만, 그 중 최고급에 속하는 것이 택티컬 스코프인 ZD 시리즈다.

ZD 6~24×56 RD는 설계 단계부터 각국군이 사용하는 저격총의 구경인 .308Win, .338Lapua, .50BMG에 대응하게끔 개발되었다. 사용된 렌즈는 반사 방지 코팅인 메오브라이트 다중 코팅이 되어있고 투과율은 92%를 자랑한다. 본체는 항공기 등급 알미늄 합금인 6061-T651을 사용해 .50BMG의 강렬한 반동에도 견딘다.

레티클 디자인은 밀 도트(Mil-Dot)2로 불리는 반투명 타입이다. 종래의 밀 도트는 검은 도트가 표적의 일부를 덮는 단점이 있었다. 하지만 반투명이면 그런 걱정도 없다. 레티클에는 여기에 스태디아 거리눈금까지 추가되어 기능성도 높다.

제3 터렛으로 불리는 좌측의 패럴랙스 보정 다이얼은 매우 큼직하고 미세조정이 가능하다. 조명식의 레티클은 버튼 조작으로 밝기를 256단계 조정할 수 있다.

전술 스코프 생산의 역사가 짧은 만큼 메옵타 스코프를 얹은 저격총은 아직 적지만 스위스 B&T사의 소음저격총인 SPR300에는 메옵터의 1.5~6×42 조절식 특별 레티클 버전을 표준으로 탑재했다. 소음 저격총이라 사거리가 짧다는 특성에 맞춰 특수 스코프를 만들어 B&T에 공급한 것이다. 앞으로도 메옵타는 이 분야에서 성장하리라 기대된다.

» March

퍼스트 포컬 플레인 , FIML 레티클 . 5 배 상태 .

퍼스트 포컬 플레인 , FIML 레티클 . 20 배 상태 .

March-FX
5-40 × 56mm (D40V56FIML)

배율 : 5~40 배율
1 클릭 조정량 : 0.05mil
상하이동 총량 : 24mil
좌우이동 총량 : 12mil
패럴랙스 보정 : 9.1m~ 무한대
튜브 지름 : 34 ㎜
무게 : 860g
규격 : 퍼스트 포컬 플레인
(조명식 레티클 타입)

March-X 5-50 × 56mm (D50V56TM)

배율 : 5~50 배율 1 클릭 조정량 : 1/8 MOA 상하이동 총량 : 60MOA 좌우이동 총량 : 40MOA
패럴랙스 보정 : 9.1m~ 무한대 튜브 지름 : 34 ㎜ 무게 : 840g 규격 : 세컨드 포컬 플레인

March 플립캡, 대물렌즈쪽. 이처럼 뒤로 크게 젖혀져 시야를 가리지 않는다.

제로 스톱. March-X이외는 이 타입이 쓰인다. 영점을 정하면 헤드 위의 코인을 돌려 고정하는 것으로 제로 스톱 기능이 켜진다. 아주 단순하다.

모든 March의 스코프 패럴랙스 보정은 10야드(9.1m)로, 지근거리에서도 쓸 수 있다.

신형 6단계 조정 조명 스위치. 가운데 회색 부분을 누르면 자동으로 on/off가 된다. 자동 off 기능도 있다.

March-X전용의 제로 스톱 기능. 엘리베이션 터렛 바탕의 다이얼을 돌리면 스톱이 켜진다. 이것도 단순하다.

줌 링 레버. 빠른 줌 다이얼 조작이 가능하다. 현재는 검은색의 양산형 레버가 시판되고 있다.

일본 나가노현의 작은 광학기기 업체인 디온 광학기연이 소총 스코프를 개발한 것은 2007년이다. 그 뒤 이 회사는 세계 정상의 스코프 업체중 하나로 성장했다. 사실 개발 2년 후에 이미 최상급으로 성장했다고 해도 좋다.

최초의 제품은 벤치레스트 사격경기용 스코프인 D40F52(40배 고정)였다. 양산형 스코프 최초로 ED(특수저분산)렌즈를 탑재, March라는 상표로 발매됐다. 2007년에 이 제품이 미국 벤치레스트 대회들에서 차례차례 우승을 거머쥐었다. 아무도 모르던 무명 업체의 스코프가 갑자기 그 해의 대회들을 석권한 것이다.

다음해에는 벤치레스트용으로 50배, 60배율 제품들이 개발되고 다음해에 원거리 경기인 F클래스를 위한 6배비 제품인 10~60×52㎜(D60V52)를 개발했다.

2009년에는 1~20×25㎜(D10V24)를 발매, 그때까지 아무도 도전하지 못했던 10배비로 세계 톱클래스에 등극했다. 이쯤 되는 가변배율 스코프에는 정말 고도의 기술이 필요하다. 그 뒤로도 디온은 세계를 놀라게 할 스코프를 계속 만들었다.

퍼스트 포컬 플레인으로 배율비 8배를 기록한 제품도 그 중 하나다. 왼쪽에 소개한 것이 2011년 발매된 March-FX로 5~40×56㎜(D40V56)이다. 5배에서 40배까지 8배나 달성, 근거리에서 원거리까지 폭넓게 활용된다. 퍼스트 포컬 플레인은 이정도로 배율이 높으면 레티클이 너무 높아진다는 단점이 있다. 하지만 디온은 높은 기술을 활용, 40배에서도 문제없이 완성했다. 또 하나는 2010년에 발매된 March-X, 5~50×56㎜(D50V56)이다. 이 쪽은 세컨드 포컬 플레인으로 10배비다. 같은 시리즈에 8~80×56㎜라는 천체망원경급 모델도 있다.

그 동안 획기적인 제품을 쏟아낸 디온이지만 최근 몇년간은 좀 잠잠하다. 만들만한 제품은 다 만든 탓도 있다. 그 사이에 다른 업체들도 고배율비 제품들을 개발해 디온을 압박하고 있다. 그런 와중에 디온은 기존 모델에 장착하는 액세서리를 제품화했다. March 플립캡이라고 불리는 렌즈캡이다. 버틀러 크릭제의 범용 캡이 세계에서 가장 널리 쓰이고 있지만 March 플립캡은 열릴 때 뚜껑이 크게 젖혀지는 것이 특징이다. 버틀러 크릭의 일명 버틀러 캡은 90도에서 100도 정도로 열리므로 바로 위에 걸쳐진 상태라 걸리적거리는데다 시야를 가리기도 한다.

March 플립캡처럼 뒤로 크게 젖혀지는 제품은 이미 류폴드가 제품화했지만 March는 그보다 간단하고 싸다.

6단계 조정 조명 스위치는 기존의 조명 레티클(4단계) 스위치의 개량형으로, 종래의 스위치가 터치할 때마다 1, 2, 3, 4, off로 광량이 변화하기 때문에 원터치 on/off가 불가능한 점을 개량했다. 이번 제품은 다이얼으로, 회색 스위치를 한번 누르면 on/off가 된다. 기존 모델들은 모두 같은 디자인의 스위치를 쓰므로 새 스위치에도 호환성이 있다. 필요하면 스위치만 사서 기존의 조명식 March 스코프에 바꿔 끼우면 된다.

또 하나가 수지제 줌 링 레버다. 최근 해외에서는 3건 매치(3 gun match)가 인기다. 이 경기에서는 배율을 빨리 바꿔야 하므로 이 레버가 편리하다. 일부 메이커는 이런 레버를 줌 링 다이얼에 추가했지만 상당수는 너무 단단히 붙어있어 레버에 뭔가 부딪히면 그 충격이 스코프에 직접 전달된다.

디온은 수지로 레버를 만들어 나중에 붙이는 타입으로 만들었다. 수지이므로 부딪혀도 간단히 벗겨져 스코프 본체에는 상처가 나지 않는다. 이번에 사용되는 타입은 소량생산품이라 반투명의 백색이지만 양산품이 곧 등장해 검정색으로 발매될 예정이다. 기존의 March 스코프는 10~60×52㎜ 이외에는 모두 같은 줌 링으로 통일되어 같은 것이 장착된다.

» SIGHTRON

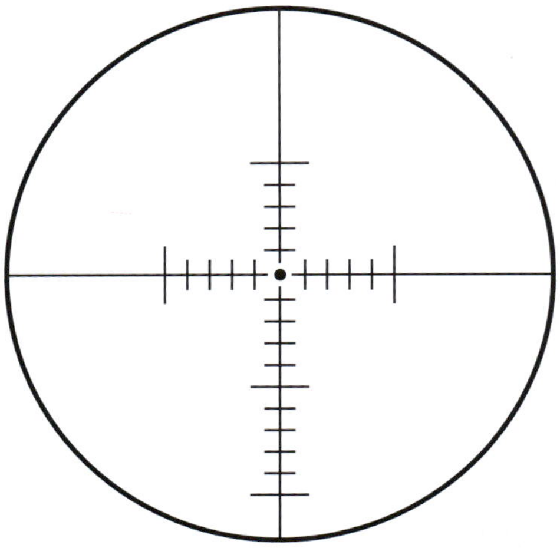

SV 용 MOA-2 레티클

Sightron

SV 1050 × 60MH / 1050 × 60MOA

배율: 10~50배율
1클릭 조정량: 0.05mil/0.25MOA
상하이동 총량: 20.4mil
좌우이동 총량: 20.4mil
패럴랙스 보정: 11.9m~무한대
튜브 지름: 34㎜
무게: 1,185g
규격: 세컨드 포컬 플레인
참고가격(미국 현지가격):
MSRP $2,499.99~

Sightron

S Ⅲ 624 × 50LRMOA

배율: 6~24배율
1클릭 조정량: 1/4 MOA
상하이동 총량: 100MOA
좌우이동 총량: 100MOA
패럴랙스 보정: 36.6m~무한대
튜브 지름: 30㎜
무게: 689g
규격: 세컨드 포컬 플레인

사이트론 최초의 다이얼 록 기능 터렛. 다이얼 위를 잡고 조금 당기면 간단하게 고정된다.

ZACT-7 Revcoat로 불리는 렌즈의 다중 코팅 기술은 매우 품질이 높다.

이것은 F.A.S.T. 다이얼. 4배 섬세한 조정이 가능하다.

SV시리즈의 가변배율 다이얼. 상당히 신경쓴 디자인으로 감촉도 좋다.

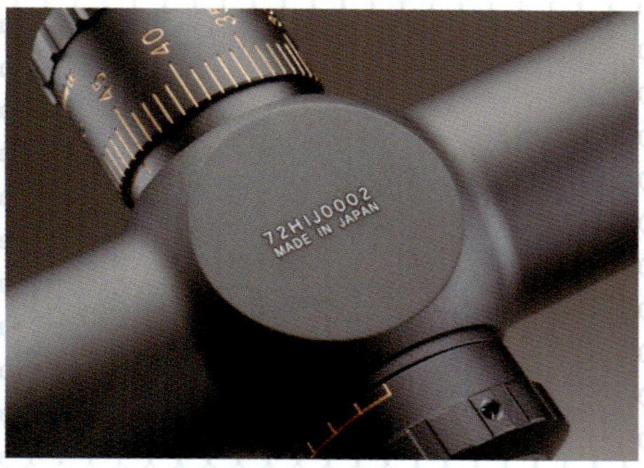

사이트론은 일본제다. 일본 광학기기 기술은 여전히 세계적인 수준을 자랑한다.

ExacTrack을 탑재, 엘리베이션-윈디지가 정확히 조절된다.

사이트론의 역사

사이트론은 1993년에 미국 플로리다주에 설립됐다. 이 회사는 광학기가 메이커 아시아 옵티컬의 일부로서 총기 스코프를 제품화해 사업을 개시했다. 초기 제품은 S II로 불리며 4~16배, 6~24배, 3~9배, 1.5~6배의 가변배율과 4, 6, 8배율 고정배율 스코프를 내놓았다. 어느 것도 엘리베이션과 윈디지 조정기구에 ExacTrac이라고 불리는 독자 기술의 고정밀 조정기능을 사용했다. 판매가격은 $200~450정도로, 당시의 미국 시장에서 가장 경쟁이 심한 중급가격대에 새로 진입했다. 그 뒤 노스캐롤라이나주에 거점을 옮겨 사업을 확대했지만 1997년에 아시아 옵티컬이 일본의 켄코에 합병되면서 사이트론도 켄코의 자회사가 되었다.

사이트론과 경쟁하던 미국의 스코프 메이커인 타스코(Tasco)는 1996년에 창업자인 G. Rosenfield가 사업체를 매각하면서 타스코 홀딩스가 되었고 사업 형태도 크게 바뀌었다. 부품 조달도 일본에서 다른 아시아 국가들로 옮겨갔다.

이렇게 되자 타스코의 일본 법인이던 타스코 저팬이 켄코 그룹 산하로 들어갔다. 이 때문에 타스코 브랜드로 팔리던 제품들 중 일부가 사이트론 브랜드로 바뀌는 현상이 일부에서 벌어졌다.

창업 10주년이 된 2003년, 사이트론은 S II의 상급 모델로 30㎜튜브를 채용한 S III, 초급 모델인 S I을 발매했다. 라인업은 S I에 7모델, S II에 37모델, S III에 2모델로 폭넓어졌다. 사이트론이 이처럼 성장하던 반면 타스코는 하락세를 계속했고 2002년 6월에는 부쉬넬사에 타스코 상표와 지적재산권 모두를 매각, 부쉬넬 브랜드가 되었다. 타스코 저팬은 2009년에 사이트론 저팬으로 사명을 바꾸고 사이트론 스코프의 일본 판매를 시작했다.

새로운 목표

창립 22주년(2015년 기준)을 맞은 사이트론은 스포츠용 스코프의 분야에서 다진 기반을 바탕으로 택티컬 스코프 분야로 시야를 옮긴 느낌이다. 최근 2~3년 사이에 발표된 제품들은 특히 그런 느낌이 강하다.

2014년, 사이트론은 S-TAC시리즈를 발표했다. 1~7×24㎜ IR과 2.5~17.5×56㎜ IR의 두 종류가 제품화됐다. 둘 다 조명식 레티클이 채택되어 on/off도 어느 밝기에서도 즉각 가능하다. 튜브 지름은 둘 다 30㎜. 1~7×24㎜는 엘리베이션/윈디지 터렛이로 프로파일, 즉 돌출이 적은 타입이며 2.5~17.5×56㎜는 10야드의 지근거리에서 패럴랙스 보정이 가능하다.

2015년에는 SV시리즈로 10~50×60㎜(SVSS1050×60)이 발표되었다. SV시리즈는 매우 큰 스코프로 튜브 지름 34㎜, 대물렌즈 지름은 무려 60㎜에 달한다.

최대의 특징은 포커스(패럴랙스 보정) 다이얼에 F.A.S.T.(Fast Adjustment Sight Tuner)라 불리는 새로운 시스템이 탑재된 점이다. 다이얼을 조작해 포커스를 맞추면 패럴랙스가 보정되는 것은 지금까지의 제품들과 마찬가지이지만, 다른 스코프들은 대개 여기에 쓰이는 다이얼이 하나다. 반면 F.A.S.T.는 다이얼이 같은 축에 두 개 달려 있어 큰 다이얼로 대강의 초점을 맞추고 작은 다이얼로 미세조정을 한다. 이렇게 해 보다 정확하고 빠르게 뚜렷한 화상을 얻을 수 있게 만들어졌다.

또한 SV시리즈는 택티컬 터렛을 채용했는데, 사이트론으로서는 최초로 터렛 록 기능을 조합했다. 터렛을 돌려 탄착점을 수정할 경우 손잡이를 일단 당긴다. 이렇게 하면 터렛이 돌지 않는다. 이것은 뜻하지 않게 터렛이 돌았는데 눈치채지 못하고 쏴 맞지 않게 되는 사태를 막는 것으로, 흔히 말하는 제로 스톱과는 다른 기능이다. SV의 가변배율 다이얼의 디자인도 꽤 좋아 잡기 쉽고 회전도 확실하다. 종래의 S III LR시리즈도 진화를 거듭하고 있다. 이전에는 세컨드 포컬 플레인 제품만 있었으나 최근 퍼스트 포컬 플레인의 FFP시리즈가 새롭게 추가됐다. 지금까지 1클릭은 1/4MOA뿐이었지만 0.1mil모델도 추가되었고 사용되는 레티클도 밀 도트 이외에 Mil-Hash(밀해시), MOA-Hash(MOA해시), Horus Vision(호러스 비전)과 같은 레티클도 추가되었다.

택티컬 스코프는 각국 주요 군 특수부대나 경찰 특수부대에 채용될 때까지 매우 힘든 장애물을 여러가지 극복해야 한다. 하루아침에 이뤄지는 것은 아니다. 하지만 우수한 스코프를 개발하면 그 장애물을 극복하는 것은 가능하다.

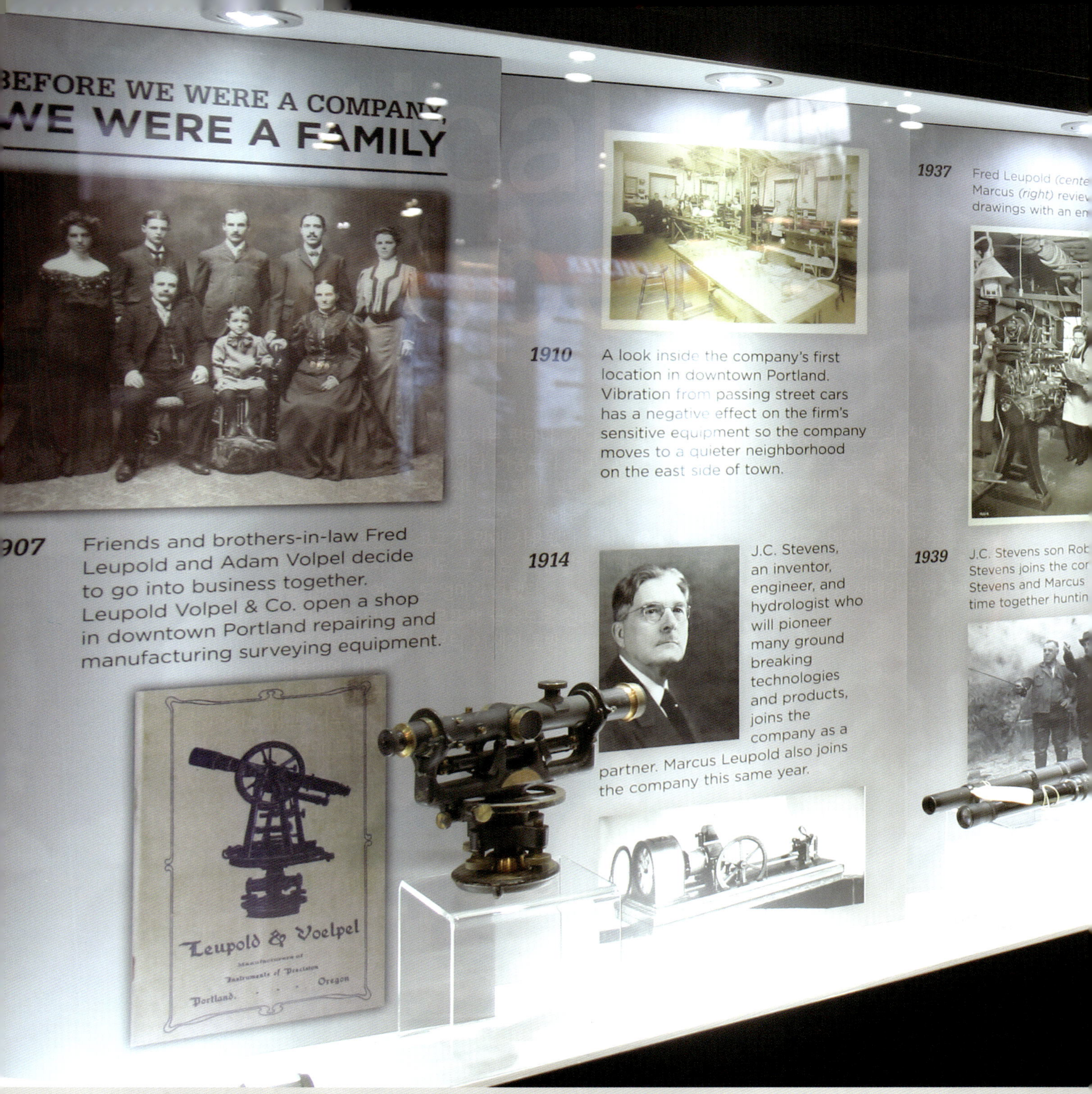

스코프 메이커 중 가장 유명한 곳의 하나가 바로 미국의 류폴드일 것이다. 한때 일본에서는(역자 주: 우리나라에서도) "레오폴드"라고 표기했다. 예전의 전문지인 GUN지에서도 그랬고 일본의 대표적 총포상인 긴자 총포점의 팜플렛에도 그렇게 표기되었다. 하지만 1990년대 중반에 여기에 이의를 제기한 것이 '파 이스트 건 세일즈'라는 총포상의 고 츠키지 케이 씨였다. "미국에서는 '레오폴드'라고 발음하지 않는다. 실은 '류폴드'다." 라고 원어 발음에 가까운 표기를 하자고 인터넷에서 주장하기 시작했다. 당시 그의 발언력은 상당했던 만큼 류폴드라는 표기가 보급되면서 이제는 누구도 레오폴드라고 쓰지 않는다.

하지만 외국어를 옮겨적는 것은 쉽지 않고, 특히 일본어 표기로는 그렇다. 사실 100% 정확히 옮겨적는 것은 불가능하다. 필자의 귀에 류폴드는 '루-폴드' 처럼 들리며 발음기호로 따져도 그 쪽이 조금 더 가까운 듯하다. 류폴드라는 발음도 어쩌면 조금 잘못된 것 아닐까?

어쨌든, 이 사명은 창업자 중 한명인 Markus Friedrich(Fred) Leupold의 성을 딴 것이다. 이름을 보면 알 수 있듯, 원래 독일계다. 하지만 류폴드는 미국 업체인 만큼 미국식으로 부르는 것이 정답일 것이다. 아마 일본어로 표기할 때에는 '로-폴드' 쪽이 더 정확하지 않나 싶지만, 기왕 정착한(데다 원래의 레오폴드보다야 훨씬 나으니: 역자 주) 여기서도 "류폴드"로 통일하자.

2015년의 SHOT쇼에서는 류폴드 부스에 108년의 역사에 대한 전시가 있었다. 이번에는 당시의 패널과 과거 제품들을 촬영한 화상을 사용해 류폴드의 역사를 살펴보자.

1907

친구이자 의형제였던 프레드 류폴드와 아담 볼펠(Adam Volpel)은 사업을 함께 시작했다. 측량기기 수리와 제조를 맡은 회사로, Leupold Volpel & Co.였다. 오레곤 주 포틀

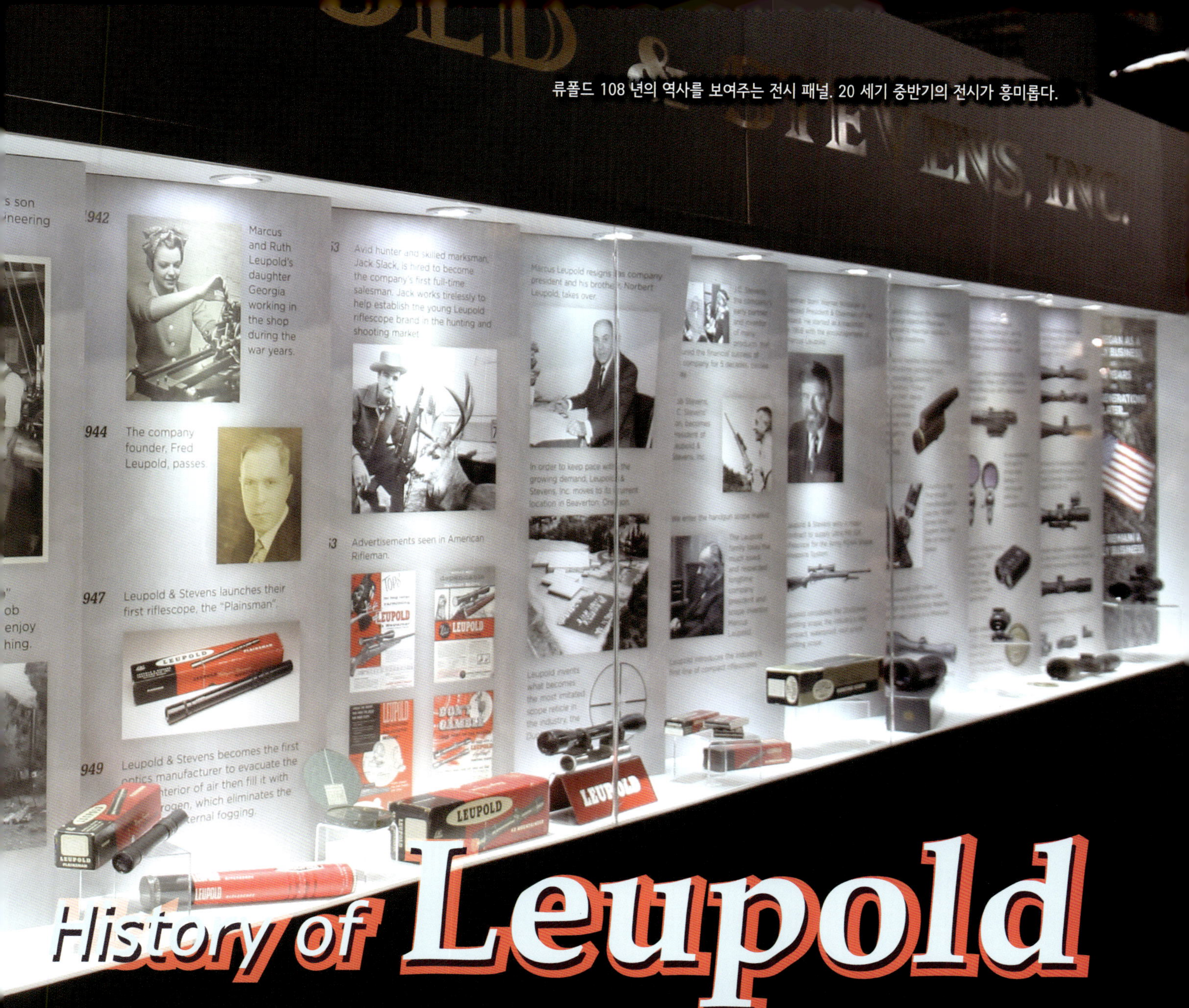

류폴드 108 년의 역사를 보여주는 전시 패널. 20 세기 중반기의 전시가 흥미롭다.

History of Leupold

미국을 대표하는 스코프 메이커 "Leupold" 는 택티컬 스코프 분야에서도 높은 쉐어를 획득, 늘 최첨단 택티컬 스코프를 시장에 공급해왔다. 창업 후 108년(2015년 기준)이 지난 류폴드이지만 스코프 메이커로서의 길을 걷기 시작한 것은 2차 대전 이후의 일이다.

●Text : Satoshi Matsuo ●Photo : Yasunari Akita

랜드의 시내에 작업장을 갖춘 이 회사는 작은 가족 기업으로 시작했다.
전시된 당시의 카탈로그 표지에는 Voelpel이라고 쓰여있다. 다른 문헌에도 Voelpel이라고 적혀있는 것이 있다. 하지만 당시 제품의 명판에는 Volpel이라고 적혀있고, 이 쪽이 맞는 듯 하다.
8인이 함께 찍힌 사진의 뒷줄 중앙이 아담 볼펠로, 그 오른쪽 옆에 프레드 류폴드다.

1910

포틀랜드의 시내에 있던 최초의 작업장 내부가 사진에 찍혀있다. 하지만 이 장소는 주변에 차가 지나갈 때 흔들려 정밀기기 취급에는 문제가 있었다. 결국 여기서 측량기기를 만드는 것은 불가능하다고 판단해 더 조용한 환경을 찾아 포틀랜드의 동쪽으로 이사했다.

1914

J.C. 스티븐스(John Cyprian Stevens)는 Leupold Volpel & Co.에 파트너로 참가했다. 스티븐스가 설계한 수위계는 Leupold Volpel & Co.에서 2년 전부터 제조되어 성공을 거뒀다. 그 때문에 스티븐스도 사업에 참가하려 한 듯 하다. 스티븐스는 네브래스카 대학에서 연구나 주의 간척사업, 정부의 지질조사 업무에 관여한 엔지니어로, 발명가이자 수문학(水文學)자이기도 했다.
현재의 류폴드사의 정확한 명칭은 "Leupold & Stevens, Inc." 로, 그만큼 J.C.스티븐스의 영향이 크다. 다만 스티븐스와 류폴드의 관계는 스티븐스가 개발한 장비를 생산해주는 것이 대부분으로, 사업 그 자체에는 깊게 관여하지 않은 듯 하다. 오히려 스페인의 댐 건설에 협력하거나 미국 토목학회(ASCE)회장이나 오레곤 주 박물관협회 회장을 맡는 등 학자 및 연구자로 다채로운 활동을 했다.
이 해에는 프레드의 아들 마커스 류폴드도 회사에 가세했다.
앞 페이지의 패널 속, 1914년 항목에 있는

사진의 인물이 J.C.스티븐스이고 그 아래에 있는 기계가 세계 최초의 수위기록계로 스티븐스가 발명한 것이다.
(주: 수문학은 지구과학의 한 분야로, 물의 발생및 순환, 분포등을 다룬다. 물리학의 한 분야이자 생물적 환경에의 영향도 연구하는 폭넓은 학문이다)

1920~1930

Leupold Volpel & Co.의 수위계(물의 깊이를 측정하는 계기)는 세계 각지에 수출되어 사업도 확대되고 사원은 40명을 넘었다. 1929년의 세계 대공황도 사원 한명도 자르지 않고 넘겼다.

1937

패널의 1937년 사진에는 프레드 류폴드(중앙)과 마커스(오른쪽)가 사원들과 함께 도면을 확인하고 있다. 정밀한 측량-측정기기를 만드는 한편으로, 마커스 류폴드는 열렬한 아웃도어 애호가였다. 이것이 장래에 회사의 방향을 크게 바꿨다. Leupold Volpel & Co.은 계속해서 J.C.스티븐스가 개발한 제품을 생산하고 판매했다. 그 해에 수위계가 측정한 데이터를 전화회선으로 전송한다는, 당시로서는 매우 획기적인 제품인 텔레마크를 개발했다.

1939

J.C. 스티븐스의 아들인 로버트 "밥" 스티븐스가 회사에 입사해 세일즈와 마케팅, 선전등을 담당하면서 업적이 크게 높아졌다. 밥과 마커스는 죽이 잘 맞았고, 사냥과 낚시도 함께 즐겼다.

1940

창업자중 한명인 아담 볼펠이 타계.

1942

미국이 2차 세계대전에 참전하면서 해군의 주문으로 육분의와 방위반을 납품했다. 여기에 군용 스코프의 수리도 맡았다. 그 해에 사명을 류폴드&스티븐스로 바꿨다.
마커스와 아내 라스 사이에 태어난 딸, 조지아도 전쟁중 류폴드 공장에서 일하는 사진이 있다. 딸의 손까지 빌릴 정도로 사업이 바빴던 것이다.

1944

또 다른 창업자인 프레드 류폴드가 타계하고 그 아들인 노버트(Norbert)가 회사에 가세했다. 그는 미 육군의 수력 역학 엔지니어이기도 했다.
시기는 알 수 없지만, 마커스 류폴드가 사냥중에 겪은 일화가 있다. 마커스는 사냥중에 사슴을 놓쳤다. 날씨로 인해 스코프의 렌즈 안쪽에 김이 서려 사슴을 잘 볼 수 없었기 때문이다. 마커스는 이 때 "나같으면 더 좋은 스코프를 만들텐데!" 라고 생각해 김이 서리지 않는 스코프의 개발을 시작했다는 것이다. 이것이 사실인지, 아니면 뉴튼의 사과와도 같은 지어낸 이야기인지는 알 수 없다.

1947

어쨌든 마커스가 김이 서리지 않는 스코프를 개발한 것은 사실이며 최초의 류폴드 스코프인 "플레인스맨(Plainsman)" 이 발매됐다. 이것이 최초의 for proof scope, 즉 김 안서리는 스코프였다. 스코프 안쪽의 렌즈에 김이 서리는 이유는 안쪽의 공기에 수분이 있기 때문이다. 스코프를 완전히 밀봉한 뒤 내부에 아르곤 가스같은 불활성 가스를 충전하면 갑작스런 습도 변화에도 스코프 안쪽에 김이 서릴 일은 없다. 이를 위해 완전한 방수 스코프를 만들어야 한다. 플레인스맨은 처음으로 여기에 성공한 스코프였다.

Leupold Volpel & Co.의 창업 당시의 제품인 측량기기. 일련번호는 353.

1953

열렬한 수렵인이자 뛰어난 사격실력을 갖춘 잭 슬랙(Jack Slack)이 류폴드 최초의 전속 세일즈맨이 되었다. 잭은 류폴드를 사냥 및 사격분야에 이름난 브랜드로 정착시키기 위해 열심히 활동했고, 그 결과 이 분야의 신참인 류폴드의 발전에 크게 기여했다.

1953

NRA의 기관지 "아메리칸 라이플맨" 에 류폴드 광고가 실렸다.

1957

류폴드의 전천후형 스코프는 빠르게 보급됐다. 제품도 우수했지만 잭 슬랙의 선전활동도 큰 도움이 됐다. 이 무렵, 류폴드는 아웃도어용으로 나침반까지 제품화했다.

1958

회사를 크게 발전시킨 잭 슬랙은 류폴드 가족의 일원이 되었다. 마커스의 딸인 조지아와 결혼했기 때문이다.

1962

류폴드는 듀플렉스 레티클을 개발했다. 그때까지의 레티클은 평범한 십자선이었지만 듀플렉스 레티클은 굵은 선으로 만들어져 가운데의 십자 부분만 가느다란 선으로 만들어졌

1946년의 시제품과 1949년제의 2.5배 모델

최초의 제품인 Plainsman 과 그 포장. 오른쪽은 원통형 포장(모델명은 불명)

Moutaineer의 포장. 그 뒤는 1953년의 NRA기관지 "아메리칸 라이플맨" 에 실린 류폴드의 광고. 왼쪽의 나침반도 1957년경의 류폴드 제품.

류폴드제 스코프 마운트와 고배율 컨버터의 포장. 배율을 늘려주는 액세서리인 듯하다. 뒤에 그려진 것은 류폴드가 개발해 나중에 전 세계로 퍼진 듀플렉스 레티클.

다. 굵은 선 덕분에 시인성이 좋지만, 조준에 필요한 십자는 가늘게 해 표적이 레티클에 가려지지 않고 정확한 조준이 가능했다. 덕분에 사용이 편했고, 다른 많은 회사들이 이를 모방했다.
전시 패널에는 1969년의 위치에 이 사실이 실려있다. 하지만 듀플렉스의 개발은 1962년 아닐까 싶다. 1969년에는 이미 위버가 Dual-X라 불리는 듀플렉스의 카피 레티클을 발매했기 때문이다.

1964

골든 링(Golden Ring) 시리즈가 등장했다. 대물렌즈 가까이의 경통(튜브)에 금색 링이 그려진 모델로, "Lifetime Service Guarantee", 즉 영구 대응보증이다. 흔히 말하는 영구 보증과는 좀 다른 것이, 영원히 수리에 대응하기는 하지만 무상 수리를 뜻하는 것은 아닌 듯 하다. 원래 여기에 해당하는 스코프는 M8과 VX-II뿐이었다.
이 체제는 지금도 Gold Ring Full Lifetime Guarantee로 현재도 이어진다. 전기계통 이외의 영구 무상보증체제다. 여기서 보증하는 것은 기능의 보증으로, 자연적인 고장만 대상으로 충격등을 받은 경우의 고장은 포함되지 않는다. 물론 개조에 의한 것도 포함되지 않는다.

가변 배율 스코프인 Vari X의 포장과 컴팩트 스포팅 스코프.

1968

마커스 류폴드가 사장에서 물러나고 형제인 노버트 류폴드가 뒤를 이었다.
사업이 번창하면서 류폴드&스티븐스는 150명의 사원과 함께 공장과 본사를 오레곤 주 포틀랜드의 주변부인 비버튼으로 옮겼다. 새 공장의 부지는 20,000제곱미터로, 현재도 류폴드의 본거지다.

1970

류폴드 초기의 파트너이자 사업의 발전에 크게 기여한 J.C. 스티븐스가 타계했다. 스티븐스의 생애를 보면 류폴드와의 관계가 그리 크지는 않다. 미국 토목학회(ASCE)의 회원이자 협회 최고의 영예인 노먼 메달을 얻는 등 수문학자로서 실적이 컸다.

1972

류폴드는 여전히 가족 경영을 계속했지만 이 해에 새로 취임한 사장은 류폴드 가문이 아닌 J.C. 스티븐스의 아들, 밥 스티븐스였다.

1974

류폴드는 오랫동안 베스트셀러가 된 Vari-X III을 출시했다. 종래의 Vari-X II의 상위 제품이지만 렌즈를 아나스티그매트(Anastigmat: 수차보정) 방식으로 바꿨다. 이것은 카메라에 사용되는 고성능 렌즈의 제조기술을 응용한 것이다. 고배율의 M8-24xAO스코프도 출시했다. 24배율의 고배율 스코프로, 1클릭 1/4MOA, 벤치레스트 사격경기용으로 높은 평가를 받았다.
이 제품은 류폴드 최초의 고배율 스코프였지만, 시장에는 이미 라이맨(Lyman)이나 데이비스(Davis Optical)의 30배율, 레드필드의 24대율등이 존재했기 때문에 획기적인 제품까지는는 아니었다. 그 해에 류폴드는 M8-2X의 롱 아이릴리프(눈을 멀리 둘 수 있는) 스코프를 제품화하는 등 정력적으로 제품을 전개했다.

1975

류폴드의 사업을 스코프 제조 중심으로 전환할 계기를 만든 장본인, 마커스 류폴드가 타계했다.

1981

고배율 스코프인 M8-36×를 제품화했다. 36배율도 이미 유너틀이 제품화는 했으나 류폴드 제품은 길이 356㎜, 무게 453g으로 압도적으로 컴팩트해졌다.

1982

류폴드의 스코프는 30종류를 넘었고 사원도 500명을 넘는 규모로 발전했다.

1983

독일 태생의 베르너 빌다우어(Werner Wildauer)가 사장겸 회장에 취임했다. 1958년에 마커스 류폴드에게 발탁되어 기계공으로 입사한 경력을 가지고 있다. 25년의 세월이 지나 회사의 정상에 오른 셈이다.

1985

류폴드&스티븐스는 미 육군의 M24 저격총에 울트라 M3, 10배율 스코프를 공급할 계약을 맺었다. 이것은 류폴드가 최초로 군용

2000년 이후의 전시 패널. 가운데에 VX-L, 그 오른쪽에 ECOS-O(DAGR)의 사진이 있다. 앞 왼쪽에 전시된 것이 Mk.4 CQ/T, 1~3×14㎜.

택티컬 스코프를 대량으로 수주한 것이었다. 거의 동형의 스코프인 Mk.4 M1, 그리고 Mk.4 M3이 민간 시장에 판매되기 시작한 것은 1990년의 일이다. 다만 민간용의 레이클에는 당시만 해도 밀 도트가 없었다. 지금은 생각하기 힘든 일이지만, 당시에는 밀 도트가 군 전용이었다.
그 해에 류폴드는 20×50㎜의 스포팅 스코프(감적 스코프: 저격수와 함께 행동하는 감적수, 즉 스포터가 표적을 포착하고 감시하는 망원경)를 제품화했다. 류폴드 최초의 소형-방수-루프 프리즘형 감적 스코프였다.

1990

류폴드 최초의 대구경 대물렌즈 부착 스코프가 제품화됐다. 어둠 속에서도 최대한 시계를 확보하려는 제품이었다.
다른 회사가 이미 대물렌즈 지름을 50㎜, 혹은 그 이상으로 늘리기 시작했지만 류폴드는 아직 40㎜가 최대였다. 대물렌즈가 커지만 밝은 스코프를 만들 수 있지만 그만큼 스코프 자체의 크기는 커지고 사용도 불편해진다. 하지만 시대의 요구에 류폴드는 정책을 바꿔야 했다.

1993

류폴드는 12~40×60㎜의 혁신적인 감적 스코프를 제품화했다. 류폴드가 가진 Folded Light Path라는 기술을 활용해 길이를 11.5인치까지 줄였다.

1996

이 해에 류폴드는 마운트 베이스 장착에 Torx나사(별나사)를 사용한 최초의 마운트 메이커가 되었다. 그 뒤 별나사는 베이스 및 링 고정에까지 확대되어 지금은 대부분의 메이커에 쓰이고 있다.

1997

류폴드는 완전히 새로운 설계의 기종인 LPS(Leupold Premier Scope)를 출시했다. LPS는 1997년의 '그 해의 사격부문 광학기기' 상을 받았다.

2000

류폴드는 일루미네이티드(조명) 레티클을 제품화했다. 어두운 상황에서도 정확한 사격이 가능해졌다. 이 때 제품화된 것은 레티클 전체가 빛나는게 아니라 가운데만 빛나는 것이었다.

2002

이 해에 3년에 걸쳐 개발된 혁신적인 Mk.4 CQ/T, 1~3×14㎜ 카빈 라이플 스코프가 출시됐다.

앞이 Mk.6, 3~18×44㎜ M5B2, 뒤는 M5C2. 엘리베이션 터렛의 형식이 다르다.

Mk.6, 1~6×20㎜ M6C1.

미군의 PSR(Precision Sniper Rifle) 경합에 제출된 Mk.4 ER/T M5A2 XM2010.

2006

혁신적인 컨셉의 스코프인 VX-L이 출시됐다. 이것은 Xtended Twilight Lens System으로도 불리는 것으로, 눈에 보이지 않는 영역의 빛인 청-자색 대역의 파장을 투과시켜 보다 밝은 상을 만드는 것이다.

D-EVO LCD는 무배율 도트사이트와 6배 스코프를 결합한 시스템으로, 근거리와 중거리(600m까지)에서 시선 이동을 최소한으로 억제하고 순간적으로 조준을 전환하기 위해 개발했다.

또한 대구경 대물렌즈의 아래를 깎은 독특한 모양으로 만들어 최대한 낮게 세팅할 수 있게 했다. 실제로 보통 스코프들보다 30% 낮은 위치에 세팅할 수 있었다.

TBR(True Ballistic Range)기능을 조합한 RX레이저 거리측정기도 출시했다.

이것은 부각 혹은 앙각으로 사격할 때 실제 대상까지의 거리가 아니라 탄도에 영향을 미치는 수평거리를 계산해 표시하는 기능이다.

2007

류폴드 설립 100주년을 맞았다. 이 해에 골든 링 쌍안경과 VX-7 스코프를 제품화했다.

2008

1909년에 오레곤주에 설립된 스코프 메이커, 레드필드(Redfield)를 합병했다.

2011

이 해에 3가지 새로운 스코프가 제품화됐다. VX-6, VX-R, 그리고 개발에 5년을 소요한 새로운 택티컬 스코프 Mk.8이다.

2013

미 해군의 발전형 최적화 전투 광학 조준경(Enhanced Combat Optical Sight-Optimized:ECOS-O) 납품계약을 체결했다. 이것은 원거리와 지근거리가 혼재하는 전투상황에 대응할 광학조준경으로, 그 답이 나중에 탄생할 Mk.6, 3~18×44㎜스코프와 에임포인트 마이크로 T-1을 조합한 DAGR(Dual Aperature Gunsite Rif-lescope)시스템이다.

2014

FBI의 인질구출팀(HRT)이 Mk.6을 선택했다. 또 류폴드는 D-EVO LCD(사진 참조), 그리고 소형 반사 사이트인 델타포인트도 제품화했다.

2015

오레곤주 비버튼의 류폴드 본사에는 현재 650명의 사원이 일하고 있다. 전원이 사격인이나 수렵인이다. 스코프를 어떻게 만들어야 할지는 직접 총을 쏴 봐야 알 수 있기 때문이 아닐까? 류폴드 사원들은 군이나 공적기관과도 정보교환을 거듭하며 군-경용 택티컬 스코프에 필요한 정보들을 흡수하고 있다.

류폴드의 Mk AR MOD1은 NRA가 발행하는 총기 전문 잡지 "Shooting Illustrated" 의 '그 해의 옵틱' 선정에서 2015년도 골든 불즈아이 상을 얻었다.

이 스코프는 1.5~4×20㎜, 혹은 3~9×40㎜로 발매되는, AR에 특화된 스코프다.

AIRGUN
Sniper Rifles

VFC 전동 Mk.12 Mod.1 커스텀

다나카 M40A1 AIR 베이스 M700 커스텀

다나카 M700 A.I.C.S. AIR 커스텀

에어소프트건에서 명중률에
가장 중요한 요소 **BB탄**

스나이퍼 라이플 에어건
우수기종 선정 & 카탈로그

사용한 스코프

VORTEX RAZOR HD GEN II　1-6 × 24

VFC

전동 Mk.12 Mod.1 커스텀

이시오카 오오키

스나이퍼라고 하면 교묘한 위장을 하고 볼트 액션 대구경 저격총을 사용하는 이미지가 강하지만 실제로는 다양한 스타일과 역할의 스나이퍼가 존재합니다. 이번에 초점을 맞추는 것은 DMR(Designated Marksman Rifle) 입니다. 이것은 보병분대에 배속되어 저격및 지원을 하는 지정사수가 사용하는 저격총의 일종으로, 반자동이며 다른 소총과 공통되는 탄약을 사용할 경우가 많습니다.
그런 이미지를 가지고 커스텀을 만들어 보지요.

베이스 총, VFC 전동 Mk.12 Mod.1

베이스 총기로 선정된 것은 고품질 전동건 메이커로 유명한 대만 VFC 의 전동 Mk.12 Mod.1 입니다. Mk.12 Mod.1 은 M16/M4 계의 DMR 로, SPR(Special Purpose Rifle) 로도 불립니다. 부품의 조합에 따라 여러 종류가 존재하지만, 여기서는 프리 플로팅식 RAS 와 고정식 개머리판을 장착한 Mod.1 을 선정했습니다. 전동건으로서는 가장 일반적인 버전 2 기어박스를 탑재해 범용성도 높고 커스텀 발전성도 높습니다.

구입 직후의 데이터와 시험사격, 반응 측정

먼저 커스텀하기 전의 오리지널 상태의 데이터를 측정합니다. 초속은 0.2g, 0.25g(BURST BULLET 제품), 0.28g(도쿄 마루이 슈피리어 바이오탄)으로, 각각 탄이 간신히 떨어지지 않을 만큼 홉업을 최대한 푼 상태, 그리고 탄도가 곧바로 날아가는 적정 홉업 상태에서 측정했습니다.

탄속

구입 직후 상태는 오른쪽 페이지의 표 그대로입니다. 최소 홉업 상태에서 0.9J 전후로, 충분한 탄속이 확보되었습니다. 그 이상 탄속을 높일 필요는 없습니다.

탄착군

탄착군은 실내 30m, 10 발 x3 회 측정해 가장 멀리 떨어진 탄흔과 가운데의 탄흔 (CTC) 를 잰 데이터를 썼습니다. 사용탄은 정밀 중량탄인 마루이 슈피리어 바이오탄 0.28g 입니다.
결과는 1 회 304 ㎜, 2 회차 10 발중 9 발 명중, 3 회차가 10 발중 8 발 명중입니다. 인체 표적이면 상반신에 맞는 정도로, 일반적인 전동건과 큰 차이 없습니다.

사이클 타임과 전기계통의 부하

마지막으로, 반응성의 지표인 원샷 타임 (1 발 발사에 걸리는 시간) 과 전기계통의 부하를 측정합니다. 사용 배터리는 Turnigy nano-tech 7.4v 2,000mA 15-25C 의 리튬폴리머 배터리입니다.
실총에서는 방아쇠를 당긴 뒤 공이가 뇌관을 때릴 때 까지의 시간을 록타임, 여기서 탄이 총구를 빠져나갈 때 까지의 시간을 배럴 타임이라고 부르지만 에어소프트건에는 공이도 뇌관도 없고 격발에 해당하는 부분이 어디인지도 애매하므로 어디서부터 어디까지가 록타임인지 분명치 않습니다.
그래서 실총의 록타임과 배럴타임의 합계에 해당하는 "방아쇠를 당긴 뒤 총구에서 탄이 나갈 때까지" 를 에어소프트건에서 사이클 타임이라고 부르고 이 시간을 측정합니다. 여기에는 측정기기인 오실로스코프와 전선에 흐르는 전류를 측정하는 전류 프로브, 총구에서 발사된 탄이 맞으면 전기신호를 보내는 임팩트 센서등의 실험장치가 사용됩니다. 장치의 형태상, 총구로부터 임팩트 센서까지의 거리는 200mm 로 설정합니다.
그러면 이들 데이터를 토대로 커스텀을 실시합니다. 이번의 목적은
1: 탄착군과 원거리 사격성능 향상
2: 반응성의 향상
3: 조작성의 향상
이 정도입니다. 그러면 각부를 체크하고 조정합니다.

이 커스텀에 사용된 부품

부품명	메이커	가격 (일본)
Chimera Mk2 FET for V2 Gearbox	Blacktalon Concepts	￥15,552
Speed trigger M4 B 타입 블랙	RETRO ARMS	￥2,258
CNC custom fire selector for M4 B 타입 M 사이즈	RETRO ARMS	￥2,453
CNC charging handle latch extension for M4 BLACK	RETRO ARMS	￥2,916
Piston - 4 steel teeth	RETRO ARMS	￥1,871
Piston head - standard POM	RETRO ARMS	￥1,871
CNC cylinder Type A	RETRO ARMS	￥3,024
CNC 가공 강화기어 18:1 표준 토크 기어	ZC LEOPARD	￥2,310
MIM 피니언 기어 O 타입	ZC LEOPARD	￥375

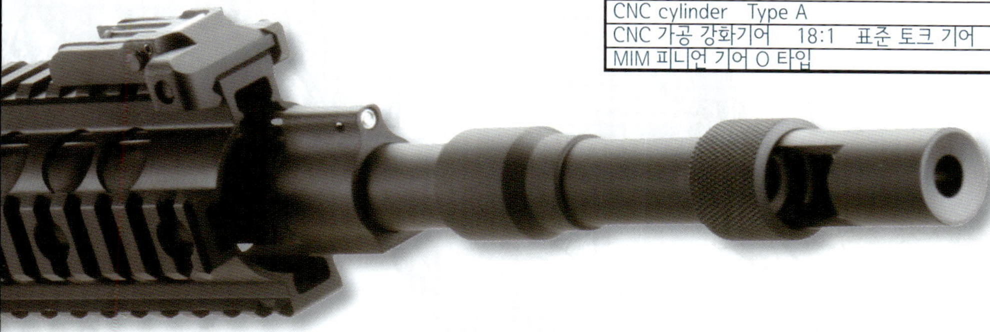

전동건을 고정밀 스나이퍼 라이플로 !

커스텀 전의 VFC 전동 Mk.12 Mod.1 제원

탄속

BURST BULLET0.2g

홉업 상태	1	2	3	4	5	최대치	최소치	고저차	평균	J 값
최소	96.36	96.83	96.91	95.89	95.60	96.91	95.60	1.31	96.32	0.93
적정	88.25	88.81	88.95	88.51	89.31	89.31	88.25	1.06	88.77	0.79

BURST BULLET0.25g

홉업 상태	1	2	3	4	5	최대치	최소치	고저차	평균	J 값
최소	83.68	84.49	84.39	84.49	84.34	84.49	83.68	0.81	84.28	0.89
적정	67.78	67.09	67.56	67.01	67.29	67.78	67.01	0.77	67.35	0.57

도쿄 마루이 슈피리어 바이오탄 0.28g

홉업 상태	1	2	3	4	5	최대치	최소치	고저차	평균	J 값
최소	79.22	79.22	79.19	79.50	78.48	79.50	78.48	1.02	79.12	0.88
적정	63.53	63.93	63.44	64.30	63.96	64.30	63.44	0.86	63.83	0.57

사용 탄속계 : CHORNY M1　　　측정시 실내 온도 : 19 도

최소 홉업시에는 초속이 충분히 나오므로 실용범위 내에 있는 듯 하지만, 적정 홉업이 걸리면 탄속이 크게 떨어집니다. 원거리를 저격할 DMR 로서는 좀 아쉽습니다.

탄착군

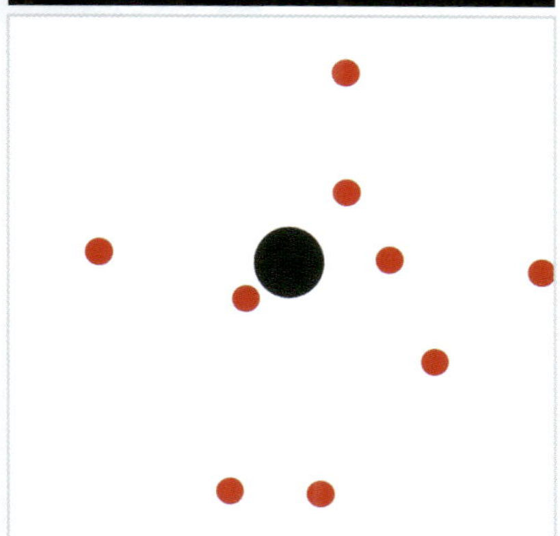

30m 의 거리로부터 10 발 쏜 탄착군. 3 회 계측해 가장 좋은것이 304mm 입니다. 전동건의 평균적 수준입니다.

반응과 돌입전류

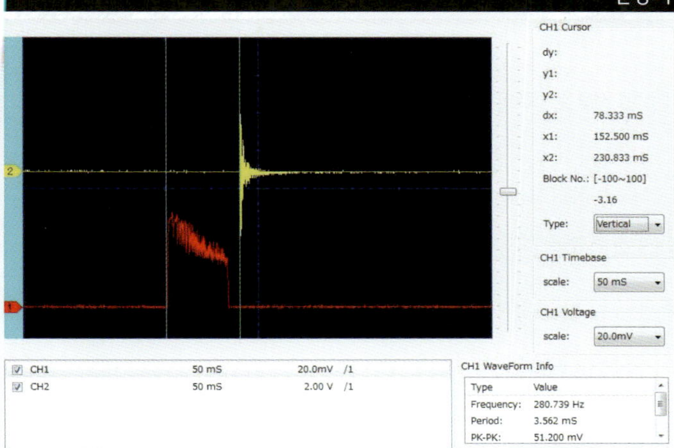

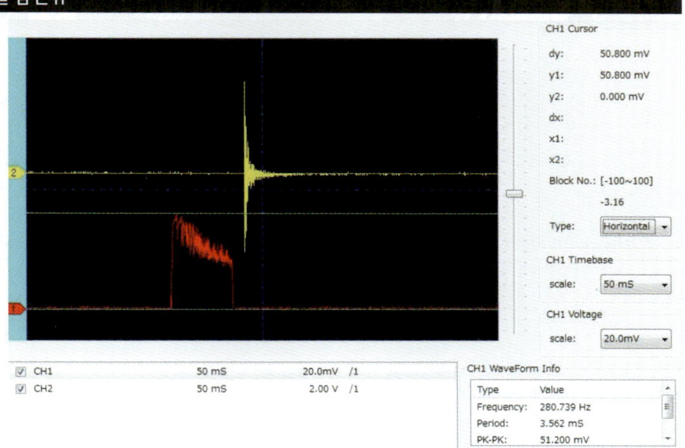

사진의 붉은 파형이 모터에 흐르는 전류, 노란 파형이 임팩트 센서에 탄이 맞은 것을 표시합니다. 이 붉은 파형이 솟구치는 순간이 모터에 전류가 흘러 회전을 시작했다는 뜻이므로 이 부분의 파형부터 탄이 맞아 생기는 파형까지의 시간을 측정하면 실총의 록타임에 해당하는 수치가 나옵니다.
사진의 dx 부분이 여기에 해당하며, 측정 결과 78.333ms(0.07833 초) 가 나옵니다. 즉 방아쇠를 당기고 총구에서 탄이 나오는 사이클 타임이 약 0.08 초입니다. 전동건에서는 일반적인 수치입니다.

뒤이어 모터에 흐르는 돌입전류를 측정합니다. 붉은 파형의 피크 (정점) 를 측정하면 50.800mV 가 나옵니다. 전류 프로브의 수치는 1mV=1A 가 되도록 설정했으므로 이 수치는 그대로 50.8A 로 읽습니다. 이 피크 전류를 흔히 돌입전류라 부릅니다. 모터가 움직이기 시작할 때 흐르는 대전류입니다. 이것의 크기가 전동건의 기계적 - 전기적 부하를 측정하는 하나의 지표입니다. 이것도 일반적 전동건과 비슷한 수준입니다.

배럴 주변의 조정

이번의 Mk.12 Mod.1 은 인너배럴 길이가 475 ㎜로 비교적 깁니다. 긴 배럴과 대용량 실린더로 BB 탄을 가속하면 어느 정도 강한 스프링이 없으면 피스톤의 스피드를 확보할 수 없습니다. 상대적으로 실린더의 내압이 오르지 않고, 홉업이 약할 때처럼 저항이 적으면 충분한 탄속이 나오지만 홉업이 강해지면 금방 탄속이 떨어지기 쉽습니다. 이것은 홉업을 사용하는 원거리 사격시에 매우 불리합니다. 그래서 이번에는 홉업을 걸어도 탄속이 가급적 떨어지지 않고, 또 본체에 지나친 부담이 가해져 파손을 유발하는 강한 스프링도 쓰지 않는 효율 중시의 세팅을 해봅니다.

슬리브 배럴 제작

먼저 475 ㎜인 인너 배럴을 220 ㎜까지 절단합니다. 너무 길면 실린더와 BB 탄의 가속효율이 떨어집니다. 하지만 여기서 문제가 생깁니다. Mk.12 Mod.1 은 아우터 배럴의 내경이 넓어 인너 배럴을 챔버와 소염기의 끝 만으로 지탱하는 방식이기 때문입니다. 이대로는 짧아진 인너 배럴이 아우터 배럴 안에서 흔들거리므로 제대로 쏠 수 없습니다.

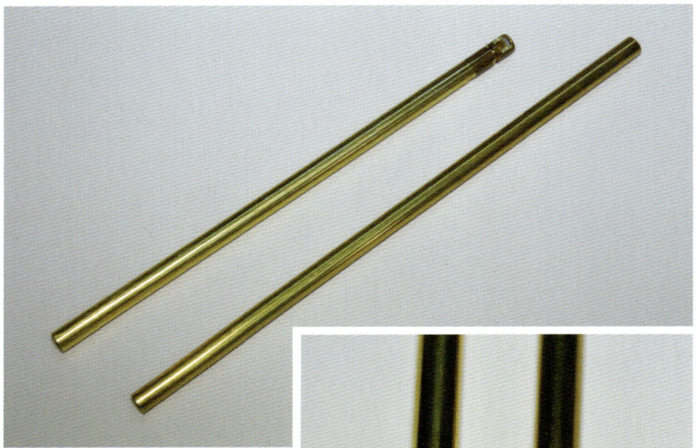

그래서 인너 배럴과 같은 외경의 8.5 ㎜ 외경에 내경에 7.5 ㎜로 인너 배럴보다 넓은 황동 파이프를 인너 배럴에 이어 길이를 늘려줍니다.

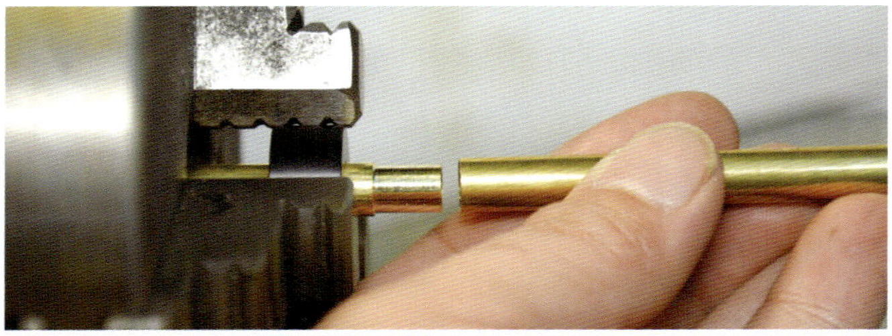

인너 배럴의 바깥쪽을 이어줄 파이프의 내경에 맞춰 깎은 다음 염기성의 강력한 접착제 (록타이트 638) 로 접착합니다. 배럴의 표면은 접착제가 먹기 쉽게 좀 거칠게 합니다. 또 파이프쪽에는 경화촉진제 (록타이트 7471) 을 사용해 단단히 접착합니다. 확실히 접합하면 선반의 고정대를 이용해 중심을 유지하면서 경화를 기다립니다.

흔들림 방지 슬리브 제작

소염기 앞에는 배럴을 고정하는 수지제 슬리브가 있습니다만 사진에서 보시다시피 아십게도 소염기쪽 구멍이 휘어 한쪽에 쏠려있습니다. 이대로는 배럴에 부하가 걸리므로 슬리브를 제거한 뒤 새로 아우터 배럴쪽에 흔들림 방지 슬리브를 설치합니다.

사진에서 보듯, Mk.12 Mod.1 의 아우터 배럴은 내경이 넓고 그대로는 인너 배럴이 흔들립니다. 하지만 거꾸로 생각해보면 슬리브를 끼워넣을 여유가 충분하므로 여기에 새로운 슬리브를 설치합니다.

선반으로 POM(폴리아세탈) 수지를 깎아 단차가 있는 슬리브를 만듭니다. 뜻하지 않게 움직이는 일이 없도록 아우터 배럴쪽에 끼워 넣어질 수 있도록 슬리브 외경을 조절한 뒤 인너 배럴을 흔들림 없이, 그러면서도 부드럽게 넣고 뺄 수 있도록 내경도 조정합니다.

장착하면 이렇게 됩니다. 이렇게 해서 외관상으로만 길이를 유지한 채 인너 배럴의 실제 길이를 줄이고 흔들림 없이 장착하는데 성공했습니다.

패킹의 기밀 유지

챔버로부터 패킹과 인너 배럴을 떼어내면 약간 흔들립니다. 이 부분은 실린더로부터의 공기를 직접 BB 탄에 전달할 필요가 있으므로 최대한 공기 손실이 적어야 합니다. 그래서 두께 0.05 ㎜의 알미늄 티으프를 인너 배럴 바깥이 한 바퀴, 좀 타이트하게 감아 챔버에 들어갈 수 있게 합니다. VFC 의 챔버는 도쿄 마루이의 차세대 M4 시리즈와 마찬가지로 배럴과 같은 축의 다이얼을 돌려 홉업 조절을 하므로 미세 조정이 가능하면서도 풀리지 않는 우수한 방식입니다. 챔버 패킹도 적절히 부드럽고, 돌기도 크기 때문에 BB 탄을 확실히 붙잡으므로 이것을 그대로 씁니다. 이렇게 해서 배럴 주변 가공과 조정은 끝납니다.

반응성의 향상 , 전자제어화

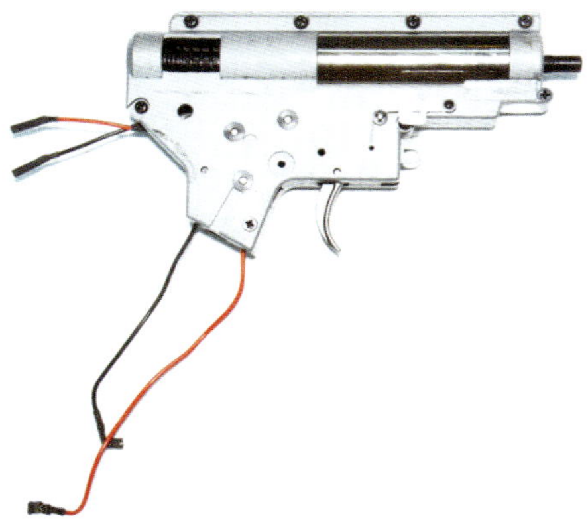

이것이 Mk.12 Mod.1 의 기어박스입니다 . 형태는 흔히 말하는 버전 2 형으로 , 다양한 시판 부품과 호환성이 있습니다 . 이번에 반응성 향상을 위해 방아쇠 스위치를 전자제어로 바꿔 전동건의 움직임을 전자적으로 제어하겠습니다 .

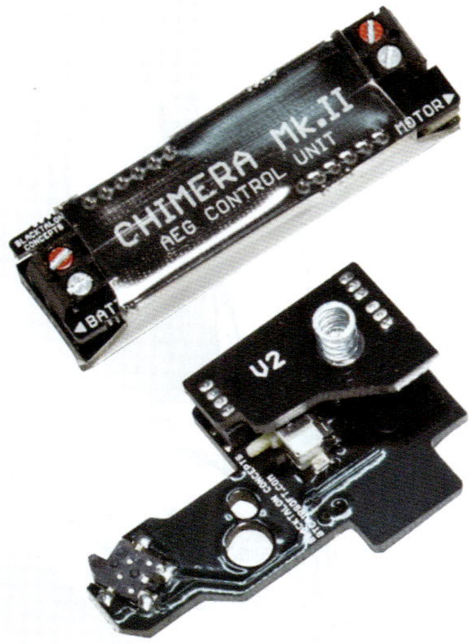

이번에 사용할 것은 미국 BlackTalon Concepts(이하 BTC) 의 'Chimera Mk.2 FET for V2 Gearbox' 입니다 . 기어박스 안에 센서가 될 스위치류를 배치해 여기서 읽어들인 정보를 콘트롤 유닛으로 불리는 컴퓨터 제어의 FET 로 처리 , 전동건을 제어합니다 .
사진 위쪽이 콘트롤 유닛 , 아래가 센서류를 탑재한 트리거 보드입니다 . 이것들은 케이블로 접속됩니다 . 현재 이런 전자제어방식을 메이커 순정품으로 채용한 곳도 나올 정도로 차세대 에어소프트건 기술로 주목받고 있습니다 .
이번에 핵심이 되는 제어기술은 "프리 코킹" 과 "모터 브레이크" 의 두 종류입니다 . "프리 코킹" 은 피스톤을 어느 정도 당긴 상태에서 멈춰 다음 탄이 발사되기까지의 시간을 단축 , 반응성을 크게 향상시키는 기술입니다 . 또 하나 "모터 브레이크" 는 모터에 급제동을 걸어 발사가 끝난 직후에 급정지시킴으로써 다음탄 발사까지의 시간 지연을 크게 줄이는 동시에 앞서 언급한 프리 코킹의 정지 위치를 보다 정확하게 합니다 .
BTC 가 개발한 모터 브레이크 기술은 특수한 것으로 , 제동능력을 갖춘 채 모터의 발열이나 커뮤터 소모를 최대한 방지하는데 성공했습니다 . 이것 모두는 가변식으로 , 총의 세팅에 따라 선호하는 위치나 강도를 조정할 수 있습니다 .

기어의 교환

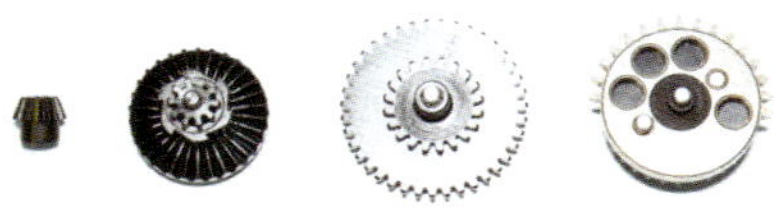

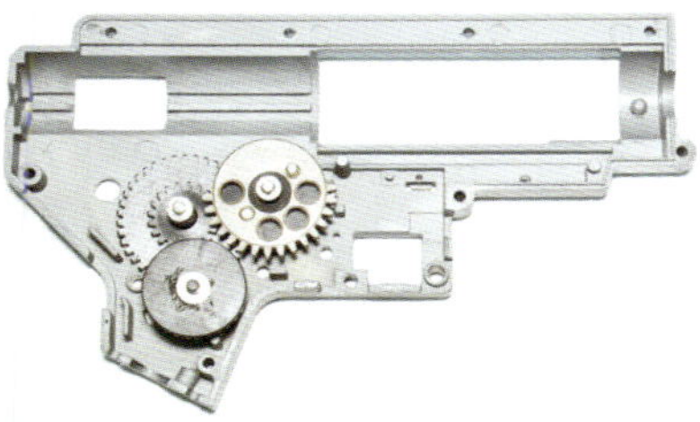

먼저 , Chimera Mk.2 FET 을 설치하기 전에 기어 교환과 심 조정을 실시합니다 . 프리 코킹을 많이 쓰는 만큼 강화 기어로 바꿉니다 . 이번에 사용할 것은 ZC LEOPARD 제의 강화 기어로 , 기어비는 18:1(18.72:1) 입니다 . 그와 함께 모터의 피니언 기어도 같은 회사의 MIM 피니언기어 0 타입으로 바꿉니다 .

사진 위가 ZC LEOPARD 제 강화 기어 , 아래가 VFC 제 순정품입니다 . VFC 제는 자동 심 조정용 스프링이 스퍼 기어 , 섹터 기어에 달려있는 것이 특징으로 , 조정이 쉽지만 이 기구 덕분에 회전축이 가늘어졌습니다 . 강화품은 축 둘레를 덮는 형태로 두께가 늘어 강도가 크게 향상됐습니다 .

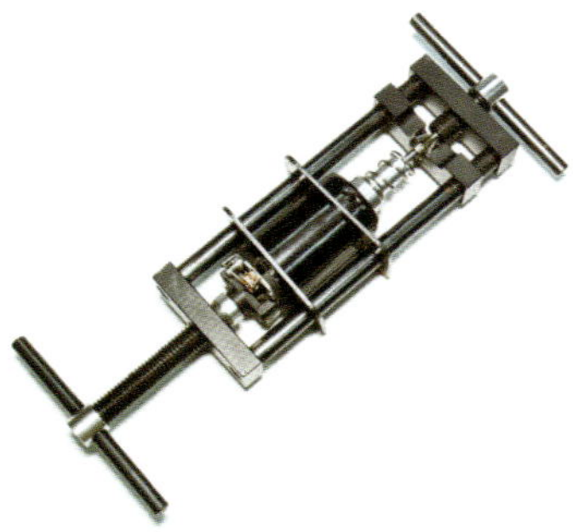

모터의 피니언 기어를 바꿀 경우 , 이처럼 피니언 리무버라는 전용 공구를 사용합니다 . 억지로 펀치같은 도구로 두들겨 빼면 축이 망가질 뿐 아니라 모터 본체에도 심각한 손상이 가니 꼭 전용 공구를 씁시다 .

피니언 기어를 바꾼 VFC 순정 모터 . 기본적으로 피니언 기어와 베벨 기어는 세트로 설계되어 있으므로 같은 메이커 제품을 씁니다 . 이 상태에서 전기 계통이나 모터등을 가조립해 심 조정을 실시하면 기어 주변 조정은 끝납니다 .

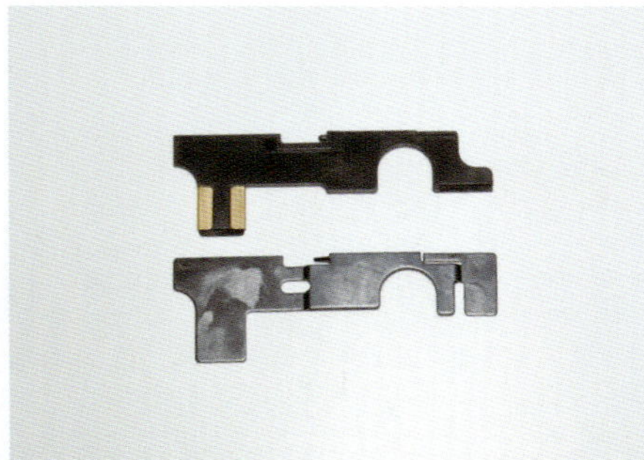

Chimera Mk.2 FET 을 설치하기 전에 셀렉터 플레이트를 바꿉니다 . VFC 는 독자적인 스틸 프레스 부품을 사용하므로 원래 상태로는 셀렉터 위치를 탐지하는 스위치가 잘 눌리지 않기 때문에 BTC 사가 추천하는 금속 접점 부착형 (도쿄 마루이 순정부품) 으로 바꿉니다 .

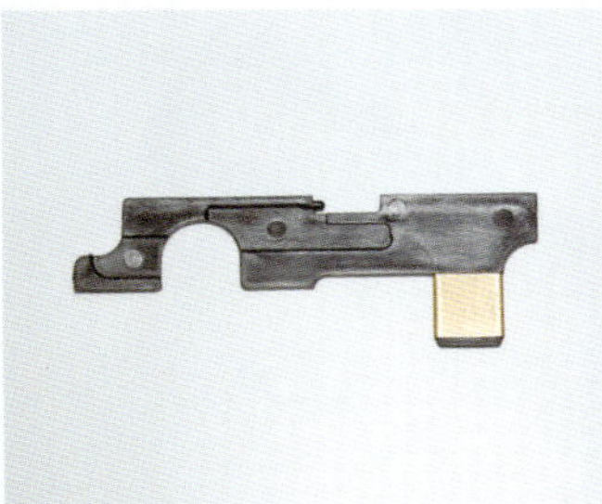

하지만 VFC 의 기어박스는 8mm 베어링을 채용해 6mm 베어링용으로 설계된 도쿄 마루이 순정 셀렉터 플레이트의 뒤쪽과 간섭을 일으킵니다 . 그래서 베어링과 간섭하는 부분을 전동 공구로 갈아서 부드럽게 움직이도록 조정합니다 .

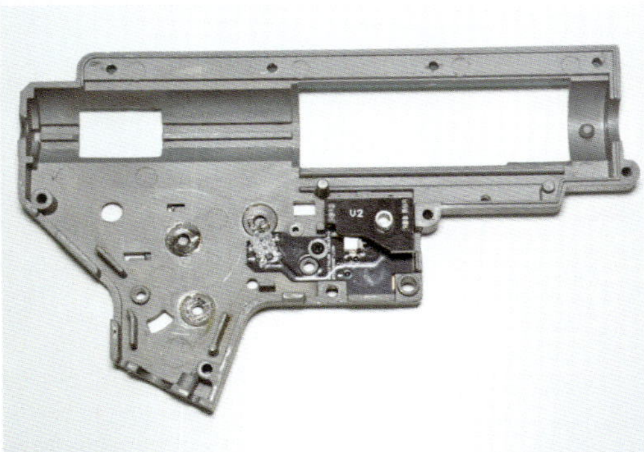

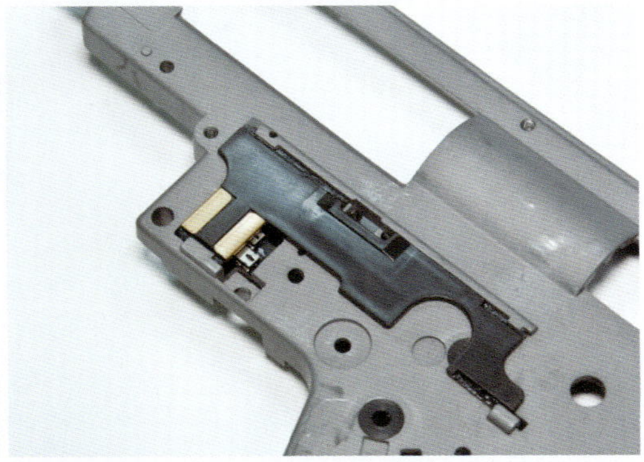

셀렉터 플레이트를 장착한 뒤 , 트리거 보드를 설치합니다 . 이 때 트리거 보드 뒤의 셀렉터 보드 감지 스위치가 파손되지 않도록 조심해서 설치합니다 . 설치한 뒤에는 순정 스위치를 고정했던 나사를 이용해 트리거 보드를 고정하면 됩니다 .

방아쇠의 조립

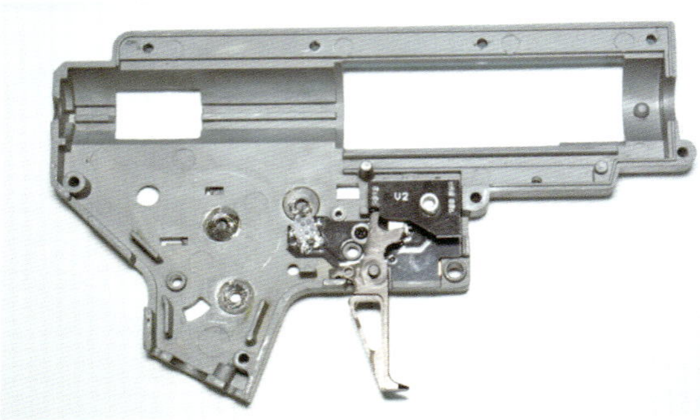

뒤이어 방아쇠의 설치입니다. 이번에는 RETRO ARMS의 스피드 트리거를 사용합니다. 달아놓으면 사진처럼 방아쇠가 전진한 상태로 머물기 때문에 트리거 보드와 닿습니다.

그래서 방아쇠에서 기어박스와 간섭하는 부분을 깎아 여유를 만듭니다. 사진 왼쪽이 가공 전, 오른쪽이 가공 후입니다.

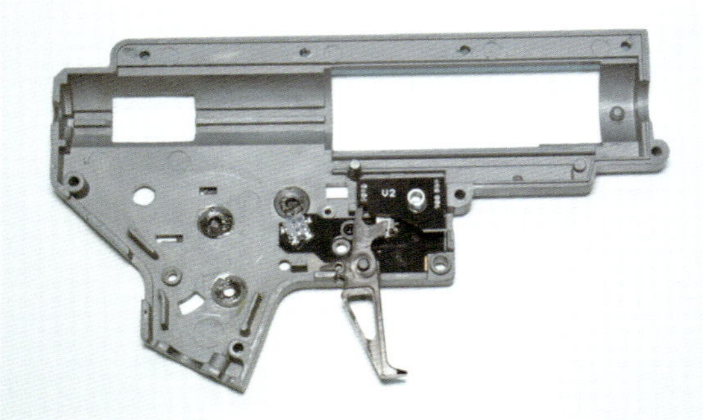

뒤이어 섹터 기어와의 간섭을 점검합니다. BTC의 제품은 섹터 기어의 컷오프 캠에 의해 기어의 회전을 감지하는 방식입니다. 이 부분이 걸리적거리지 않는지, 심 조정 후의 섹터 기어를 장착해 손가락으로 돌려봅니다. 앞뒤 어느 방향으로 돌려도 이상이 없으면 간섭 체크는 끝납니다. 회전 검출 스위치와 섹터 기어의 컷오프 캠에 마모 방지를 위해 아주 옅은 그리스를 발라줍니다.

흡배기 계통의 체크와 조립

노즐과 챔버의 체크, 가공

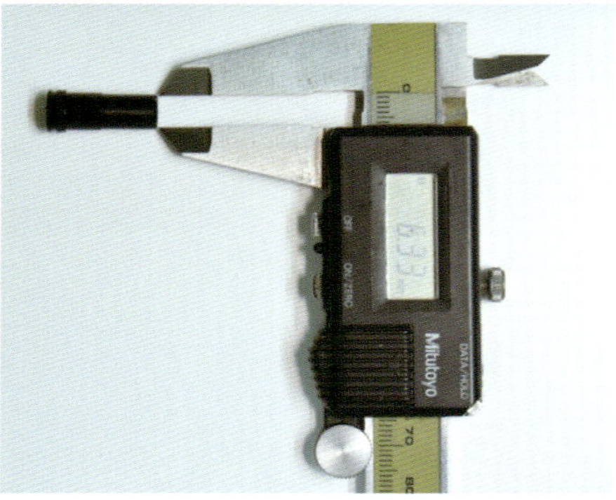

뒤이어 흡배기 계통의 체크와 조립을 실시합니다. 먼저 체크할 것이 노즐의 칫수입니다. 순정 노즐의 경사진 쪽 앞을 측정하면 약 6.33㎜의 외경이 나옵니다. 반면 패킹의 입구는 약 6㎜ 내경으로, BB탄이 부드럽게 통과하기에는 거의 한계 수준입니다. 즉 이 상태로는 노즐이 패킹 입구에서 약간 걸리게 됩니다.

그래서 노즐 앞을 조금 더 깎아 패킹 안쪽에 확실히 들어가도록 조정합니다. 노즐 길이나 챔버 구조, 여유등을 고려해야겠지만 이번에는 경사부 앞쪽을 5.8㎜ 외경, 경사각 60도로 조정합니다.

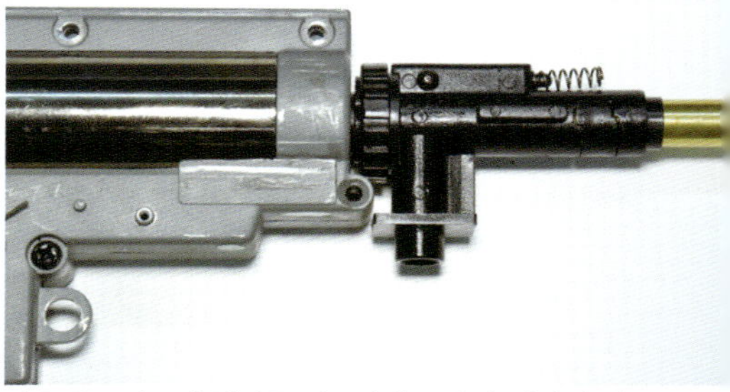

가공 후, 반드시 챔버를 가조립해 노즐이 패킹에 닿는지 체크하니다. 이번에는 문제가 없었지만 만약 닿지 않는다면 노즐 길이를 늘려 그만큼 후퇴량도 많게 하는 등의 대대적인 가공이 필요합니다. 그런 점에서 VFC가 여유롭게 설계했다는 사실을 깨닫게 됩니다.

피스톤의 교환

이번에 피스톤 어셈블리는 RETRO ARMS 제 의 4 Steel teeth piston과 piston head-standard POM 제품으로 바꿉니다. 피스톤 헤드는 POM 수지 절삭가공품으로, 중심부를 유지하기 위한 서브 O링과 기밀유지용의 메인 O링의 2중구조로 된 것이 특징입니다. 덕분에 피스톤 헤드 본체가 실린더와 닿는 것을 막고 윤활유도 확실히 축적되므로 장기간의 운용이 가능합니다. 피스톤은 보강재로 탄소섬유, 윤활제로 몰리브덴을 가공한 나일론을 사용했으며 랙 기어는 풀리는 쪽 톱니 네개가 스틸 절삭+열처리 가공된 강인한 물건입니다.

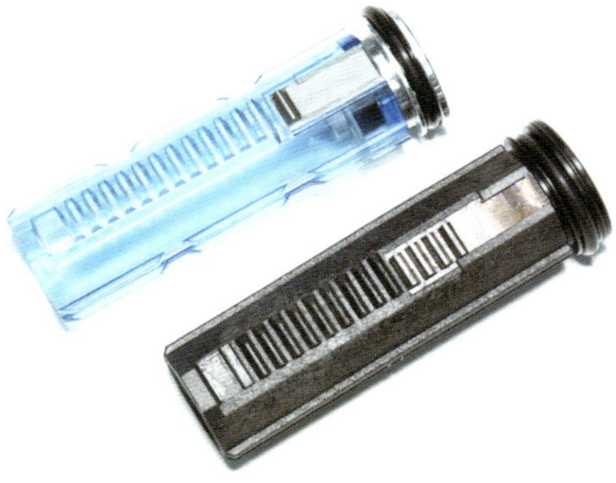

사진 위가 VFC 순정 폴리카보네이트 피스톤과 알미늄 피스톤 헤드, 아래가 이번에 사용한 RETRO ARMS 제 피스톤 어셈블리입니다.
프리 코킹으로 사용할 경우, 피스톤이 후퇴위치에서 머물기 때문에 스프링이 늘 압축된 상태가 되므로 원래보다 강한 부담을 받게 됩니다. 그래서 4개 이상의 금속 톱니가 사용된 피스톤을 장착하면 부담이 가해지는 부분을 금속 톱니가 맡게 되므로 내구성이 크게 향상됩니다.

실린더와 실린더 헤드의 선정 , 설치

VFC 순정품에는 구멍이 없는 풀사이즈 실린더가 장착 되었지만 이번에는 효율 좋은 압축상태를 만들기 위해 가속 실린더를 사용합니다 . 사용한 것은 RETRO ARMS 의 CNC Cylinder Type A 로 , 실린더의 유효 용량은 12.8cc, 가속 거리 30.4 ㎜로 이 회사 실린더 시리즈 중 가장 용량이 작고 가속이 강한 타입입니다 . 이 실린더는 소재가 되는 파이프의 절단과 가속 구멍의 가공에 와이어 방전가공을 사용 , 최대한 소재에 스트레스가 가해지지 않도록 신중하게 가공되었습니다 .

실린더 헤드는 VFC 순정을 사용했습니다 . 실린더에 장착하면 약간 느슨하게 고정되므로 O 링 아래에 밀봉 테이프를 감아 공기가 새지 않도록 틈새를 조정합니다 .
밀봉 테이프는 확실히 O 링 아래에만 들어가게끔 해서 남는 부분은 커터로 깨끗하게 다듬어냅니다 . 이렇게 하면 끊어진 밀봉 테이프가 배럴 안에 들어가는 것을 막을 수 있습니다 .

기어박스의 조립

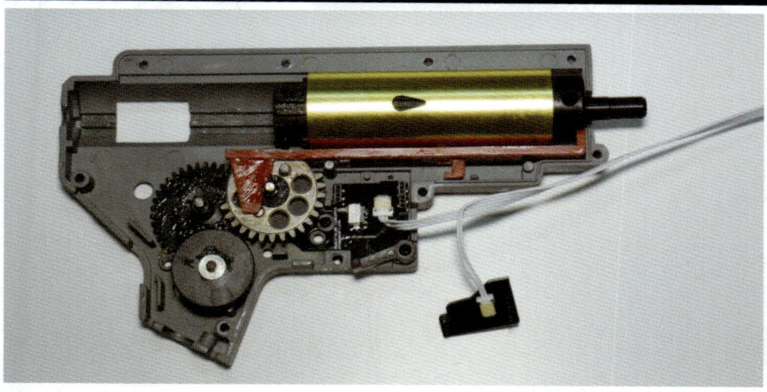

필요한 부품이 다 모였으므로 기어박스를 조립합니다 . 구동계통 , 흡배기 계통의 부품을 조립한 뒤 트리거 보드에 데이터 케이블이라 불리는 , 콘트롤 유닛에 접속하는 얇고 평평한 케이블을 연결한다 . 이 배선은 기어박스와 프레임 측면을 통과하므로 앞쪽으로 배선하는 식으로 배선을 기어박스 앞으로 뽑아냅니다 .

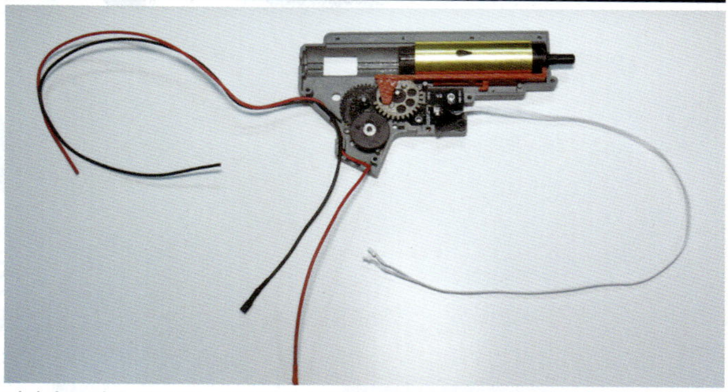

뒤이어 모터로 연결되는 동력선을 설치합니다 . 콘트롤 유닛과 배터리는 고정식 개머리판 안에 들어가기 때문에 이것들은 후방으로 배선하는 식으로 기어박스 뒤쪽으로 뽑아냅니다 . 그 다음은 방아쇠와 메인 스프링을 장착해 기어박스를 닫으면 조립 완료입니다 . 스프링은 순정품을 그대로 씁니다 .

드레스업 1. 조정간 교환

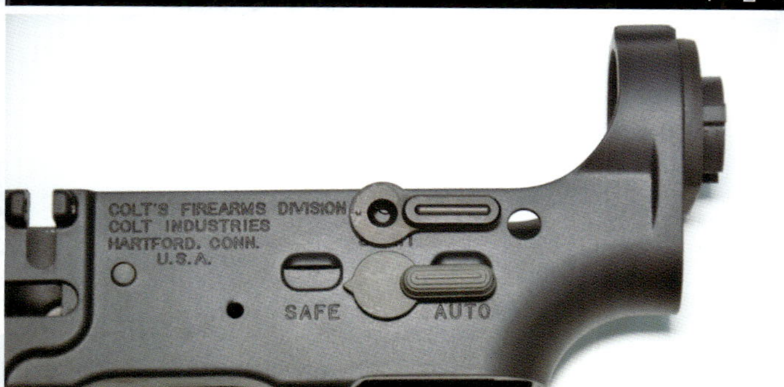

기어박스를 하부 리시버에 조립하기 전에 드레스업 부품 (외관 향상 부품) 을 하나 장착합니다 . 이번에는 조정간 레버를 RETRO ARMS 제의 CNC custom fire selector M4 typeB M size 와 교환하기로 합니다 . 이것은 듀랄루민 절삭가공으로 만든 부품으로 , 순정품에 비해 조금 덜 튀어나온 로 프로파일 타입입니다 .

먼저 하부 리시버 우측면의 커버를 벗깁니다 . Mk.12 Mod.1 의 커버는 수지 제품으로 , 탄력을 통해 구멍에 끼워져 있을 뿐이므로 뒤쪽에서 누르면 간단하게 빠집니다 . 여기서부터 십자 드라이버를 찔러 넣어 조정간 뒤쪽의 고정 나사를 풀어냅니다 .

순정품 조정간을 구성하는 부품들입니다 . 그 중 스프링과 볼은 커스텀 조정간에 이식합니다 .

스프링을 적절한 길이로 잘라 조절해 볼과 함께 하부 리시버에 끼웁니다 . 이 때 스프링과 볼에 그리스를 바르면 움직임이 부드러워질 뿐 아니라 제 자리에 머물기도 쉽습니다 .

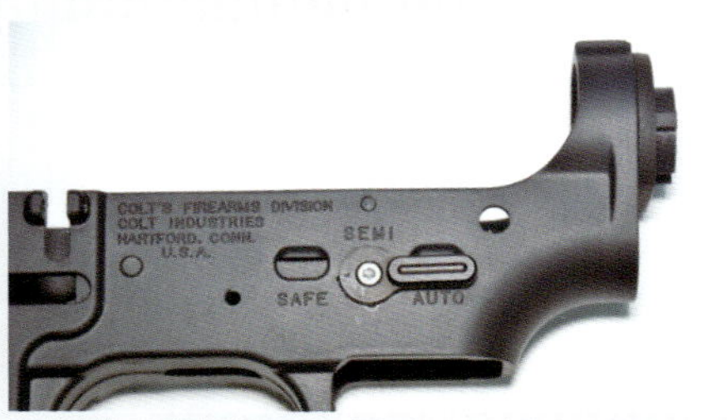

부속품인 조정간 디스크와 함께 하부 리시버에 조립한 상태 . 이 조정간은 고정 나사를 앞에서 조이는 타입으로 , T8 번 토크스 드라이버 (별나사용 드라이버) 를 사용합니다 . 나사는 소량의 나사 고정제 (록타이트) 를 발라 고정합니다 .

하부 리시버의 조립

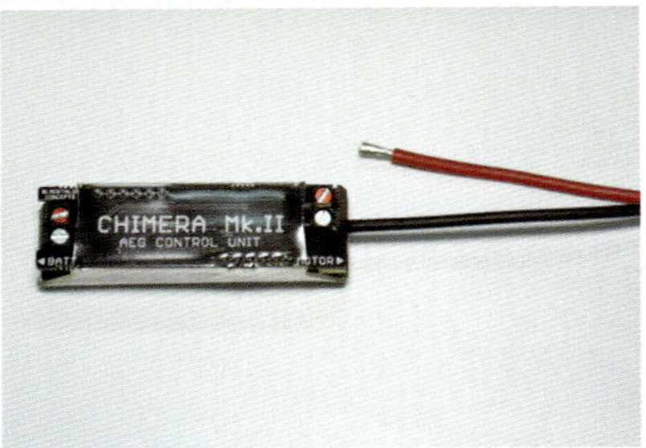

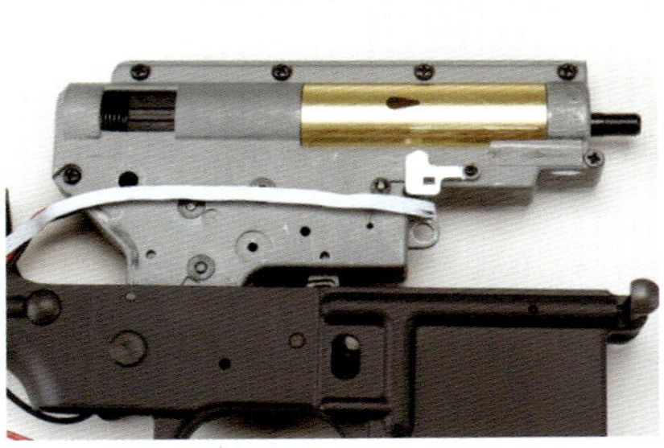

분해 순서의 역순으로 하부 리시버를 조립합니다. 새로운 Chimera Mk.2 가 추가되어있으므로 이들 배선에 주의하면서 설치합니다. 특히 데이터 케이블은 기어박스와 리시버 사이의 좁은 틈으로 끼워지므로 핀이나 기타 다른 부분에 끼워져 망가지지 않게 조심합니다. 마지막으로 고정식 개머리판에 맞춰 배선 길이를 정한 뒤 배선 끝단의 피복을 5 ㎜벗겨 콘트롤 유닛에 끼워넣은 다음 단자대의 나사를 조여 고정합니다. 이 방식 덕분에 납땜 없이 배선이 가능합니다.

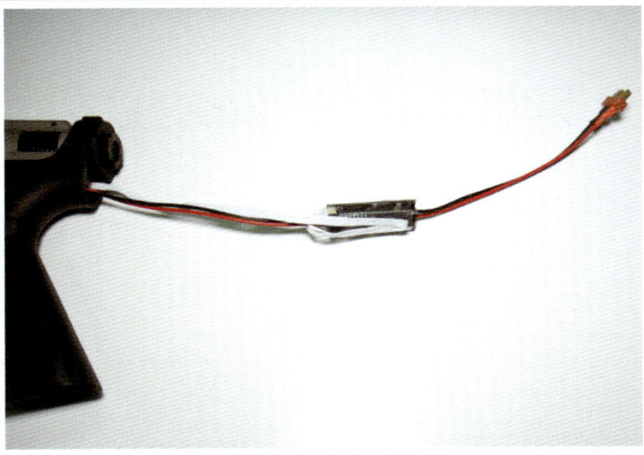

마찬가지로 배터리 케이블, 데이터 케이블도 연결합니다. 데이터 케이블은 길고 대부분의 경우 좀 남기 때문에 열수축 튜브등으로 마무리해야 합니다.

외부 드레스업 : 장전손잡이 래치 교환

보통 전동건에서 기능이 없는 장전손잡이지만 최근에는 이 총처럼 홉업 조절을 위해 장전손잡이를 자주 당겨야 하는 총도 생겼습니다. Mk.12 Mod.1 의 장전손잡이는 실총처럼 대형화되었으나 이번에는 이걸 더 크게 해 좌우 대칭으로 만드는 RETRO ARMS 의 CNC Charging Handle Latch extension for M4 를 설치합니다.

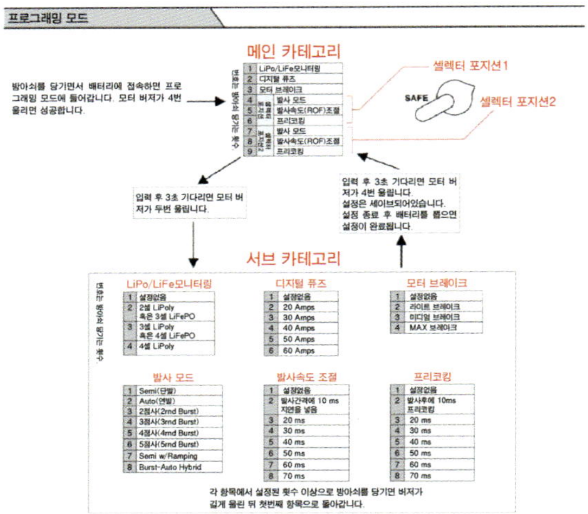

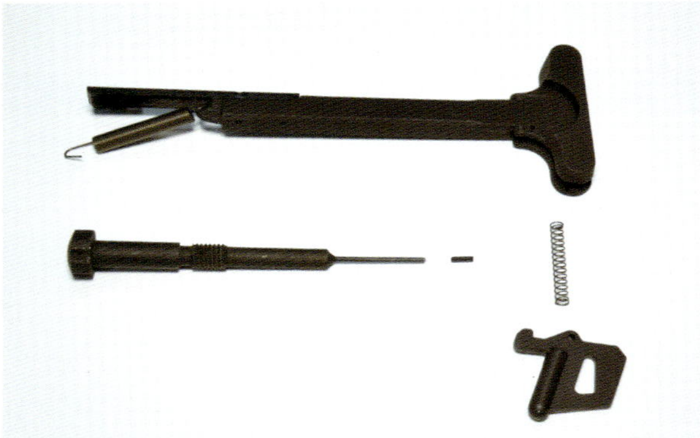

설치는 간단합니다. 정품 래치를 이걸로 바꾸면 됩니다. 먼저 롤핀 펀치로 래치 고정 롤핀을 제거합니다. 스프링이 없어지지 않게 조심합니다. 또 롤핀은 작기 때문에 이것도 잃어버리지 않게 조심합니다.

프로그램 샘플

사격 모드를 "안전-2점사-3점사"로 설정합니다.

1) 방아쇠를 당기며 배터리를 접속, 프로그래밍 모드로 이행합니다.
2) 방아쇠를 4번 당겨 "조정간 위치(셀렉터 포지션) 1 - 사격 모드"를 고릅니다. 3초 뒤, 모터 버저가 2회 울립니다.
3) 방아쇠를 3번 당겨 "2점사"를 고릅니다. 3초 뒤, 모터 버저가 4회 울립니다.
4) 방아쇠를 7번 당겨 "셀렉터 포지션 2 - 사격 모드"를 고릅니다. 3초 뒤, 모터 버저가 2회 울립니다.
5) 방아쇠를 4번 당겨 "3점사"를 고릅니다. 3초 뒤, 모터 버저가 4회 울립니다.
6) 배터리를 떼어내면 프로그래밍 코드가 끝납니다.

팩토리 세팅

방아쇠를 당기며 배터리에 접속해 프로그래밍 모드에 들어가도 5초간 방아쇠를 계속 당기면 모터 버저가 오래 울리며 모든 설정이 디폴트로 리셋되는 "팩토리 세팅"이 실시됩니다.
긴 버저가 울린 뒤 보통의 프로그래밍 모드로 되돌아갑니다.

디폴트 설정
사격 모드= 안전 - 반자동- 자동
LiPo 모니터링, RoF콘트롤, 프리코킹, 모터 브레이크=설정 없음
디지털 퓨즈=60A

이 상태에서 가조립해 각부가 정상 작동하는지 확인한 뒤 프로그램 모드를 통해 프리코킹 설정을 하면 사진처럼 피스톤이 릴리즈 직전까지 후퇴해 멈춥니다. 먼저 가공한 배럴을 끼우고 가조립해 각종 BB 탄의 초속을 체크합니다.

분해와 역순으로 조립하면 완성됩니다. 래치에는 커다란 미끄럼 방지판이 있으며 좌우 어느 손으로도 조작 가능해 조작성이 매우 높습니다.

커스텀 후의 성능측정

이렇게 커스텀을 끝냈습니다. 그러면 각종 데이터를 측정해 커스텀 전과 비교합니다.

탄속

BURST BULLET0.2g

홉업 상태	1	2	3	4	5	최대치	최소치	고저차	평균	J 값
최소	92.03	92.03	92.59	92.37	92.58	92.59	92.03	0.56	92.32	0.85
적정	91.21	91.69	91.99	91.94	91.49	91.99	91.21	0.78	91.66	0.84

BURST BULLET0.25g

홉업 상태	1	2	3	4	5	최대치	최소치	고저차	평균	J 값
최소	81.13	81.39	81.95	82.06	81.61	82.06	81.13	0.93	81.63	0.83
적정	80.77	81.34	80.89	81.06	80.78	81.34	80.77	0.57	80.97	0.82

도쿄 마루이 슈피리어 바이오탄 0.28g

홉업 상태	1	2	3	4	5	최대치	최소치	고저차	평균	J 값
최소	75.09	75.49	75.40	75.06	75.49	75.49	75.06	0.43	75.31	0.79
적정	71.52	71.95	71.34	71.30	71.95	71.95	71.30	0.65	71.61	0.72

사용 탄속계 : CHRONY M1　　측정시 기온 : 19℃

이것이 커스텀 뒤의 탄속입니다. 약한 홉업에서의 탄속은 커스텀 전이 약간 높았으므로 좀 저하됐지만, 적정 홉업에서의 탄속은 커스텀 후가 크게 높아져 약한 홉업과 적정 홉업 사이의 J 값 변동이 적어졌습니다. 이것은 가속 실린더 채택으로 BB 탄에 전해지는 압력을 얻기 쉬워진데다 각 부분의 기밀성이 높아져 공기 누설이 크게 줄어들었기 때문입니다. 그리고 적어진 실린더 용량으로도 충분히 가속될 수 있도록 배럴 길이도 조절되어 최종적으로 이런 식의 탄속 세팅이 가능해졌습니다. 홉업을 걸었을 때의 탄속이 확보되었으므로 유효사정은 크게 늘어났습니다.

탄착군

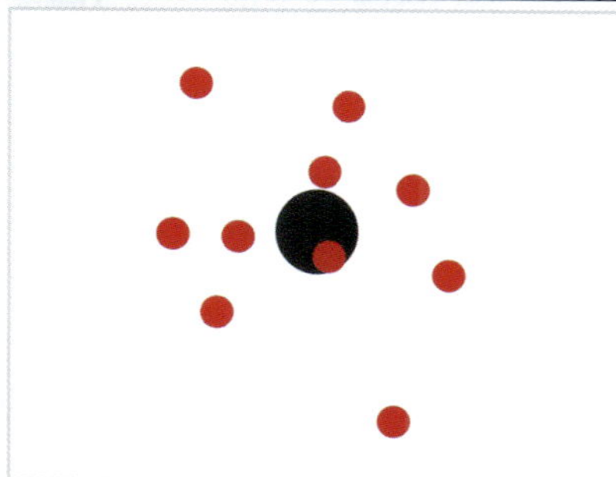

구입 직후의 테스트와 같은 조건으로, 실내 30m 에서 10 발 x3 회의 CTC 탄착군을 측정합니다. 결과는 1 회차 200 ㎜, 2 회차 187 ㎜, 3 회차 200 ㎜, 평균 195.67 ㎜가 되었습니다. 도쿄 마루이 차세대 전동건인 HK417 이 190~200 ㎜정도로, 거의 차세대 전동건과 같은 수준의 탄착군이 나옵니다. 인체형 표적에서라면 거의 헤드샷이 가능합니다. 이것은 배럴 고정의 강화와 노즐 앞부분의 형태변경에 의해 폐쇄가 부드러우면서도 확실하게 이뤄진 결과입니다. DMR 로 충분히 쓸 수 있는 수준입니다.

반응성의 향상

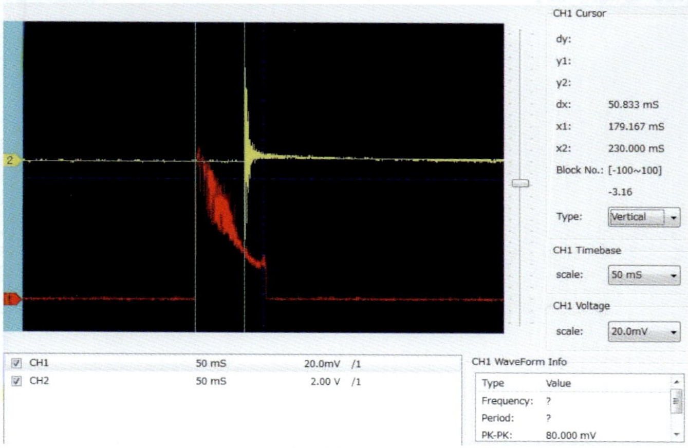

전자제어에 의한 사이클 타임이 어떻게 변했을까요? 여기서도 같은 조건으로 데이터를 측정합니다. 결과는 50.833ms(0.050833 초) 로, 약 35% 단축했습니다. 방아쇠를 당긴 뒤 탄이 나갈 때 까지의 간격이 확실히 줄었습니다.

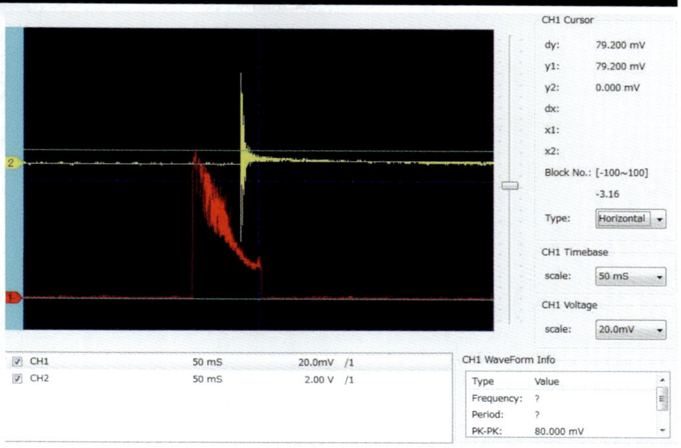

반면 단점도 있습니다. 커스텀 전에 50.8A 였던 돌입전류가 커스텀 후의 프리 코킹에 의해 79.2A 까지 늘어났습니다. 이것은 피스톤 후퇴위치를 릴리즈 직전까지 당겼기 때문에 스프링이 계속 압축된 상태가 되었기 때문으로, 그만큼 모터 시동의 부하가 커졌기 때문입니다. 커스텀 전에 비해 모터가 약간 뜨거워졌습니다.
이것을 해소하려면 토크 기어를 사용해 모터의 부담을 줄이는 방법등이 가능하겠지만, 어쨌든 성능향상의 기브앤 테이크는 있는 셈입니다.

완성

이처럼, 이번에는 외관은 거의 바꾸지 않고 내부를 대대적으로 고쳤습니다. 하지만 몇몇 부분을 고치니 성능이 극적으로 좋아졌습니다. 확실히 데이터를 수집해 숫자로 비교하는 것이 중요합니다. 이 기사가 커스텀의 참고가 된다면 다행입니다.

다나카

M40A1 AIR 베이스 M700 커스텀

이시오카 다이키

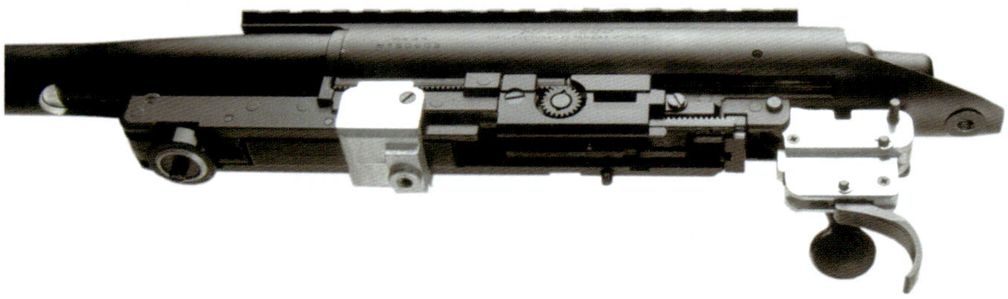

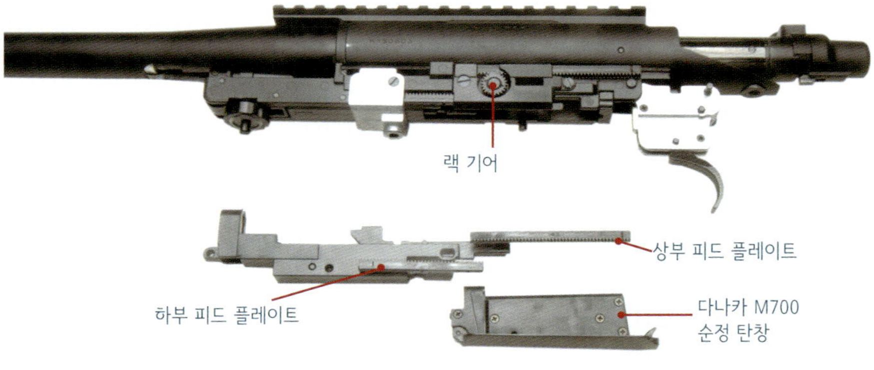

뒤이어 소개해드릴 것은 2014 년 5 월에 다나카에서 발매된 에어코킹식 M40A1 AIR 를 베이스로 만든 M700 커스텀입니다.
이것은 발매와 동시에 구입한 M40A1 을 베이스로 만든 총으로, 제가 서바이벌 게임 및 사격경기에 애용하고 있습니다. 원래 거칠게 다루게 되는 서바이벌 게임과 신경질적으로 주변 환경에 신경쓰는 사격경기는 각각 다른 총을 쓰게 마련이지만 저는 어디에도 쓸 수 있는 내구성과 성능을 겸비한 총을 만들겠다고 생각해 이런 "듀얼 롤 기종" 을 만들기로 했습니다.
사용한 스코프는 사이트론 저팬으로부터 빌린 사이트론 S III, 6~24 배입니다.

베이스 총기, 다나카 M40A1 AIR

다나카 M40A1 AIR 는 매번 노리쇠를 당겨 스프링을 압축해야 하는 에어코킹식입니다. 이 방식은 BB 탄만 있으면 인력으로 몇발이건 발사가 가능하며, 구조가 비교적 단순해 내부에 손대기가 쉬운 편입니다.
이 총을 이번 커스텀의 기본으로 잡은 이유는 두가지입니다. 하나는 급탄기구의 우수성, 또 하나는 액션부의 구성입니다.

에어코킹식의 볼트액션은 긴 실린더 덕분에 챔버 위치가 실총보다 앞에 위치하고 스톡의 포어엔드 부분에 탄창이 있는 경우가 많아 외관이 망가질 뿐 아니라 원래 없던 위치에 커다란 구멍이 뚫리면서 스톡의 내구성에 영향이 갑니다. 또 위장을 실시하거나 바이포드(양각대), 개머리판등을 달 때 탄창이 간섭해 그만큼 제약을 받습니다.

이 총은 급탄기구로 피스톤의 후퇴 - 전진 스트로크를 잘 활용해 랙 기어와 피드 플레이트를 움직여 탄창에서 BB 탄을 앞쪽의 챔버로 이동시키는, 다나카 독자의 급탄기구를 채택했습니다.

그 덕분에 실총은 원래 내장식 탄창을 쓰지만 약간 개량해 실총 탄창 자리에 탈착식 탄창을 배치하는데 성공, 외관은 건드리지 않고 확실한 급탄이 가능해졌습니다.

또 하나의 이유는 액션의 구성으로, 이 총은 급탄기구와 챔버가 리시버에 집약되어 완결된다는, 다른 볼트액션형 에어소프트건에는 없는 독자 구조로 되어있습니다.

그 때문에 아주 컴팩트한 기관부가 되었고, 특히 배럴 밑동 주변부터 총구까지는 일체의 구조물이 존재하지 않아 다양한 스톡을 선택할 수 있게 되었습니다.

이처럼 여려가지 면에서 우수한 반면, 아직 비교적 새로운 기종이라 타 업체에서 발매한 커스텀 부품이 별로 없고, 그 때문에 커스텀 작업도 자작 부품에 상당부분 의존해야 한다는 불편함이 있습니다.

하지만 지금까지 없던 매력이 숨어있기 때문에 이것을 베이스로 재미있는 커스텀을 만들 수 있습니다. 그러면 간단하게 각 부분을 소개해볼까요?

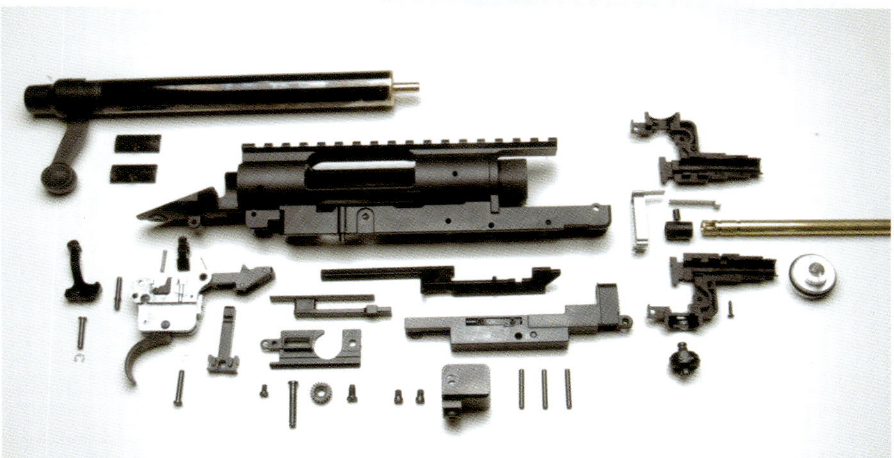

작동 부위의 완전분해

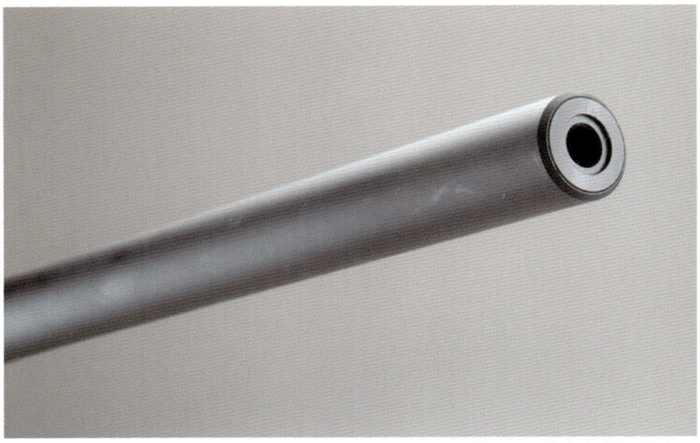

배럴은 순정품을 베이스로 18 인치까지 자른 뒤 앞부분에 각종 액세서리를 붙일 수 있도록 M14xP1.0 역나사를 깎습니다. 여기에 VFC OPS SPR 소염기를 장착합니다. 형태는 M24A2 의 축소판을 염두에 두고 작업합니다.

소음기는 소염기에 대응하도록 VFC OPS 12th SPR 소염기를 장착합니다. 이 소염기는 원래 5.56 ㎜용으로, 7.62 ㎜용 제품은 아니지만 이 정도는 애교로 넘어가지요. 또 소음기에는 HYPE DEFINITION 사의 PennCott GreenZone 위장무늬

500D 원단으로 제작한 커버를 장착합니다. 에어소프트건이니 효과는 없지만, 소음기에서의 열을 마기 위한 유리섬유제 단열재를 소염기 주변에 감싼 뒤 이 커버로 고정합니다.

이 배럴에는 또 하나의 중요한 역할이 있습니다. 다나카 M40A1 AIR 는 급탄 기구의 구조 때문에 아우터 배럴 아래에 큰 홈이 파여있어 리시버와 결합하는 나사쪽까지 이어져 있습니다. 이 때문에 강하게 나사를 조일 수 없고, 배럴과 리시버의 결합 강도가 약해져 있습니다. 만약 아우터 배럴이 휘어있는 경우, 탄착군이 크게 악화될 가능성이 있습니다. 여기서 그 대책으로 긴 레일을 사용해 리시버에 아우터 배럴을 나사로 고정하는 방법을 채택했습니다. 사용한 것은 AVALON 제의 MARS 레일입니다. 원래 도쿄 마루이 VSR-10 혹은 다나카 가스 볼트액션 M700 시리즈용으로 만들었지만 탈착용 나사의 길이만 조절해 M40A1 AIR 에도 쓸 수 있습니다.

먼저, 아우터 배럴과 MARS 레일을 각각 리시버에 조합합니다. 원래 MARS 레일은 리비서와 간섭하지 않는 프리 플로팅 레일입니다. 이것을 실총의 액션과 스톡 사이를 밀착시키는 베딩 기법과 같은 요령으로 퍼티로 배럴과 MARS 레일 사이의 빈 틈을 메꿔 확실히 밀착시킵니다. 이 때 분해가 가능하도록 아우터 배럴에 그리스를 발라 완전히 달라붙지 않게 합니다. 서로의 위치가 결정되면 MARS 레일과 아우터 배럴을 연결하기 위해 M4 6 각 볼트용의 구멍을 동시에 가공해 뚫습니다. 그 뒤 일단 분해해서 아우터 배럴쪽의 리시버와 결합되는 부분의 나사를 선반으로 깎아 없앱니다. 이것으로 리시버에 나사로 고정하는 게 아니라 끼워 넣어 고정하는 방식으로 바뀝니다.

마지막으로, 아우터 배럴 안에 M4 커트를 넣은 뒤 위치를 정하면 MARS 레일과 결합해 마치 BLASER R93 처럼 배럴에서 마운트베이스가 뻗어나오는 형태가 됩니다. 이렇게 해서 아우터 배럴과 리시버는 MARS 레일을 리시버에 고정하기 위한 M3.5 나사 4 개를 통해 단단하게 고정됩니다.

노리쇠 주변의 커스텀

다나카 M700 계의 볼트 핸들은 실총과 비교해도 똑같은 매우 높은 수준의 재현성을 가지고 있습니다. 하지만 조작성을 향상시키기 위해 장전손잡이 끝을 잘라 대형 커스텀 노브로 교체했습니다. 따라서 코킹의 조작성이 좋아졌습니다만, 건 케이스에 넣을 때에는 파손되지 않도록 주의가 필요합니다.

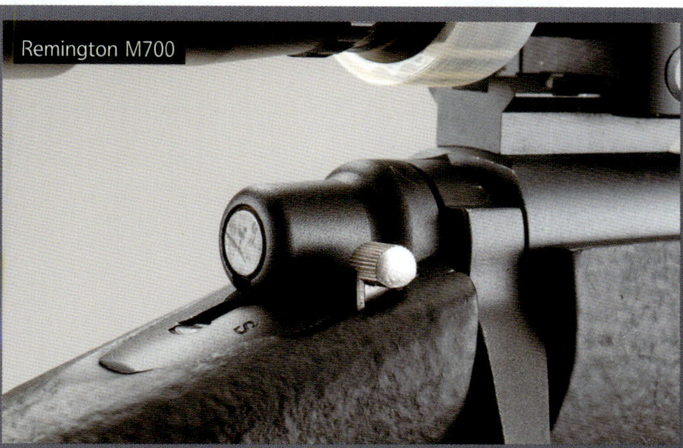

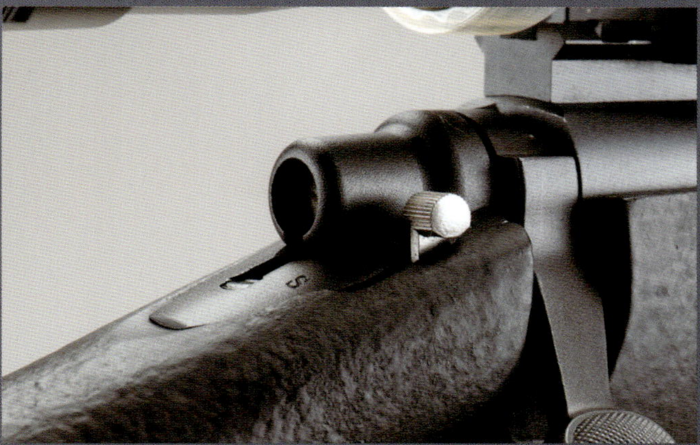

한 가지 더, 커스텀은 코킹 인디게이터가 작동합니다. 이 부분은 상당한 개조 작업이 필요합니다.
다나카 M40A1 AIR는 코킹 인디게이터에 해당되는 부품이 없으며 단순히 육각캡 볼트로 볼트 핸들이 고정되어 있을 뿐입니다. 실총은 스트라이커가 걸리면 후부에 인디게이터가 튀어나와, 트리거를 당기면 전진합니다. 코킹 인디게이터의 부품을 같은 다나카의 가스 볼트액션 M700으로부터 이식하기 위해 길이를 맞춥니다. 단순한 구조이지만 스프링 가이드와 고정 볼트 등의 개조 작업이 필요합니다. 연결 로드와 스프링 등은 새로 만들어서 추가합니다.
그 결과 실총과 마찬가지로 볼트를 마지막으로 당기면 코킹 인디게이터가 튀어나오며 발사와 동시로 원상태로 돌아가는 구조를 재현해 냈습니다.

스톡 교환

Tanaka M40

H-S 프리시전 PST-007. PST-006 에 가동 칙피스를 단 모델입니다.

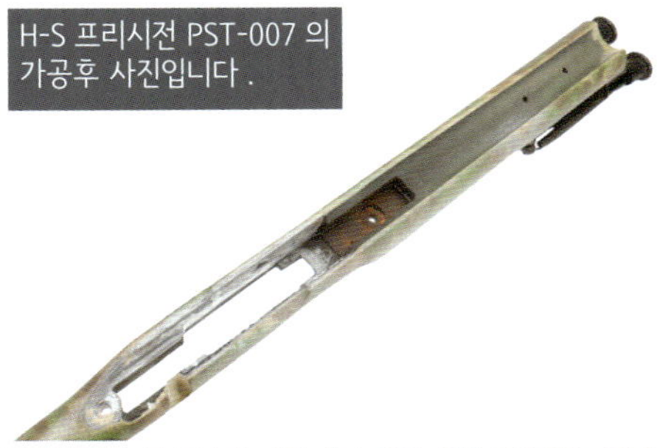
H-S 프리시전 PST-007 의 가공후 사진입니다.

또 하나, 손이 많이 가는 부분이 스토크와 버텀 메탈 (방아쇠울) 의 교환입니다. 스톡은 H-S Precision 의 PST006 을 입수했기 때문에 쓰기로 했습니다. 다만 실총용이라 그대로 다나카 액션을 끼울 수는 없습니다. 그래서 주로 급탄 루트가 들어갈 홈을 새로 깎는 가공을 했습니다.
H-S 프리시전의 스톡은 알미늄제 블록을 카본 섬유를 섞은 수지 안에 넣어 가공한 물건으로, 얼핏 수지제 스톡처럼 보이지만 안쪽에 큰 금속 블록이 들어있습니다.
물론 이번 가공에서도 이 금속 블록과 간섭하기 때문에 소형의 공작기계로는 꽤 힘든 작업이 됐습니다.
참고 링크 : H-S Precision PST006 스톡
https://www.hsprecision.com/shop2/index.php/stocks/remington/ pro-series-tactical-remington/pst006.html

버텀 메탈의 교환

Tanaka M40

ATLAS WORXS 제 Remington M700 쇼트액션용의 버텀 메탈과 다나카 M24 용 순정 탄창.

참고 : 레밍턴 M700, H-S 프리시전제 탈착식 탄창 개조 키트 (구형)

버텀 메탈은 다나카 순정 A.I.C.S. 용 40 연발 탄창을 사용할 예정이라 박스형 탄창에 대응할 것이 필요합니다. 그래서 오스트레일리아의 ATLAS WORX 에서 만든 Remington M700 쇼트액션용 버텀 메탈 키트를 입수했습니다. CNC 절삭으로 만들어 실총에 일반적인 M700 A.I.C.S./AI 타입 탄창을 쓸 수 있습니다. 다나카도 M700 A.I.C.S. AIR 를 발매했으니 그 탄창을 그대로 쓸 수 있지 않을까 생각했습니다. 하지만 다나카 A.I.C.S. 용 탄창은 실총 탄창보다 뒤쪽이 약간 두꺼워 그대로는 버텀 메탈에 끼울 수 없습니다. 그래서 버텀 메탈 안쪽을 최대한 깎았습니다.
그 결과 두께가 크게 줄어 힘을 주기 어려운 부분이 되어버렸습니다. 또한 버텀 메탈의 일부가 방아쇠와 간섭하므로 이 부분도 깎아냅니다. 이 버텀 메탈은 순정품에 비해 두께가 있으므로 스톡 쪽도 약간 깎아 미세 조정을 합니다.
다행히 다나카 M40A1 AIR 의 베딩 나사 위치는 실총과 완전히 같으므로 버텀 메탈의 구멍을 새로 뚫을 필요는 없습니다. 다나카 순정품 버텀 메탈이 가공 없이 PST006 스톡에 끼워질 정도입니다. 액션과 조합해보면 그대로는 탄창의 급탄구가 필요한 위치에 닿지 않아 탄이 급탄되지 않으므로 탄창 케이스와 탄창 내부의 사이에 스페이서를 끼워 조금 튀어나오게 하는 것으로 해결했습니다.
마지막으로 고강도 에폭시 접착제인 JB 웰드를 사용, 액션과 스톡 사이를 글루 베딩 (접착제로 밀착시키는 작업) 합니다. 하지만 에어소프트건의 액션은 급탄기구나 방아쇠 기구가 액션 아래의 대부분을 차지하므로 측면의 틈을 약간 메우는 효과밖에 없습니다.
그리고 전체를 조립한 뒤 PennCott GreenZone 위장을 떠올리며 전체에 위장 도색을 실시합니다.

멜빵

멜빵은 BLACKHAWK 의 KUDU STRETCH SLING 을 사용합니다 . 전체가 신축성 소재로 , 오랫동안 메어도 어깨에 부담을 적게 줍니다 . 서서쏴 자세에서 멜빵을 팔에 감아 총을 고정할 경우 , 신축성 소재이므로 본의 아니게 총이 흔들릴 수 있다는 단점은 있습니다 .

스톡 파우치

스톡 파우치는 EAGLE 제품을 사용합니다 . 오랫동안 모습이 보이지 않아 절판된것 아닌가 생각했습니다 . EAGLE 제품은 타사 제품보다 뺨 대는 부분의 소재가 가늘어 미끄러짐 방지효과도 좋고 감촉도 좋아 마음에 듭니다 . 주머니에는 예비탄창 하나가 들어갑니다 . 바깥쪽의 신축성 밴드에 모의탄을 끼워넣어 분위기를 낼 수도 있지만 , 밖에서 쓰다가 분명 없어지기 쉬우므로 오랫동안 여기에 아무것도 끼우지 않고 있습니다 .

바이포드 (양각대)

양각대는 익숙한 HARRIS 의 HBRS 를 멜빵고리에 끼웁니다 . 다리 길이는 6 인치에서 9 인치까지 조절됩니다 . 사격경기에서 , 혹은 영점 잡을 때 장착하고 서바이벌게임 필드에서는 걸리적거리므로 떼어냅니다 .

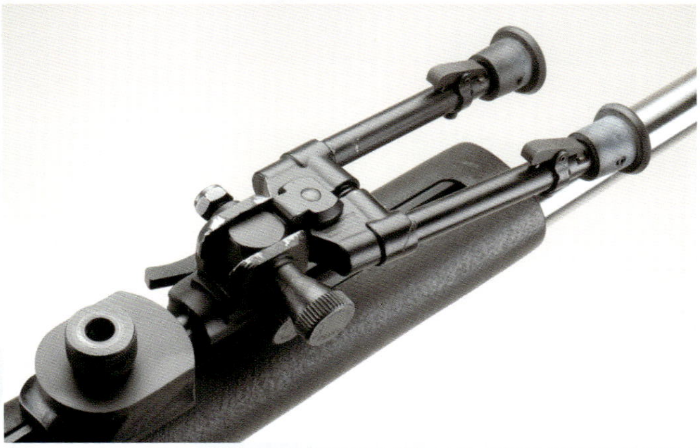

실총에 장착한 것은 Versa Pod Model 51 입니다 . 스톡 아래에 프리랜드형 레일이 달려있어 여기에 자유롭게 앞뒤로 이동할 수 있는 핸드 스톱을 이용해 장착합니다 .

30m 실사성능

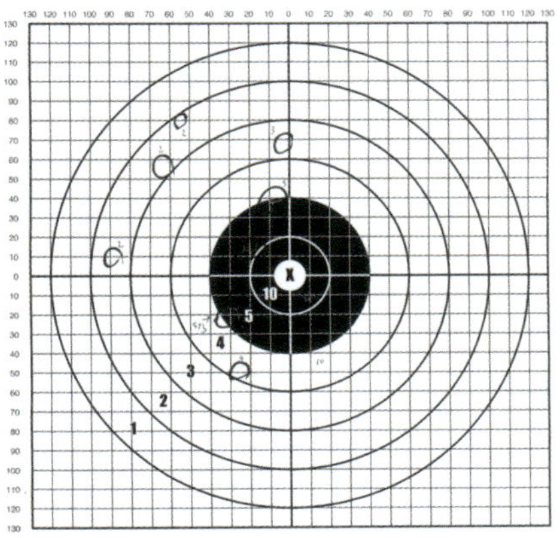

탄착군 109mm

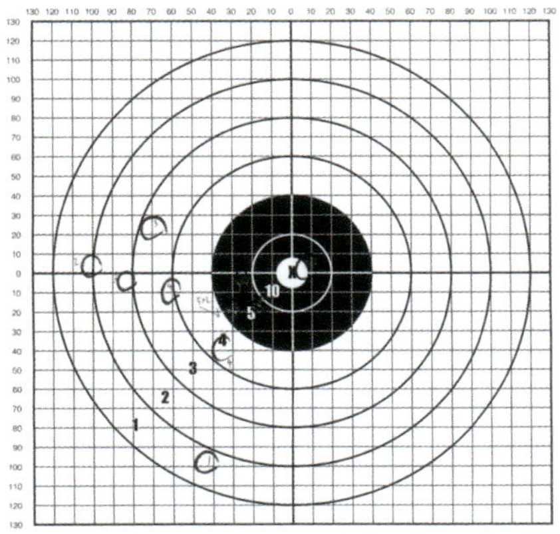

탄착군 127mm

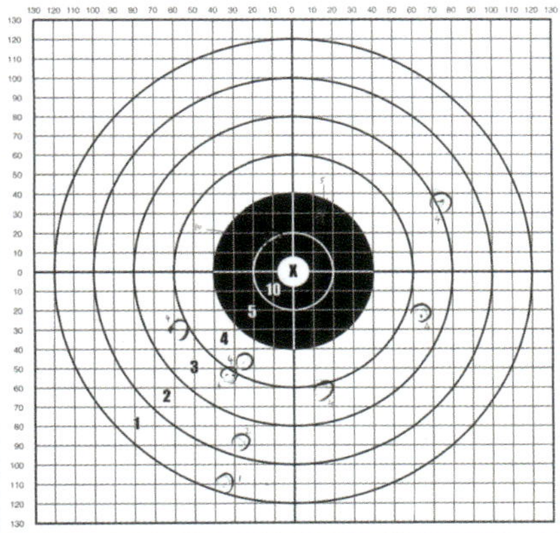

탄착군 147mm

여기서 탄착군을 점검합니다 . 표적의 크기는 가로세로 250 ㎜입니다 . 검은 점의 지름은 76 ㎜ . 기본형 M40A1 이 30 ㎜에서 10 발 x3 회 탄착군이 200 ㎜정도인 반면 커스텀한 뒤에는 134.7 ㎜정도로 탄착군이 크게 줄었습니다 (사용탄은 GALLOP 0.3g 바이오 BB 탄).

30m 의 거리에서 10 발 x3 회의 평균 탄착군을 재는 30m 챌린지에서 하나의 지표는 평균 150 ㎜라는 숫자로 , 이 수치를 지속적으로 달성하는 것이 하나의 목표입니다 . 이 M700 커스텀은 , 지표의 숫자는 통과했지만 가끔 엉뚱한 곳에 날아가는 탄이 있어 아직 안정되었다고 하기는 힘듭니다 . 앞으로 더욱 성능을 향상시켜 안정된 시스템을 구축할까 합니다 .

이번에 만든 M24 커스텀. MARS 레일을 장착한 덕에 좀 굵어보입니다. 스코프는 빌린 물건이라 색은 칠하지 않았지만, 원래는 장착된 스코프도 위장도색을 칠합니다. 다만 그럴 때 다이얼까지 칠하면 숫자가 읽히지 않으므로 이 부분을 가려서 도색합니다.

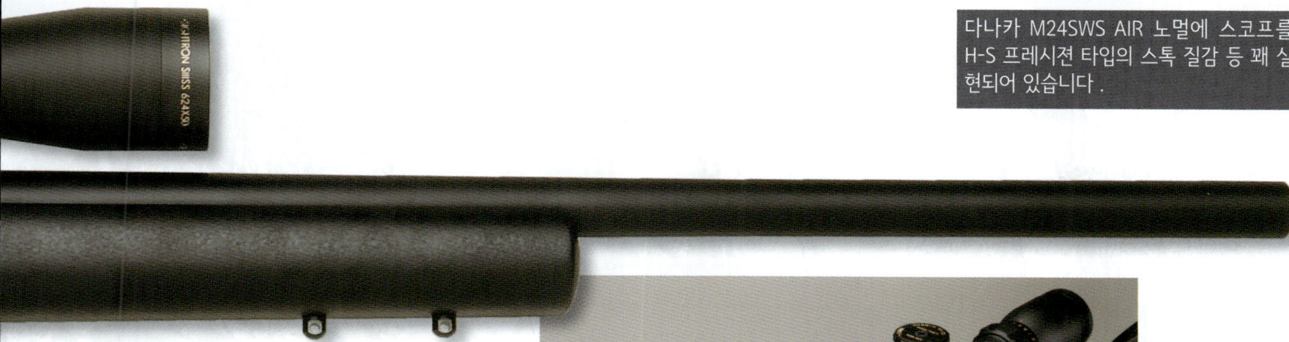

다나카 M24SWS AIR 노멀에 스코프를 장착한 상태. H-S 프레시전 타입의 스톡 질감 등 꽤 실물에 가깝게 재현되어 있습니다.

사이트론 저팬에서 빌린 사이트론 SIII, 6~24 × 50LRMD 스코프. 10m 에서 패럴랙스 보정이 가능하므로 에어소프트건에 장착해도 정확한 영점조절이 가능합니다.

M24 에 가까운 사양의 실총 M700 을 주변에서 입수하지 못해 그나마 가까운 사양을 준비했습니다. 스톡은 PST-008 로, 칙패드 가동식의 프리랜드 레일 사양입니다. 배럴로는 미 실렌사의 셀렉트 매치 그레이드 #8 헤비 불 배럴(굵고 무거운 총열)이 쓰였으며 길이를 22 인치로 줄였습니다. 스코프는 March-F, 3~24 × 42 ㎜.

다나카의 M24 SWS AIR 나 M700 폴리스 AIR, M40 AIR, M40A1 AIR 등은 이런 형태의 마운트 베이스가 장착됩니다. 오른쪽은 배저 오드넌스제 M700 쇼트액션용 20 MOA 1005-306-06. 다나카의 마운트 베이스는 아마도 이것을 기본으로 디자인 했을겁니다. 다만, 다나카 제품이 약간 깁니다.

다나카

M700 A.I.C.S. AIR 커스텀

이시오카 다이키

이 커스텀은 마츠오 암스 매거진 부편집장의 요청으로 커스텀한 제품입니다. 이번에는 실총 AICS와의 비교를 위해 가져왔습니다.

이 커스텀을 만들기 위해 마츠오 부편집장은 "아우터 배럴을 짧게 하고, 시판 소음기나 총구 액세서리를 붙일 수 있게 해 달라" 는 요청 하나만 하고 나머지는 알아서 하게 했습니다. 앞서 언급했듯 탄착군은 이미 우수하기 때문에 아우터 배럴을 단축하고 배럴의 흔들림을 막는 고정을 하기로 했습니다.

AICS는 아우터 배럴 길이가 24인치(610㎜)이지만 실제 AICS의 인너 배럴은 320㎜로, 아우터 배럴의 앞부분까지는 길다란 슬리브로 되어있습니다. 따라서 아우터 배럴을 잘라도 실사성능에 별 차이는 없습니다. 그래서 인너 배럴은 그대로 두고 아우터 배럴을 210㎜정도 잘라냅니다.

이 때는 선반으로 붙잡고 절단, 절단면을 깎아 깨끗하게 다듬은 뒤 A6063 알미늄 소재로 M14 P1.0 역나사를 판 어댑터를 제작, 이 어댑터로 인너 배럴을 고정한 다음 어댑터를 중심을 맞춰가며 아우터 배럴에 접착합니다. 아우터 배럴을 잘라내는 것 만으로도 꽤 어려운 작업이 됐습니다.

또 배럴의 고정은 실총이야 어쨌든 에어소프트건에서 프리 플로팅으로 할 필요는 없으니 보통의 M700 AIR나 M40 AIR도 스톡과 배럴 사이에 에폭시계 퍼티로 베딩을 하면 좋다고 생각합니다. 이 때, 배럴과 에폭시 퍼티가 완전히 들러붙지 않도록 그리스를 바르는 것을 잊으면 안됩니다.

이 커스텀을 사용해 30m에서의 탄착군을 측정해보니 결과는 150㎜, 161㎜, 172㎜(평균 161㎜)가 나왔습니다.

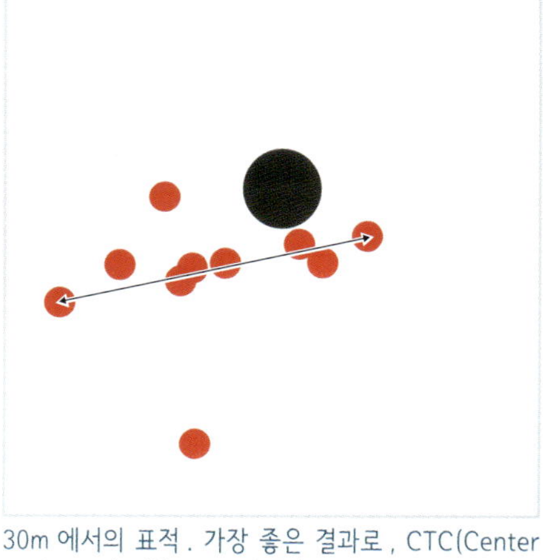

30m에서의 표적. 가장 좋은 결과로, CTC(Center to Center) 기준 15㎜입니다.

다나카 M700 과 실총 M700 장전손잡이의 움직임 비교 . 실총은 쇼트 액션이지만 다나카쪽이 조금 짧게 움직여 코킹됩니다 . 실총의 노리쇠는 레밍턴 순정품이 아니라 David Tubb 의 커스텀 제품입니다 .

총구에 MADBULL 사의 NOVESKE 타입 KA3 을 장착했습니다 . 이것도 마츠오 부편집장의 선택입니다 . 실총용의 KA3 은 5.56 ㎜뿐 아니라 6.8 ㎜나 7.62 ㎜사양도 존재하므로 M700 AICS 에 장착해도 이상하지는 않습니다 .

양각대는 올 스틸제의 영국 파커 헤일 PHBIS 입니다 . 장착에 필요한 AI 사양의 스피곳 (장착 막대) 는 미국제 Versa Pod 150-808 을 사용했습니다 . 이 스피곳은 다나카 M700 에도 개조 없이 장착 가능합니다 .

다나카 M700 A.I.C.S. AIR Green 에 스코프를 장착한 상태입니다 .

다나카 M700 A.I.C.S. 의 배럴을 짧게 자른 뒤 사이트론 SS6~24x50LRMD 스코프를 얹은 상태입니다 .

실총 M700 에 AICS 스톡을 장착한 상태 . 이것도 총열은 실렌의 셀렉트 매치그레이드 #8 헤비 불 배럴을 20 인치까지 줄인 것입니다 . 스코프는 나이트포스 NXS 5.5~22 × 50 ㎜ .

다나카 AICS 의 스톡 사이드 패널입니다 . 오른쪽 페이지의 실물 사이드 패널과 비교하시기 바랍니다 .

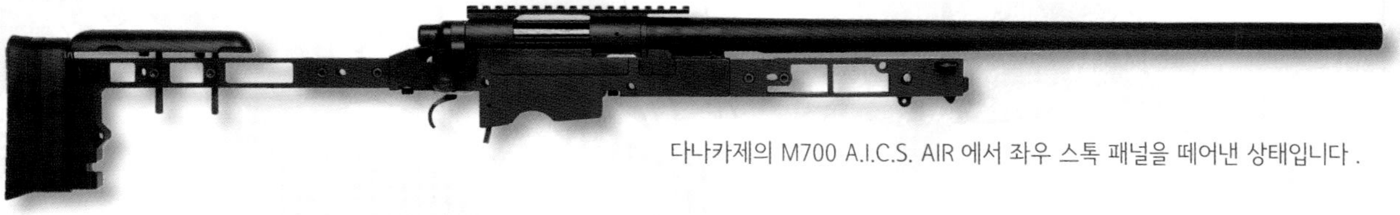

다나카제의 M700 A.I.C.S. AIR 에서 좌우 스톡 패널을 떼어낸 상태입니다 .

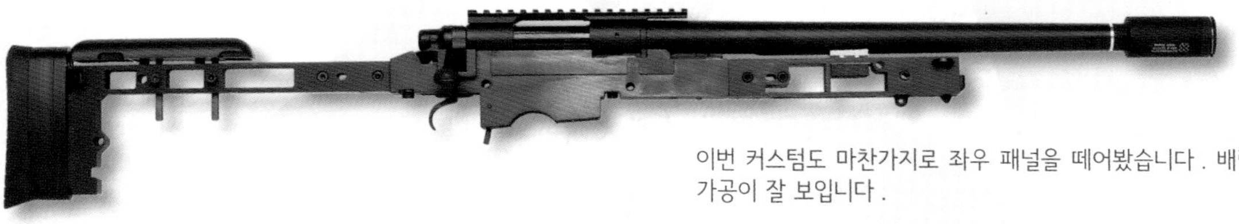

이번 커스텀도 마찬가지로 좌우 패널을 떼어봤습니다 . 배럴 흔들림 방지용 가공이 잘 보입니다 .

실총도 마찬가지로 패널을 떼었습니다 . AICS 의 형식이 조금 다른데 , 이것은 칙패드가 고정식입니다 . 다나카제 AICS 는 섀시 형태가 약간 다르지만 매우 비슷합니다 . AICS 는 Accuracy International Chassis System 의 약자입니다 .

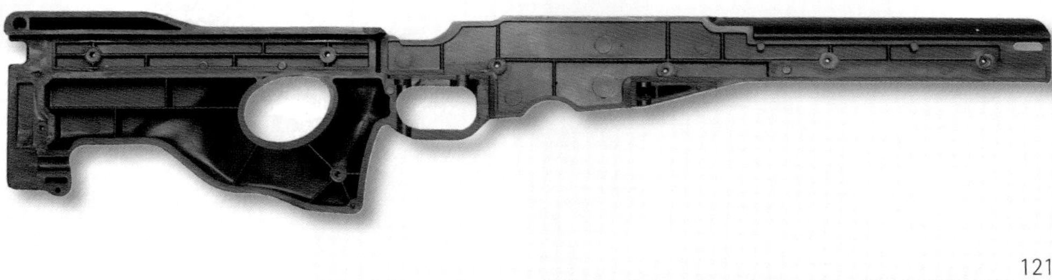

실총 AICS의 스톡 사이트 패널입니다. 안쪽의 몰드 형태까지 다나카 AICS 에서 정확히 재현했음을 알 수 있습니다. 스톡 후방 위쪽의 형태가 다른 것은 칙피스 고정식이기 때문입니다 .

에어소프트건의 명중률에 가장 중요한 요소 BB탄

이시오카 오오키

에어소프트건의 여명기에는 마치 오뚜기나 버섯처럼 생긴 플라스틱 탄이 지름 6㎜의 구형 탄환, 일명 BB탄으로 바뀌었고 그로부터 약 30년이 지났습니다.
역회전을 주어서 사거리를 늘리는 '홉업 시스템' 과 궁합이 잘 맞는 점, 장전기구가 단순한 점 등으로 인해 현재는 BB탄이 주류가 되었습니다. 얼마 전, 해외 인터넷 사이트에서 "머스켓총의 탄환은 둥그니까 역회전을 주면 멀리 날아갈거야!" 라는 발언에 대해 "We call it <Airsoft>" (우리는 그걸 에어소프트건이라고 부르지)라고 답해 웃은 일이 있습니다. 머스켓이니 에어소프트니는 그렇다 치고, 이제 BB탄과 홉업은 세계적으로 알려져있습니다.
에어소프트건과 끊을 수 없는 관계가 된 BB탄도 모습은 그대로지만 시간과 함께 성능은 놀랄만큼 진화했습니다. 물론 에어소프트건의 사격경기에서도 매우 중요한 요소중 하나입니다. 여기서는 BB탄과 사격경기, 특히 정밀도 면을 다뤄보겠습니다.

BB탄의 만드는 법과 재료

현재 주류를 차지하는 BB탄 제작법은 금형에 의한 사출성형입니다.
플라스틱 모형처럼 런너에 대량의 BB탄이 달려있는 상태로 성형되어 여러 공정을 거쳐 정밀한 구형으로 마무리됩니다.
사출성형이므로 물론 열로 녹인 열가소성 수지(일부는 열로 단단해지는 열경화성 수지)를 이용해 성형되지만 이들 수지의 비중은 1정도로 가볍고, 100%수지로 만든 BB탄은 너무 가벼워 성능에 제약이 큽니다.
여기서 나오는 것이 충진재나 HW(헤비웨이트)로 불리는 고비중 소재입니다. 여기에도 다양한 소재가 사용되지만, 이들은 비중이 3~5정도 되는 것들이 주류로, 화학적으로 안정되면서 동시에 환경적으로 해가 없거나 부담이 적은 것이 사용됩니다.
햄버거 패티를 만들 때 계란이나 빵가루를 넣어 고기 덩어리를 유지하는 것과 마찬가지로, 원래는 사출성형으로 만들 수 없는 고비중 소재를 강력하게 결합시키는 역할을 하는 것이 수지입니다. 즉 BB탄은 수지와 고비중 소재를 섞은 혼합물입니다. 에어소프트건이나 모델건으로 널리 보급된 고비중의 HW수지와 비슷합니다.
이 제조법에서 문제가 되는 것이 재료의 혼합이 불충분할 때의 중량 변화입니다.
과거에 0.28g탄을 쓸 때에 드물게 위로 치솟는 BB탄이 섞여있었습니다. 이런 탄을 조사해 보니 무게는 0.2g, 표면도 곰보 모양으로 거칠었습니다. 아마도 재료 혼합이 불충분한 채로 사출되어 경량 수지가 필요이상으로 함유된 것 아닐까 싶습니다.

생분해성 수지 PLA

현재 판매중인 많은 바이오 BB탄에는 이처럼 PLA를 썼다는 표기가 있습니다.

현재 야외에서 주로 사용되는 바이오 BB탄의 대부분이 생분해성 수지인 PLA(Polyactic Acid: 폴리젖산수지)를 사용합니다. 아마도 이 타입의 BB탄이 가장 보급되어있지 않을까요?
PLA는 전분을 다량으로 함유한 식물, 주로 옥수수를 원료로 만든 식물 기반의 플라스틱입니다. 이 수지는 수분이나 미생물에 의해 결국 물과 이산화탄소로 분해됩니다. 환경에 유리한 BB탄이지만, 그만큼 취급에 다소 주의가 필요합니다.
PLA를 사용한 BB탄에는 수분과 고온이 천적입니다. 가수분해라고 불리는, 물에 의한 화학반응으로 변질되기 때문입니다. 바이오 BB탄의 봉지에 건조제가 들어있는 것도 이 때문입니다. 오랫동안 수분에 노출되면 표면이 거칠어지면서 탄 걸림등 총 자체의 파손의 원인이 되기도 합니다. 사용할 때 이외에는 건조제가 든 포장재나 PET병 등에 보관하도록 합시다.
그리고 PLA의 종류에 따라 다르기는 하지만 50~60도의 온도에서 연화가 시작될 정도로 열에도 약합니다. 특히 바이오 BB탄에 사용되는 종류의 PLA는 보다 낮은 온도에서 연해지기 시작하는 경향이 있습니다. 즉 직사일광에 닿는 곧이나 여름의 차 안에서 간단하게 변형된다는 것입니다. 즉 보관에 서늘하고 어두운 곳이 필요하며 아이스박스등을 쓰는 것도 좋습니다.
또 탄창에 계속 넣은 상태에 직사일광에 노출하면 내부에서 변형되어 작동불량이 일어나므로 주의해야 합니다.

표면 연마와 윤활

BB탄의 정밀도를 크게 좌우하는 것이 표면 연마입니다. 최근의 BB탄은 칫수 오차가 0.01㎜안팎이라는 매우 높은 정밀도를 가진 것이 많아 얼마 전보다 훨씬 발전된 연마기술을 보여줍니다. 그 중에는 오차 0.005㎜라는 것도 존재하므로 어설픈 측정환경에서는 정확한 계측도 어렵습니다. 이 정도의 정밀한 제품을 지금의 가격으로 만들 수 있다는 사실이 놀랍습니다.
물론 표면의 매끈함이나 칫수의 균일성-정확성 등도 탄착군에 중요한 요소가 됩니다. 에어소프트건의 명중정밀도 향상은 이 표면연마기술의 향상에 의해 실현되었다 해도 과언이 아닙니다.
또 하나의 중요한 요소가 표면의 윤활입니다. BB탄의 소재는 앞서 언급한대로 고비중 소재와 일반 수지의 혼합물이라 윤활성이 없고, 또 소재 자체의 마찰저항도 결코 작지 않습니다. 반면 에어소프트건의 내부 기구, 특히 급탄 루트는 ABS

등의 수지로 만들어진 경우가 많으므로 비슷한 경도를 가진 소재와 만나면 서로 마찰하기 쉬우므로 윤활 면에서 결코 좋지 않습니다.
여기서 사용하는 것이 표면의 마찰저항이나 경도를 개선하는 코팅이나 수지를 첨가해 윤활성을 높이는 첨가제입니다.
이것도 메이커에 따라 다양한 노하우가 있어 BB탄의 급탄이나 명중률을 좌우합니다. 물론 이것도 어디까지나 제작사의 노하우이지 사용자가 어떻게 할 방법이 없습니다. 시장에 범람하는 다양한 BB탄을 테스트해 자신의 세팅에 맞는 최적의 제품을 찾아내야 합니다.

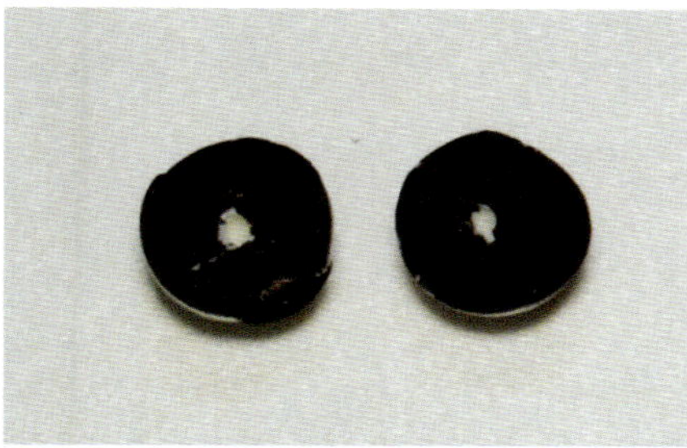

알기 쉽게 하려고 단면을 검게 칠했습니다. 가운데에 큰 기포가 있는 것을 알 수 있습니다.

최악의 마이너스 요소, 기포

BB탄 사용상 최악의 요소가 내부의 기포입니다. 100%기포 없는 소재에서 깎아 만든다면 문제가 없지만, BB탄은 금형에 수지를 흘려넣어 만드는 사출성형 제품인 이상 기포가 문제가 될 수 밖에 없습니다. 왜 기포가 최악의 마이너스 요소일까요? 이유는 두가지 있습니다.
먼저 무게의 변화입니다.
BB탄의 구성이나 내부에 있는 기포의 크기에도 좌우되겠지만 심할 경우 0.01g이상 무게가 줄어들기도 합니다. 물론 탄속도 변화해 홉업 사용시 탄도가 크게 어긋납니다.
또 하나, 가장 문제시되는 것이 무게중심의 변화입니다. BB탄은 구형이므로 방향성이 없고, 어느 쪽으로 챔버에 장전되어 회전하고 발사되는지 알 수 없습니다.
이 때, 내부에 기포가 들어가 중심이 어긋나면 홉업에 의한 회전이 걸릴 때 회전축이 크게 어긋나면서 엉뚱한 방향으로 나갑니다.
플라이어(뜻하지 않은 방향으로 날아간 탄)의 원인 중 BB탄에 의한 것에 가장 많은 것이 내부 기포에 의한 중심 변화입니다. 게다가 기포가 있는 곳이 가운데쪽이 아닌 바깥쪽이면 탄도의 콘트롤이 아예 불가능합니다.

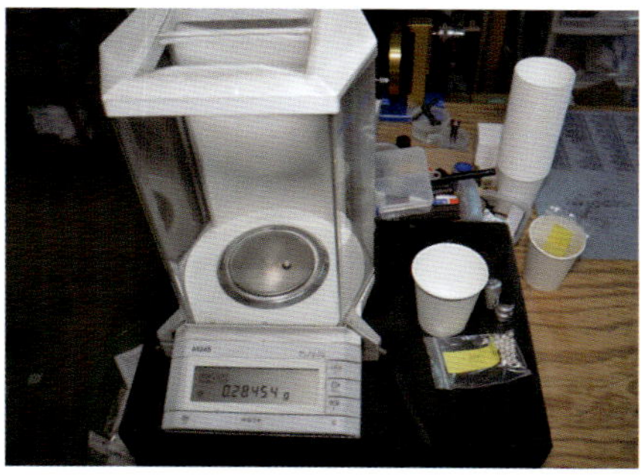

작업공간에 설치된 분석 전자저울(메틀러 톨레도 AG245). 최소 표시는 0.01mg.

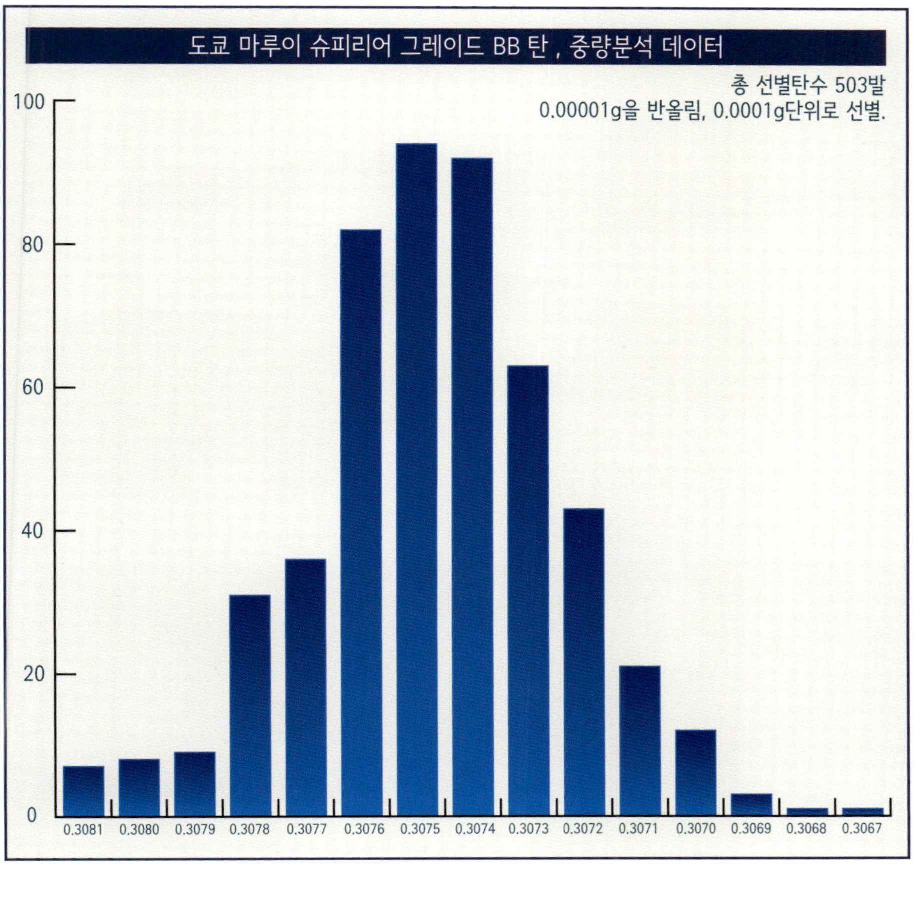

중량 선별

중심이 어긋난 BB탄을 제거하는데 요긴한 것이 중량 선별입니다. 기포가 들어있어 다른 BB탄보다 가벼운 것을 고르는 방법이지만, 여기에 정밀한 전자저울이 필요합니다.
데이터로 추측해보면 앞에 언급한대로 0.01g이상 가벼운 BB탄을 찾아야 하고, 이 정도 무게 차이를 발견하려면 0.01g단위의 측정을 확실히 해야 합니다. 따라서 최저 0.001g의 표시가 가능한 정밀한 전자 저울이 필요합니다. 하지만 이런 장비는 수십만원~수백만원의 고가품이므로 BB탄 선별을 위해 정말 사야 할 물건인지는 충분히 고민할 부분입니다.
그 외의 방법으로 CT스캔같은 비파괴 방법도 있지만 당연히 일반적이지 못합니다.

BB탄의 현재와 미래

현재로서는 설령 선별은 가능하다 쳐도 그 방법이 비용등의 문제로 결코 일반적이지 못합니다. 따라서 잘못된 탄이 나올지 어떨지 알 수 없는 상태에서 사격할 수 밖에 없습니다. BB탄이 등장한 이래 그 성능은 극단적으로 진보했지만 여전히 '운' 을 무시할 수 없는 것이 사실입니다.
하지만 이런 요소를 최대한 없앤 궁극적인 BB탄이 잠시나마 유통되었던 일이 있습니다. 바로 도쿄 마루이의 슈피리어 그레이드 BB탄, 0.3g

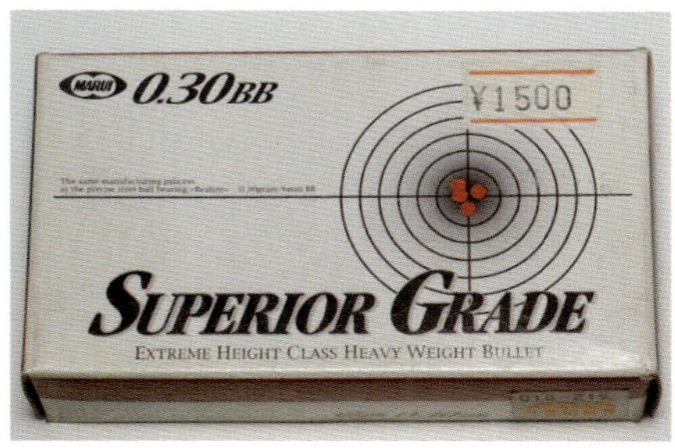

버전이 그것입니다.
겨우 한 로트만 유통되고 시장에서 자취를 감췄지만, 이 BB탄을 쓰면 무조건 탄착군이 한 둘레 줄어든다 할 정도로 고성능으로, 무게를 측정한 데이터를 보면 1상자 503발 중의 오차가 겨우 0.0014g이라는 경이적인 정밀도를 자랑합니다. 이 탄이 발매된지 10년 가까운 시간이 지났지만, 아직도 이것을 넘는 물건은 나오지 않았습니다. 그리고 이 기간은 그야말로 BB탄과의 싸움으로 지샜다 해도 과언이 아닙니다. 총 본체는 커스텀이 가능하고 사격술도 노력으로 높일 수 있지만 BB탄만큼은 사용자가 거의 어떻게 할 수 없는 부분입니다. 슬슬 운이라는 변덕으로부터 해방될 날이 오지 않을까요?

다나카 M700 폴리스 AIR 에어코킹

미국 SWAT 가 애용하는 M700 폴리스를 재현

DATA
- 발사방식 : 에어코킹
- 길이 : 1,16 ㎜
- 높이 : 164 ㎜
- 폭 : 75 ㎜
- 무게 : 3,100g
- **탄창 용량 : 27 발**
- 초속 : 86.7m/s(0.75J) (0.75J)
- 탄착군 : 66 ㎜ (20m)

법집행기관용으로 만들어진 저격총으로, 26 인치 총열에 HS 프리시전사의 스톡을 장착한 것이 M700 폴리스이다. 저격 전용으로 디자인된 현대적인 HS 프리시전사의 스톡을 리얼하게 재현했다. 완만한 경사가 주어진 아우터 배럴은 실총과 마찬가지로 26 인치이다.

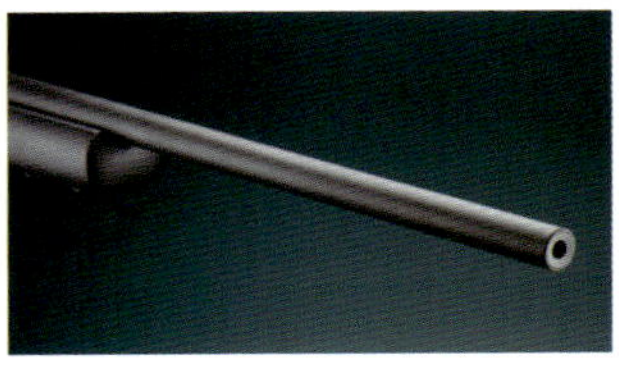

배럴은 M40A1 보다 긴 26 인치 사양. 총구는 단차가 없는 테이퍼 타입이다.

검은색의 리시버 위에는 배저 오드넌스 제품과 흡사한 마운트 베이스가 있다.

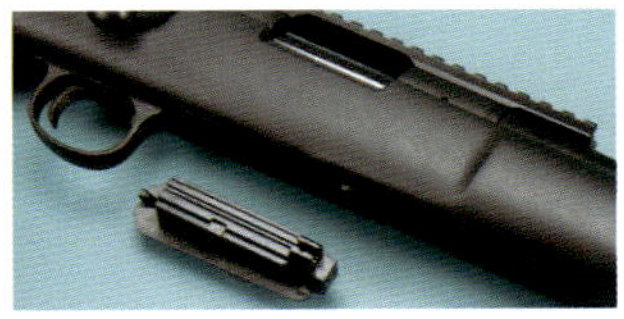

탄창을 제거한 모습. 상당히 컴팩트한 것을 알 수 있다. 장탄수는 27 발로 전용 로더를 사용해 장전한다.

VFC M40A3

DATA
- 발사방식 : 에어코킹
- 길이 : 1,125 ㎜
- 무게 : 3,000g
- **탄창 용량 : 20 발**

미 해병대가 채용한 M40A3 를 에어코킹식으로 재현. 실총과 마찬가지로 미 해병대가 직접 찍은 총번 및 각인이 있는 쇼트 액션 리시버나 배럴, 장전손잡이등이 충실하게 재현되었다. M40A3 의 특징인 배너 오드넌스사제 마운트 베이스와 방아쇠울도 리얼하게 재현했다. 맥밀란사의 유리섬유제 A4 스톡은 맥밀란과의 정식계약으로 칙 피스, 버트플레이트등을 모두 실총처럼 조정할 수 있게 되었다.

미 해병대가 채용한 M40A3 을 에어코킹으로 재현

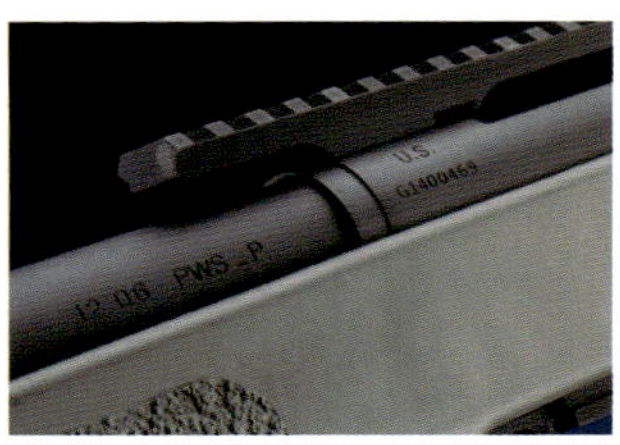

리시버나 배럴에 실총과 같은 각인이나 총번등이 찍혀있다.

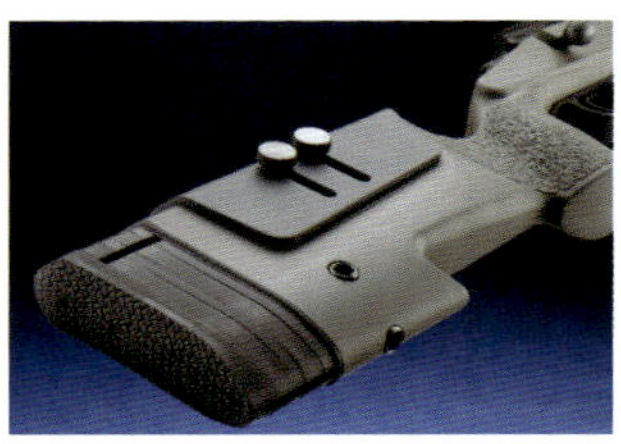

실총 맥밀란 스톡과 마찬가지로 칙피스는 상하로 조정 가능. 버트플레이트의 전후 폭도 조정 가능하다.

탄창 바닥을 열면 박스형 탄창이 꺼내진다. 실총과 같은 위치에 탄창이 들어간다. 장탄수는 20 발.

도쿄 마루이

L96 AWS

DATA

- 발사방식 : 에어코킹
- 길이 : 1,120 ㎜
- 높이 : 168 ㎜
- 폭 : 101 ㎜
- 무게 : 3,460g
- **탄창 용량 : 40 발**
- 초속 : 91.4m/s(0.84J)
- **탄착군 : 54 ㎜ (20m)**

VSR-10 시리즈에 이은 볼트액션 라이플 2 탄으로 등장한 L96 AWS. VSR-10 은 오리지널 디자인이었지만 L96 AWS 는 실총의 특징을 리얼하게 재현했다. 실총과 마찬가지 위치에 장탄수 40 발의 탈착식 탄창을 설치했다. 블랙과 OD 컬러를 선택할 수 있는 썸홀 타입의 스톡은 칙 피스와 버트플레이트 조정이 가능하다. 가변 홉업 조정용의 다이얼은 포어엔드 아래에 있다.

애큐러시 인터내셔널사의 L96 에 독자 급탄 기구를 탑재해 재현

특징적인 각형 디자인의 리시버. 마운트 베이스는 일반적인 20 ㎜폭 제품을 채용.

대형 박스형 탄창은 장탄수 40 발. 실총과 같은 위치에 장전된다.

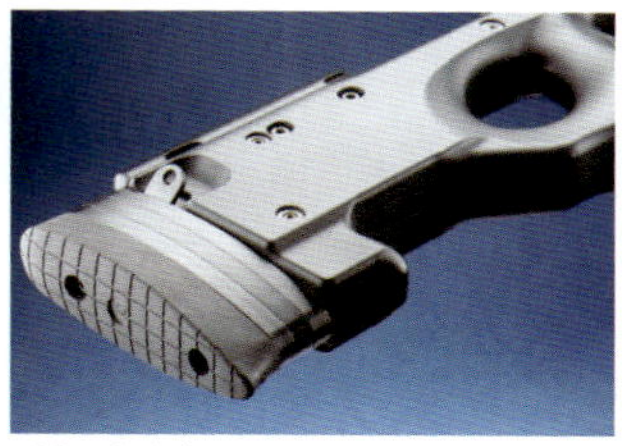

썸홀 타입의 스톡은 칙 피스, 버트플레이트를 사수에 맞춰 조정할 수 있다.

KTW

M70 SPR A4

DATA

- 발사방식 : 에어코킹
- 길이 : 1,130 ㎜
- 높이 : 170 ㎜
- 폭 : 80 ㎜
- 무게 : 3,500g
- **탄창 용량 : 22 발**
- 초속 : 94.7m/s(0.9J)
- **탄착군 : 82 ㎜ (20m)**

창업 이후 언제나 다른 메이커가 재현하지 않은 모델을 에어코킹식으로 재현하는 KTW. M70 SPR A4 도 그중 하나이다. 명작이라 불리는 윈체스터 M70 을 FN 사가 현대화한 모델 SPR(Special Police Rifle) 을 재현했다. 플루티드 (각인) 배럴, 미 해병대의 M40A4 와 같은 완전 조정식의 맥밀란 A4 타입 스톡이 장착되어있다.

FN 이 현대화한 윈체스터 M70 을 맥밀란 A4 스톡 사양으로 재현

에어건 유일의 윈체스터 M70 을 재현한 KTW. 20 ㎜폭의 스코프 마운트 베이스는 범용성이 높다.

장탄수 22 발의 가느다란 카세트형 탄창은 매거진 플레이트를 열고 앞으로 장전한다.

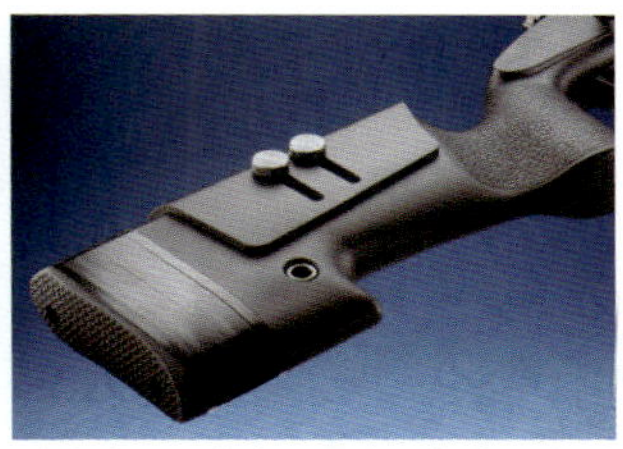

맥밀란 A4 타입 스톡은 칙 피스와 버트플레이트 모두 실총처럼 조정이 가능하다.

ARES

MSR338 에어코킹 스나이퍼 라이플

DATA
- 발사방식 : 에어코킹
- 길이 : 855/1,095~1,125 ㎜ (개머리판 최대한 폈을 때)
- 무게 : 4,715g
- **탄창 용량 : 60 발**
- 초속 : 89.9m/s(0.81J)
- **탄착군 : 94 ㎜ (20m)**

미군 차기 저격총을 에어코킹식으로 리얼하게 재현

차기 미 육군의 저격총, 레밍턴 XM2010(레밍턴의 상품명은 MSR338). .300 윈체스터 매그넘탄을 사용하며 앞부분에는 모듈러 스톡이 채택되어있다. ARES 는 일찌감치 MSR338 을 에어코킹으로 재현했다. 다양한 위치에 액세서리 레일을 장착할 수 있는 핸드가드를 포함해 탈착식 탄창, 실총과 똑같이 기능하는 멀티 폴딩 스톡이 장비되어있다. 방아쇠울이나 손잡이는 M16 계열과 호환성이 있다. 색은 블랙과 다크 어스.

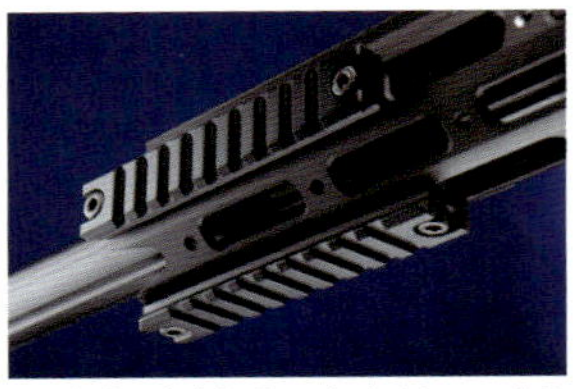

현대적 저격총을 상징하는, 좌우와 아래에 설치된 피카티니 레일.

코킹할 때에 스코프와 간섭하지 않는 드롭 타입 장전손잡이를 채용. 안전장치는 레버 타입.

멀티 폴딩 스톡이므로 개머리판을 접을 수 있다. 건케이스등에 수납할 때 방해되지 않아 편하다.

ARES

SAKO TRG-42 스나이퍼 라이플

각진 단면의 리시버. 위에는 전용 마운트베이스나 20 ㎜폭의 마운트 링을 장착할 홈이 파여있다.

DATA
- 발사방식 : 가스
- 길이 : 1,230 ㎜
- 무게 : 4,800g
- 장탄수 : 23 발

핀란드의 SAKO 볼트액션 라이플을 가스 볼트액션으로 재현

ARES 는 SAKO 의 TRG-42 를 에어건으로 처음 재현했다. 탄창 안에 가스탱크와 가스 방출밸브를 설치한 일반적인 가스 볼트액션 구조를 채택했다. 실총과 같은 방법의 노리쇠 조작과 왕복거리, 에어코킹식보다 훨씬 가벼운 코킹 액션을 실현했다. 실총과 마찬가지로 노리쇠도 탈착이 가능하다. 탄창의 장탄수는 23 발. 개머리판의 색은 OD 외에도 다크 어스, 블랙을 준비했다. 스톡과 리시버는 탈착이 가능하다. 탈착식의 매달리는 방식 양각대, 전용 스코프 마운트 링이 표준장비되어있다.

탄창은 실총과 마찬가지의 탈착식. BB 탄의 장탄수는 23 발이다.

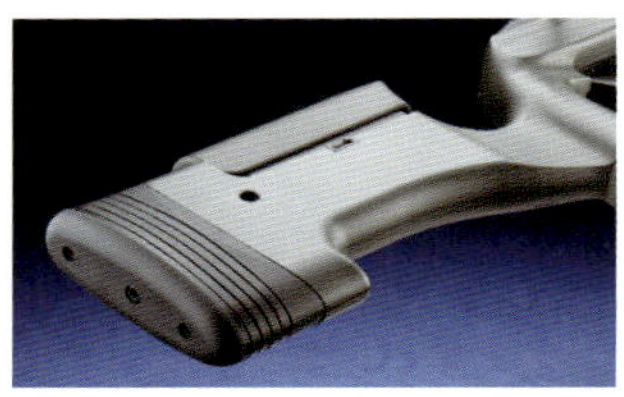

좌우 대칭의 개머리판과 손잡이. 칙 피스, 버트플레이트는 실총과 같은 조정이 가능하다.

킹 암스

블레이저— R93

택티컬 II 가스 버전

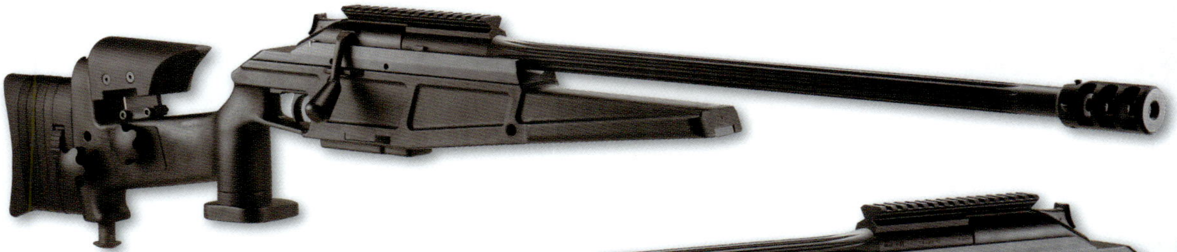

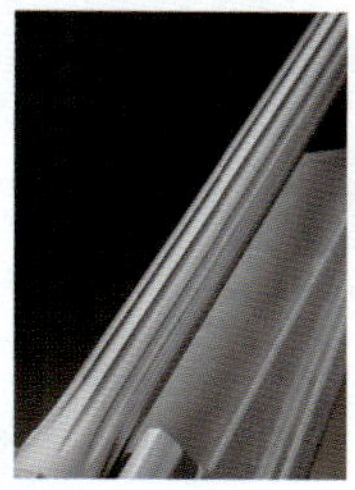

배럴에는 방열성 향상과 무게 절감을 위한 각인이 파여있다.

독특한 스트레이트 풀 액션을 리얼하게 재현

DATA

- 발사방식 : 가스
- 무게 : 4,800g
- 길이 : 1,165 ㎜
- 장탄수 : 14 발

킹 암스는 블레이저 R93 시리즈 중에서도 택티컬 II 를 가스 볼트액션 라이플로 제품화해 특징적인 스트레이트 풀 방식을 재현했다. 코킹은 가벼우므로 실총처럼 부드럽고 스트레스 없는 액션을 실감할 수 있다. 금속제 부품을 많이 썼기 때문에 내구성과 안정감도 높다. 또 앞뒤의 무게 균형도 좋아 엎드려 쏴는 물론 서서쏴나 무릎쏴도 쉽다. 블레이저사와의 정식 계약에 의해 각인등도 리얼하게 재현되어있다. 그야말로 현대 유럽 스나이퍼 라이플의 대표격이라 해도 과언이 아닌 블레이저 R93. 개성적인 스나이퍼 라이플을 원하는 분들께 추천한다.

노리쇠를 맨 뒤까지 당겨봤다. 노리쇠를 감싸는 리시버라는 존재가 없다.

탄창은 실총과 같은 위치에 장착. 탄창 멈치는 좌우에서 눌러야 작동한다.

ARES

PGM Mini-Hecate338

가스 볼트액션

유럽의 분위기가 풍기는 프랑스제 모던 스나이퍼 라이플

DATA

- 발사방식 : 가스

미국은 레밍턴 700 계 액션이나 AR 계열 스나이퍼가 많지만, 유럽은 독자적인 진화를 거듭해왔다. 여기서 소개할 PGM Mini-Hecate338 은 프랑스제 저격총이다. 돌격소총과 마찬가지로 전체적으로 깔끔한 디자인이 많은 유럽다운 스나이퍼 라이플이다. ARES 는 PGM Mini-Hecate339 을 가스 볼트액션으로 재현했다. 탈착식 탄창 안에 가스탱크와 가스방출 밸브를 내장해 에어코킹건보다 노리쇠 조작이 가볍고 리얼하다.

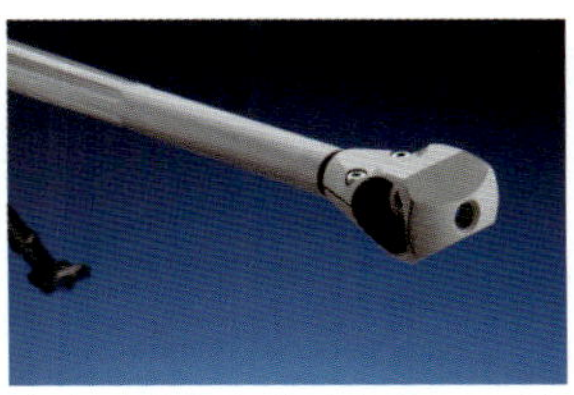

마치 전차용의 제퇴기처럼 보이는 묵직한 인상의 소염기. 앞쪽으로 가늘어지는 총열은 각인 타입이다.

특징적인 각단면의 리시버. 리시버에 파여있는 베이스 폭은 10 ㎜로, 여기에 20 ㎜ 폭의 레일이 추가되어있다.

단순하면서도 기능에 충실한 접절식 개머리판. 아래쪽의 지지대겸 손잡이는 접을 수 있다.

SNIPER RIFLE AIRGUN CATALOG

다나카 M24 SWS AIR 에어코킹

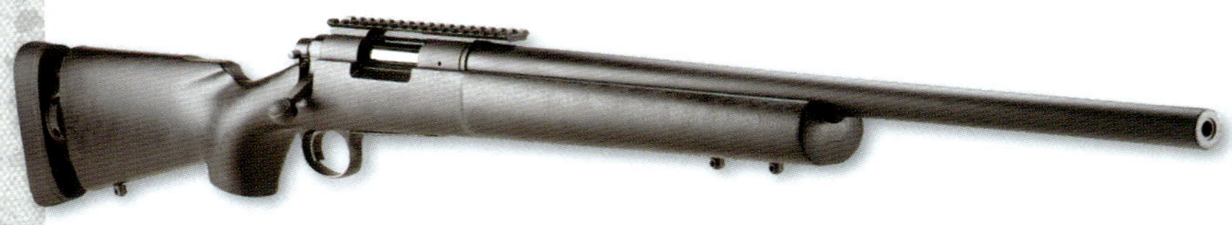

미 육군이나 육상자위대가 사용하는 레밍턴 M24 SWS(Sniper Weapon System). 버트플레이트 조정기능이 있는 H-S 프리시전의 스톡도 충실하게 재현했다. 배럴 길이는 24 인치이다.

DATA
- 발사방식 : 에어코킹
- 길이 : 1,080 mm
- 높이 : 168 mm
- 폭 : 80 mm
- 무게 : 3,000g
- **탄창 용량** : 27 발
- 초속 : 86.7m/s (0.75J)
- 탄착군 : 66 mm (20m)

클래식 아미 M24 SSOCOM 스나이퍼 시빌리언 타입 A-TACS FG 스톡 버전

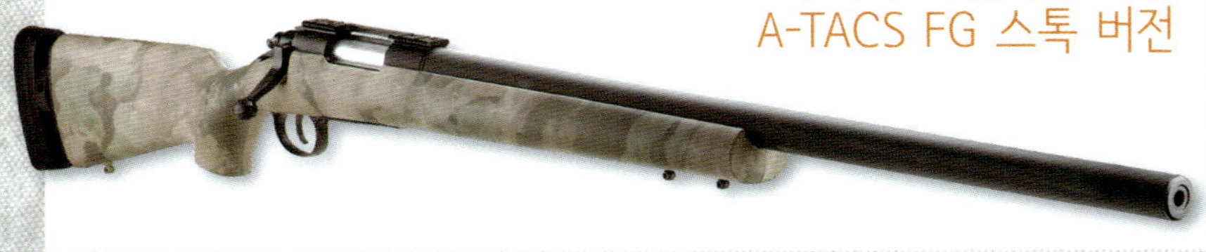

클래식 아미의 에어코킹 M24 SOCOM 스나이퍼 시빌리언 타입은 쇼트 액션의 리시버에 밀리터리 타입에 비해 굵은 배럴을 채택했다. 스톡 전체가 A-TACS FG 위장도색으로 덮여있다.

DATA
- 발사방식 : 에어코킹
- 길이 : —
- 무게 : 3,700g
- **탄창 용량** : 25 발
- 초속 : —
- 탄착군 : —

다나카 M700 폴리스 L.T.R. AIR

L.T.R.(Light Tactical Rifle) 이라는 이름대로 사법기관용의 짧은 배럴과 목제 스톡 표준장비다. AIR 모델의 특징인 왕복거리가 짧고 가벼운 킹 액션, 높은 명중률을 그대로 계승했다.

DATA
- 발사방식 : 에어코킹
- 길이 : 1,015 mm
- 높이 : 170 mm
- 폭 : 78 mm
- 무게 : 2,700g
- **탄창 용량** : 27 발
- 초속 : 88.1m/s (0.78J)
- 탄착군 : 92 mm (20m)

다나카 M40A1 AIR 에어코킹

미 해병대가 채용한 스나이퍼 라이플, M40A1 을 모티브로 한 총이다. 맥밀란제 유리섬유 스톡이나 배저 오드넌스식의 마운트 베이스등의 액세서리가 표준장비로 되어있다.

DATA
- 발사방식 : 에어코킹
- 길이 : 1,110 mm
- 높이 : 195 mm
- 폭 : 75 mm
- 무게 : 2,800g
- **탄창 용량** : 27 발
- 초속 : 87.3m/s (0.76J)
- 탄착군 : 68 mm (20m)

다나카 M40 AIR Vietnam

M40 AIR 베트남은 24 인치 테이퍼(경사) 배럴, 관리번호 각인등이 있는 리시버, 최고급 월넛(호두나무)을 깎아 만든 스톡등을 리얼하게 재현했다. 여기에 밀스펙 도료인 세라코트가 리시버, 배럴, 실린더등에 발라져 있다.

DATA
- 발사방식 : 에어코킹
- 길이 : 1,115 mm
- 높이 : 185 mm
- 폭 : 80 mm
- 무게 : 2,700g
- **탄창 용량** : 27 발
- 초속 : 89.1m/s (0.79J)
- 탄착군 : 60 mm (20m)

S&T AW338 스나이퍼 라이플 OD

S&T AW338 은 실총과 같은 10mm 폭 마운트 베이스를 채용한 리시버, 실총과 같은 구조의 폴딩 스톡 등으로 사실성을 재현하고 있다. 완피스 마운트 링, 웰사 타입 바이포드가 기본 사양이다.

DATA
- 발사방식 : 에어코킹
- 길이 : 1,020 mm / 1,200 mm (개머리판 늘렸을 때)
- 무게 : 6,000g
- **탄창 용량** : 35 발
- 초속 : —
- 탄착군 : —

VFC

ASW338 LM

M4 카빈등과 마찬가지로 스나이퍼 라이플도 확장성을 높이기 위해 레일시스템을 탑재하는 경향이 있다. ASW338 은 그중에서도 선봉에 선 모델이라 할 수 있다. 포어엔드 부분에 4 면의 액세서리 레일이 달려 있고 상부 레일은 총구 근처까지 연장되어 있다.

DATA
- 발사방식 : 에어코킹
- 길이 : 840 mm / 1,065 mm (개머리판 늘렸을 때)
- 무게 : 4,970g
- **탄창 용량** : 50 발
- 초속 : —
- 탄착군 : —

도쿄 마루이

차세대 전동건 레시 라이플

차세대 전동건의 라인업중 유일하다고 해도 좋을 정도로 스나이퍼 라이플적 요소가 짙은 사양이 매력적인 모델이다. 레일 시스템은 발전성이 높고, 길이를 바꿀 수 있는 아우터 배럴도 사용하는 상황에 따른 적응성이 높다.

DATA
- 발사방식 : 전동
- 길이 : 844.5 mm / 919.5 mm (16 인치, 개머리판 늘렸을 때)
- 높이 : 217.4 mm
- 폭 : 61 mm
- 무게 : 2,970g (배터리 미포함)
- **탄창 용량** : 82 발 / 30 발
- 초속 : 91.7m/s (0.84J)
- 탄착군 : 50 mm (20m)

ARES

M110 SASS

미 육군이 채용한 반자동 스나이퍼 라이플로, 나이츠 아마먼트 SR25 를 베이스로 만든 것이 M110 SASS(Semi-Auto Sniper System)이다. ARES 는 M110 SASS 를 나이츠사와의 정식계약으로 전동건으로 리얼하게 재현했다.

DATA
- 발사방식 : 전동
- 길이 : 1025 mm / 1070 mm (개머리판 뻗었을 때)
- 무게 : 3,415g
- **탄창 용량** : 160 발
- 초속 : —
- 탄착군 : —

A&K

SR25

나이츠 아마먼트의 반자동 스나이퍼 라이플 SR25 를 전동건으로 재현. 실총은 반자동만 가능하지만 자동 위치도 추가되어 서바이벌 게임에 쓰기 좋다. 플립업 사이트, 나이츠형 수직 손잡이를 표준 장비했다.

DATA
- 발사방식 : 전동
- 길이 : 998 mm (소음기 제외)
- 무게 : 3,300g
- **탄창 용량** : 400 발
- 초속 : 80.5m/s (0.65J)
- 탄착군 : 104mm (20m)

애로우 다이나믹

SR16 어드밴스드 막스맨 라이플

나이츠 아마먼트의 SR16 을 베이스로 롱 배럴, 롱 레일, 쇼트 매거진을 장착한 스나이퍼 라이플 모델. PTS 맥풀의 PRS 스톡이나 MOE 그립을 표준 장비. 플립타입의 가늠자 / 가늠쇠는 트로이 타입이 달려있다.

DATA
- 발사방식 : 전동
- 길이 : 940 mm
- 무게 : 3,600g
- **탄창 용량** : 190 발
- 초속 : 84.3m/s (0.71J)
- 탄착군 : 85 mm (20m)

킹암스

SIG 556 DMR

SIG556 DMR
SG550 을 베이스로 M16 계 탄창을 쓸 수 있게 디자인된 SIG556 의 스나이퍼 라이플 모델. 플랫탑 리시버, 롱 배럴, 레일 달린 핸드가드, PTS 맥풀의 PRS 스톡을 표준장비했다. M4 계열과는 또 다른 스나이퍼 라이플이다.

DATA
- 발사방식 : 전동
- 길이 : 1,030 mm
- 무게 : 3,270g
- **탄창 용량** : 190 발
- 초속 : 88.1m/s (0.78J)
- 탄착군 : 83 mm (20m)

ARES M14 EBR SS

ARES 의 M14 EBR SS 는 EBR 타입의 핸드가드에 몬테카를로 타입의 고정식 개머리판을 결합한 모델이다. 고정식 개머리판은 휴대성은 떨어질지 몰라도 정확도를 중시한다면 추천할만하다.

DATA
- 발사방식 : 전동
- 길이 : 1,115 ㎜
- 무게 : 4,100g
- **탄창 용량 : 180 발**
- 초속 : —
- 탄착군 : —

도쿄 마루이 H&K PSG-1

도쿄 마루이의 PSG-1 은 마루이 전동건 시리즈 유일의 반자동 온리 모델로 등장했다. 버전 4 기어박스를 탑재하고 타스코제 4 배율 스코프가 표준으로 탑재됐다. 실총과 같은 호화 사양이라 할 수 있다.

DATA
- 발사방식 : 전동
- 길이 : 1,220 ㎜
- 높이 : 275 ㎜
- 폭 : 80 ㎜
- 무게 : 4,300g
- **탄창 용량 : 15 발**
- 초속 : 92.7m/s (0.86J)
- 탄착군 : 82mm (20m)

ARES DSR-1

그야말로 미래적인 볼트액션 불펍 스나이퍼 라이플인 DSR-1. 독특한 매달리기 식 양각대는 물론, 칙 피스등을 조정 가능. 방아쇠 앞부분에는 예비 탄창을 끼워둔다.

DATA
- 발사방식 : 가스
- 길이 : 960 ㎜ / 1,005 ㎜ (개머리판 벗었을 때)
- 무게 : 6,400g
- **탄창 용량 : 23 발**
- 초속 : —
- 탄착군 : —

ARES WALTHER WA2000

독일 발터사가 만든 고급 스나이퍼 라이플인 WA2000. 너무 비싸 생산된 숫자는 소수이지만 국내에도 열광적인 팬이 있다. 금속과 나무로 된 구조는 매니아들의 경탄을 자아낼 수준이지만 지금까지 발매된 어느 WA2000 보다도 저가격이라고 한다.

DATA
- 발사방식 : 에어코킹
- 길이 : 960 ㎜
- 무게 : 5,800g
- **탄창 용량 : 60 발**
- 초속 : 90.6m/s (0.82J)
- 탄착군 : 107 ㎜ (20m)

S&T 드라구노프 SVD

러시아의 반자동 스나이퍼 라이플인 드라구노프 SVD 를 전동건으로 재현. 길고 가느다란 소염기와 롱 배럴이 특징인 슬림한 스타일은 드라구노프 그 자체다. 핸드가드, 스켈튼형 개머리판등은 실총과 같은 목재다. 칙피스는 떼어낼 수 있다.

DATA
- 발사방식 : 전동
- 길이 : 1,200mm
- 무게 : 3,400g
- **탄창 용량 : 300 발**
- 초속 : —
- 탄착군 : —

스노우 울프 바렛 M82A1

대물저격총이라면 역시 이 바렛일 것이다. 직선적인 디자인과 매우 큰 사이즈가 주는 박력은 다른 토이건들과는 차원이 다르다. 또 거대한 탄창도 장탄수 500 발을 자랑한다. 실총같은 파괴력이야 당연히 없지만 비주얼만으로도 파괴력은 충분하다.

DATA
- 발사방식 : 전동
- 길이 : 1,450 ㎜
- 무게 : 7,000g
- **탄창 용량 : 500 발**
- 초속 : 81.9m/s (0.67J)
- 탄착군 : 116 ㎜ (20m)

스나이퍼 영화 해설

Satoshi Matsuo

- 아메리칸 스나이퍼
- 더블 타겟
- 에너미 앳 더 게이트
- 자칼의 날
- 싸일런트 트리거
- 스나이퍼
- 스나이퍼 2
- 스나이퍼 3
- 스나이퍼 4
- 스나이퍼 5

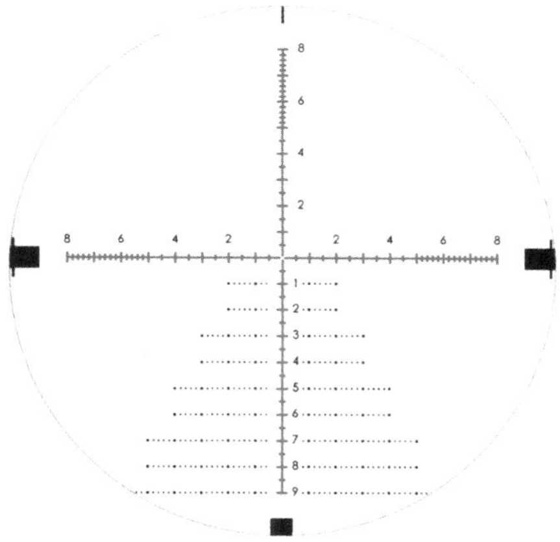

아메리칸 스나이퍼 American Sniper

2014년 Clint Eastwood 감독작품

Story

카우보이를 동경해 목장에서 일하며 동생과 함께 로데오 경기에서 우승하기도 한 크리스 카일은 어느 날 탄자니아와 케냐의 미국대사관 폭파테러가 발생하자 미국이 공격당한다며 해군에 지원했다. 적을 쓰러트리고 나라를 구하기 위해서다. 그리고 특수부대 SEAL팀에 지원했다. BUD/S를 무사통과한 뒤 SEAL로의 길을 나서는 중 운명의 여성 타야와 만난다. SEAL의 일원이 된 뒤 9.11이 터졌다. 타야와 결혼식은 올렸지만 신혼여행은 3일 뿐. 소집이 걸려 이라크에 파병된다. 첫 주둔지는 팔루자. 크리스는 스나이퍼로서 해병대원들의 복수에 나선다. 해병대에게 수류탄을 던지려던 아이와 그 어머니도 사살할 때에는 충격을 받았지만 크리스는 차례차례 적을 쓰러트린다. 그 와중에 적 스나이퍼의 존재가 화제가 된다. 원래 올림픽 선수이던 스나이퍼, 무스타파이다. 한편, 스나이퍼로서의 실적을 쌓아올린 크리스는 The Legend(전설)로 통하게 된다.
이라크 알카에다 No.2인 자르카위를 수색하는 해병대의 지원에 나선 크리스였지만 적의 매복공격을 받았다. 이 때 처음으로 무스타파와 총격전을 벌였다. 그리고 파병 기간이 끝나 귀국하자 타야가 출산, 크리스는 아들을 얻었다.
두 번째 해외 파병도 이라크가 된 크리스는 무장세력의 주요 수배자가 된다. 현상금은 18만 달러, 무스타파는 크리스의 목을 노린다.
카일에게 딸이 태어나 두 아이의 아빠가 되었다. 하지만 크리스는 나라를 위해 싸우기로 하고 가정에 헌신할 생각은 없었다. 한편 타야는 크리스가 가까이 있으면 했다. 크리스는 집보다 SEAL이 중요했기 때문에 타야는 SEAL을 증오했다.
세 번째 파병에서 크리스의 옆에 있던 라이언에 저격당했다. 적은 1,000m이상의 거리에서 사격했다. 그것이 가능한 것은 무스타파 뿐이다. SEAL이 피탄당한 것은 이라크에서는 처음이라고 한다. 복수를 위해 적의 거점을 급습한 크리스의 팀이지만, 함정에 빠져 마크가 사살당한다. 마크는 첫 파병부터 계속 싸운 전우였다.
귀국해도 마음을 열지 않고 전쟁 일만 생각하는 크리스에게 타야는 다시 이라크에 가면 더 기다리지 않겠다고 선언한다. 그래도 크리스는 4번째로 이라크에 간다. 총에 맞아 실명한 라이언이 수술중에 죽었다는 이야기를 듣고 충격을 받은 크리스였지만 빌딩의 옥상에서 경호 작전중 스코프에 총을 든 무스타파의 모습을 포탁한다. 그 거리는 2,100야드(1,920m)….

Sniper Character

Bradley Cooper가 연기하는 크리스 카일의 캐릭터 설정은 스토리 설명 안에 꽤 들어있다. 겹치는 부분도 많지만 다시 설명하자. 하지만 위 설명은 영화 속의 크리스 카일로, 실제의 크리스 카일과는 좀 다르다. 이 부분은 나중에 따로 설명하자.
크리스 카일에게는 엄한 아버지가 있었다. 초등학생 때 동생 제프가 괴롭힘을 당할 때 크리스는 괴롭히는 아이를 때려눕혔다. 아버지는 둘에게 말했다. "세 종류의 인간이 있다. 양, 늑대, 양치기 개다. 양은 악(늑대)가 덮쳤을 때 아무것도 못한다. 양치기 개가 악을 쫓아낸다. 양을 키울 생각은 없다. 양치기 개가 되어라." 이 말이 크리스 카일의 캐릭터의 원점이 되었다.
카우보이를 동경해 목장에서 일한 뒤 형제가 함께 로데오 경기에 출장했다. 텍사스에서는 로데오에 우승한 남자에게 여자가 모여든다. 크리스는 몇 차례나 우승했고, 어느 날 챔피언 벨트를 들고 동거하는 여자에게 간다. 그러나 이 여자는 크리스가 돌아오는 것이 다음날이라 생각하고 다른 남자를 끌어들였다. 크리스는 이 때 여자를 집에서 쫓아낸다.
형제는 각지의 로데오 대회에서 우승했다. 그러던 중, 탄자니아와 케냐의 미국대사관 폭파 테러(1998)가 발생해 많은 미국인이 죽었다. 이 때 군 입대를 결심했다. 나라가 악에 공격당할 때 '양치기 개'로서 나라를 지키겠다는 것이었다.
해군의 모병사무소를 찾아가 SEAL입대를 권유받은 크리스는 수영을 잘 못한다고 적었다. 하지만 엄격한 훈련을 견디겠다고 했다. 그리고 미군에서 가장 힘든 훈련이라는 기초 수중폭파훈련(BUD/S)를 견뎌내는데 성공했다.
타야와 만난 것은 술집으로, 크리스가 말을 걸었다. 타야가 아는 다른 여성이 SEAL대원과 사귀면 심하게 고생한다는 말을 하자 포기하고 그 자리를 뜨려고 했지만 타야는 결혼과 연애는 별개라고 말해 결국 사귀게 되었다. 9.11이 터졌을 때 두 사람은 TV를 통해 사건을 알았다. 그리고 전쟁이 시작될 것을 느끼고 전쟁터에 가기 전에 결혼하기로 결정했다. 이 때 동생 제프도 해병대에 입대했다.

이라크에 처음 파병되었을 때, 크리스는 이미 스나이퍼였다. 처음 저격한 적이 수류탄을 든 모자인데 충격을 받았지만 그 뒤로도 저격에 차례차례 성공해 해병대로부터 신뢰를 얻었다.

실내전 훈련을 충분히 받지 못한 해병대는 무장세력의 공격을 받아 계속 희생자가 생겼다. 이것을 본 크리스는 자신도 실내전에 참가했다. SEAL에서 배운 기술을 그들에게 전해주고 전사자를 줄이기 위해서였다. 이것은 원래의 임무에서는 벗어나는 일이지만, 크리스는 하지 않고는 배길 수 없었다. 아무래도 '양치기 개' 로서의 습관일 것이다.

크리스의 닉네임은 '텍산(Texan: 텍사스인)' 이었지만, 저격 실적이 쌓이면서 '레전드(Legend:전설)' 로 바뀌게 된다.

두 번째 이라크 파병시, 이라크에서 크리스는 해병대원인 동생 제프와 우연히 만났다. 하지만 제프가 이미 전의를 잃은데 충격을 받았다. 이 때 크리스 카일은 이미 무장세력에게 위험인물로서 중요 지명수배자가 되었다. 현상금은 18만 달러. 첫 번째 파병에서 상당한 실적을 쌓았다는 증거다.

크리스 카일의 두 번째 이라크 파병부터의 이야기는 주요 에피소드만 다뤄져 시간도 짧다. 중요한 부분은 세번째 파병에서 라이언(비글스)와 마크가 총에 맞는 부분이다. 이것이 SEAL대원들 최초의 이라크에서의 피탄이라고 한다. 라이언은 M249를 가지고 크리스와 함께 옥상에 있었다. 말하지만 크리스가 총에 맞을 가능성도 있었다는 이야기다. 그 직후, 무장세력의 거점에 대한 정보를 입수해 복수를 위해 SEAL팀이 돌입하지만 매복 공격에 의해 마크가 사살당한다. 마크는 처음 이라크에 파병됐을 때부터의 전우로, 이 일이 크리스 카일에게 큰 충격이 되었다.

4번째 파병에서 무스타파를 저격했다. 이것이 계기가 되어 주변의 무장세력들로부터 총공격을 받는 와중에 크리스는 SEAL을 그만두고 귀국하겠다고 타야에게 전화한다. 몇 차례나 이라크로 파병되어 가족을 남기고 떠난 남편에 대해 타야는 불만을 퍼부었다. 이미 두 아이가 있는 상태에서 아버지가 집에 없는데다 귀국해서도 마음은 늘 이라크에 머물러있는 크리스를 타야가 견딜 수 없었던 것이다. 크리스가 SEAL을 그만둔 이유가 그것 때문인지는 확실하지는 않다. 하지만 그만두기로 한 계기가 무스타파 사살인 것처럼 보인다. 라이언과 마크가 총에 맞은데 대한 복수를 달성했기 때문일지도 모른다.

SEAL을 제대한 뒤에도 크리스는 더 이라크에서 싸우고 싶었다고 말한다. 양치기 개인 크리스에게 자신이 동료들을 지킨다는 의식은 매우 강렬했다.

귀국한 후 정신적으로 불안정한 시기를 보냈던 크리스는 전쟁에서 정신적으로 불안정해지거나 육체적인 장애를 입은 퇴역 군인들에 대한 심리 치료에 적극적으로 임했다. 그것도 일종의 양치기 개로서 동료들을 구하기 위한 것이었다. 그 결과, 구하려던 어떤 퇴역 군인에게 사살당하는 비극적인 결말을 맞는다.

적 스나이퍼인 무스타파는 500야드에서 헤드샷을 날린다는 소문이 거론되는 장면이 있었다. 500야드에서의 헤드샷은 대단한 것처럼 느껴지지는 않는다. 하지만 영화 속에서는 1,000m이상의 거리에서 라이언을 저격했다. 무스타파는 합계 4번, 크리스 카일과의 접점이 있었다. 크리스에게 현상금이 걸린 뒤에는 의식적으로 크리스를 노리는 듯 했다. 무스타파는 이라크인이 아니라 시리아인으로 올림픽 선수 출신이라고도 한다. 방의 벽에는 그 당시의 것으로 보이는 표창장같은 사진이 붙어있었다. 방에는 부인인 듯한 여성도 있다. 그 이외에는 아무것도 알 수 없다.

이상이 영화판 '아메리칸 스나이퍼' 에서의 크리스 카일과 무스타파의 캐릭터다. 하지만 원작을 읽으면 디테일이 상당히 다르다. 애당초 스토리 자체에 상당한 창작이 추가되었다. 영화판 제작이 거론될 당시만 해도 크리스 카일은 아직 건재했고, 영화화를 맡은 감독 클린트 이스트우드는 크리스 카일 본인으로부터도 이야기를 들어 원작에 없던 부분을 추가했다고 한다. 따라서 원작과 다른 부분이 모두 창작이라고 단정할수도 없다.

원작에 의하면 크리스 카일은 젊었을 때 카우보이를 동경했다. 여기까지는 영화 그대로지만, 동시에 군에 입대해서 조종사가 되거나 해병대원이 될 것도 꿈꿨다고 한다. 하지만 가족이 대학교 진학을 원했기 때문에 탈튼 주립대학에 입학해 농학을 배웠다. 동시에 목장에서 아르바이트를 하면서 로데오 경기에서도 활약했다. 하지만 말에 떨어져 양 손 모두 골절했다. 결국 로데오의 꿈을 접고 다시 군문에 도전하게 된다. 따라서 탄자니아와 케냐 미국대사관 폭파 테러사건 때문에 군에 입대한 것은 아니다.

처음부터 해군을 노린 것도 아니고, 해병대를 지망했지만 군 모병사무소에서 해병대 담당자가 없어 처음에는 육군 담당자로부터 이야기를 들었다가 나중에 해군 담당자로부터 SEAL팀에 들어오라는 권유를 받았다고 한다.

원작에서는 BUD/S에 대해서도 자세히 다루고 있다. 하지만 영화에서는 이 부분이 아주 짧게 묘사된다. 이라크에 파견될 때까지의 부분에서 큰 차이는 없지만, 2001년 9월 11일 이후 대기상태에 들어가 이슬람계 테러리스트와의 싸움에 대비한 훈련을 개시했다. 전장에 파병될 때 까지 1년 가까지 기다렸다. 그 사이에 카일은 타야와 결혼했다. 그리고 이라크에서의 전쟁을 위해 쿠웨이트로 파병했다. 석유나 스커드 미사일을 운반하는 적 선박 나포(VBSS) 임무를 담당하고 있던 와중에 이라크 전쟁이 시작됐다.

M60 기관총(Mk.43)및 Mk.48기관총의 사수가 된 크리스는 여기서 격렬한 전투를 경험한다. 해병대를 지원하는 임무를 맡으며, 그 와중에 일시적으로 .300Win Mag(윈체스터 매그넘) 탄을 쓰는 스나이퍼 라이플을 넘겨받아 저격도 실시하게 된다. 그것이 영화의 머리에 그려졌던 장면으로, 원작에서는 여성은 쐈지만 아이를 쐈다고는 적혀있지 않다. 하지만 실제로는 영화에서처럼 아이도 쏜 듯 하다. 첫 번째의 파병중에 스나이퍼 임무를 맡은 것은 이 때 뿐이었다.

카일을 포함한 16명의 소대가 이라크인들에게 포위되어 밤새 총격전을 벌였을 때에는 죽음까지 각오했다고 한다. 하지만 이 때에는 해병대의 도움을 받았다. 그리고 귀국했다. 이것이 크리스 카일 최초의 파병이었다.

그리고 카일 자신의 의지에 의해 SEAL의 스나이퍼 훈련소에서 저격훈련을 받는다. 그리고 합격을 따낸다. 그 뒤 아들이 태어났고, 카일은 아버지가 되었다.

2004년 9월, 두 번째의 이라크 파병. 이미 사담 후세인도 잡혔고 임시정부가 국가재생을 시작했지만 많은 반정부 세력이 무장해 활동을 시작했다. 카일은 폴란드군 특수부대인 GROM과 함께 바그다드에서 무장세력과 전투를 벌였다. 약 1개월 뒤, 해병대를 지원하기 위해 스나이퍼 임

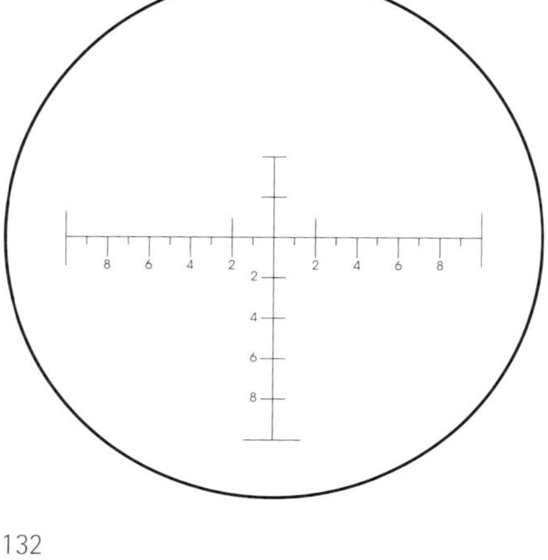

무를 띄고 팔루자로 향했다.
.300Win Mag와 Mk.12를 임무에 따라 나눠 쓰며 반정부세력의 전사들을 쓰러트렸다. 적은 광신적일 뿐 아니라 마약을 맞고 전투를 벌였다.
카일이 저격을 하던 건물에 RPG가 날아들어 실내에서 저격중이던 카일의 다리에 벽의 파편이 떨어지면서 양 무릎에 부상을 입었다. 하지만 병원에는 가지 않았고, 그가 마침내 병원에 가서 이 부상의 수술을 받은 것은 2년 뒤의 일이다.
교전 규칙에 얽매이는 만큼, 쏘지 않을 때가 많았다. 규정에 어긋나는 총격을 벌일 경우 살인죄로 기소되기도 한다. 전투중에 총을 쏘는 것은 1일에 2~3명 정도로, 더 많은 날도 있고 더 적은 날도 있었다. 전투뿐 아니라 카일은 다른 분야로도 많은 해병대원들을 도왔다. 부상당한 병사, 적에게 포위되어 움직이지 못하게 된 병사등을 도왔다. 그 결과 SEAL재적중에 두 개의 실버스타(은성무공훈장)과 5개의 브론즈 스타(동성 무공훈장)을 받았다.
저격뿐이 아니라 실내 돌입도 여러차례 실시했다. 해병대보다 SEAL쪽이 이 분야에 더 나은 훈련을 받았기 때문이다. 희생자를 내지 않기 위해, 비록 스나이퍼이지만 크리스 카일이 독자적인 판단으로 실내전에 뛰어들었다.
이 두번째의 파병에서 올린 사실 실적이 상당한 수준이다. 그의 닉네임이 텍산에서 The Legend로 바뀐 것도 이 때이다.
귀국한 뒤 크리스는 타야와 여러가지 형태로 충돌했다. 이 부분은 영화와 원작 사이에 큰 차이가 없다. 타야는 그가 제대하기를 원했지만 크리스는 전쟁에 나섰다. 미국이 전쟁을 벌이며 자신이 여기에 도움이 되는 상황이었다. 그에게 국가는 가족보다 위에 있는 존재였다. 딸이 태어난지 불과 이틀 뒤, 크리스는 세 번째로 이라크에 향했다.
크리스는 다양한 형태로 지혜를 동원했다. 세 번째 파병될 때 자신의 부대보다 1주일 늦게 바그다드에 들어간 크리스는 당시 이라크에서 가장 위험한 장소가 된 라마디에서 전투중이던 부대에 도달하기 위해 약간의 트릭을 썼다.
자세히 쓰기는 지면이 모자라지만, 마치 유능한 사업가가 회사나 거래처와의 교섭을 수월하게 성사시키기 위해 쓰는 것 같은 수법을 구사했다.
크리스에게 "라마디의 악마" 라는 별명이 붙고 현상금까지 붙은 것은 이 세번째 파병에서의 일이다.
크리스의 소대는 전투에 임하기 전에 모두 신에게 기도한다. 그리고 크리스는 언제나 성경을 가지고 다녔다.
라이언과 마크가 저격당한 에피소드는 영화와 원작이 상당히 비슷하다.
라마디에서는 팔루자보다 많은 적을 사살했다. 이 때 확인사살(Confirmed Kill)전과로는 미군 저격수로서 최고의 기록을 세웠다. 하지만 딸이 백혈병에 걸렸을지도 모른다는 진단이 나오자 크리스는 라마디를 뒤로 하고 귀국했다. 이 때 동료들을 남기고 귀국한 일로 인해 그는 상당히 착잡직한 기분이 들었다고 한다.
귀국후, 크리스의 딸은 정밀검사를 받은 끝에 백혈병은 아니라는 판정을 받았다. 한편 타야와의 결혼생활은 악화일로를 걸었다. 크리스가 가족보다 SEAL의 동료들이나 미국인 동포를 지켜야 한다는 생각을 강하게 품었기 때문이다. 두 사람의 마음은 점점 멀어져 갔다. 그러나 서로 사랑하기도 했고, 때문에 함께 지내기 위해 애쓰기도 했다.
네 번째의 참전에서는 사드르 시티로 배치됐다. 여기서 크리스 카일은 가장 원거리에서의 저격에 성공했다. 2,100야드(1,920m)밖에서 RPG를 겨누고 미 육군 부대를 공격하려 한 사나이를 사살한 것이다. 여기에는 운도 상당히 작용했다고 한다. 사격한 본인도 맞으리라고는 생각하지 못했다고 한다.
이 4번째의 이라크 파병에서 상사로 진급했지만, 이 무렵의 크리스 카일은 심신 모두 엉망진창이었다. 그리고 귀국한 뒤 복무기간 종료와 함께 SEAL을 떠나게 된다.
그 뒤 크리스 카일은 크래프트 인터내셔널(Craft International, LLC)를 설립한 뒤 전술 훈련을 주 사업으로 벌려나갔다. 그리고 PTSD로 시달리는 퇴역 군인들의 심리 치료를 맡았다. 이렇게 군을 제대한 뒤 가정으로 돌아가 닫혀있던 마음을 열고 결혼생활을 새롭게 쌓아 나가는 것 까지가 크리스 카일의 자서전 내용이다.
참고로 원작에서는 적 스나이퍼인 무스타파는 그 존재가 몇 줄 정도로 간단하게 서술될 뿐, 거의 나오지 않는다.

Firearms

영화에 그려진 크리스 카일의 볼트액션식 스나이퍼 라이플은 어스(Earth) 컬러로 칠해진 맥밀란의 전술 저격총인 TAC-338이다. A-5타입 스톡이 장착되어있고, McCann 인더스트리의 간접(인다이렉트) 레일 시스템(MIRS) 마운트를 장착했으며 나이트포스 NXS 8~32×56㎜ 스코프가 탑재되어있다. 소음기는 나이츠 아마먼트 제품이다. 반면, 실제 크리스 카일은 레밍턴 M700의 롱 액션 .300Win Mag버전에 릴져의 26.5인치 총열을 장착, 맥밀란 A-2스톡에 얹어놓고 MIRS와 나이트포스 NXS 8~32×56㎜ 스코프를 장착한 모델도 사용했다.
4번째의 파병에서 .338라푸아 매그넘을 사용했다고 하는데, 2,100야드(1,920m) 저격시에는 앞서 언급한 TAC-338을 사용한 것이 확인되고 있다. 그러나 영화에서 그려진 저격 모습은 거의 멋대로 창작한 수준이다. 영화에서는 이 때 류폴드 Mk.4, 3.5~10×40㎜ 스코프를 장착해 사용했다(역자 주: 맥밀란사에서도 이 스코프를 장착한 같은 기종을 '크리스 카일 패키지' 라며 판매중이고, 책 자체에도 같은 사양의 총이 사진으로 등장한다). 2,100야드 거리쯤 되면, 10배율 스코프로는 적의 모습이 보인다 쳐도 모래알 정도로나 보인다. 건물 옥상에 숨어있는 적을 발견하는 것은 너무나 어렵다. 물론 RPG를 쏘려는 적이었으니 몸을 크게 노출해서 좀 낫기는 했을 것이다. 게다가 탄도가 큰 포물선을 그리며 날아갈테니 스코프의 시야에 적을 포착하면서 쏘기도 어렵다.
또 7.62x51㎜의 Mk.11(SR25)와 5.56×45㎜의 Mk.12 Mod.1, 그리고 Mk.18 Mod.0 CQBR을 쓰는 장면도 있다.
Mk.18에는 에임포인트제 도트사이트를, SR25와 Mk.12에는 류폴드제 스코프를 장착했다. 하지만 스코프를 통해 보이는 영상의 레티클은 나이트포스도 류폴드도 모두 FCR-1레티클이어서 아쉽다.
영화에서 크리스 카일은 SIG P226을 사용한다. 원작에서는 SEAL에서 지급된 총이 P226으로 나오지만, 2004년에는 개인 물품인 스프링필드 TRP .45구경을 지니고 사용했다. 하지만 팔루자에서 수류탄 공격을 받아 파편으로 총이 파손됐는데, 그 대신 크리스는 목숨을 건졌다. 그 뒤에는 SIG P220의 .45구경 버전으로 바꿔 사용한다.
적의 스나이퍼인 무스타파가 사용하는 것은 루마니아제의 PSL과 러시아제 드라구노프다. 그 역시 탁월한 저격실력을 보여주지만, 이 총들로 영화에서 나오는 것 같은 초장거리 저격을 실시하기란 상당히 어려울 것으로 보인다.

더블 타겟 The Shooter

2007 년 Antoine Fuqua 감독 작품

Story

미국 대통령 암살 계획이 발각되자 해병대를 퇴역하고 산속에서 혼자 살던 전직 스나이퍼, 밥 리 스웨거에게 대통령 암살을 저지해달라는 의뢰가 날아온다. 1.6㎞이상 떨어진 장소로부터의 저격 계획을 세워달라는 것으로, 이 계획을 참고해서 저격을 저지하겠다는 것이었다. 밥 리는 대통령이 움직일 도시인 볼티모어를 실제로 방문해 이곳이 위험하다는 결론을 내린다. 그리고 바로 그 볼티모어에서 사건이 터졌다. 대통령과 함께 연단에 섰던 이디오피아의 대주교가 2,200야드(2,012m) 거리에서 저격당해 사망했다. 그 순간 현장에 있던 밥 리도 경관에게 사격당해 부상당했지만 그 자리를 탈출했다. 하지만 현장에는 밥 리 소유의 저격총이 발견되어 저격범으로 단정당하면서 경찰에 추적당한다.
밥 리가 도망갈 때 총과 차를 빼앗기는 추태를 연출한 FBI수사관 닉 멤피스는 이 사건에 의문을 품는다. 사건 직후에 저격 현장이 너무나 빨리 봉쇄된데다 탄도검사의 결과가 겨우 10분만에 나왔다. 그리고 용의자 확정도 너무 빠르다. 수상하다고 느낀 멤피스는 2년 전에 밥 리가 1,000야드 경기에서 쏜 표적을 확인했다. 그 때 쏜 5발의 탄흔은 1.5인치(38mm) 탄착군이었다. 이 정도 실력이 있는 사나이가, 아무리 2,200야드라도 바람도 거의 없는데 대통령으로부터 2.5피트(762mm)나 떨어진 이디오피아 대주교를 오인사격할 턱이 없다. 밥 리의 저격현장을 처음 발견해 쐈다는 경찰관은 창문에서 튀어나온 총열을 보고 저격수의 존재를 눈치챘다고 한다. 창 밖으로 총구를 내밀 멍청한 저격수는 없다. 그리고 그 경관은 다음날 강도의 총에 맞아 죽는다. 이 사건에는 음모의 냄새가 풍겼다.
한편, 현장에서 도망친 밥 리는 자신을 덫에 걸어넣어 저격범으로 만들려 하는 정부 관계자의 추격을 따돌리면서 사건의 흑막을 파헤친다.

Sniper Character

마크 월버그(Mark Wahlberg)가 연기하는 스나이퍼 밥 리 스웨거(Bob Lee Swagger)는 소설판에서 그 뒤 여러 속편에 등장해 캐릭터에 대해서도 여러가지 사실이 알려져 있다. 하지만 영화판에서는 이런 사실들이 자세히 나오지 않는다. 해병대 중사(Gunnery Sergeant)로서 우수한 스나이퍼였다는 정도의 사실만 나온다.
영화 초반에는 이디오피아의 육군 기지, 하모니에 근처에서 벌어진 CIA작전에도 참가한다. Viper라는 코드네임으로 스포터와 함께 적대지역에 잠입하기는 했지만 적의 공격을 받아 친구이자 스포터인 도니가 전사한다. 그리고 CIA의 지휘관은 Viper를 적진에 버려둔다. 밥 리에게는 헬기를 포함한 100명의 적과 싸워 적 70명을 죽이고 탈출한 비공식 기록이 남아있다.
Viper팀을 두고 도망친 CIA지휘관은 2주일 뒤 행방불명됐다. 밥 리가 범인으로 의심받았지만 그래도 1주일 뒤 무사히 전역했다.
밥 리는 군을 떠난 뒤 산에 머물며 식량은 사냥으로 조달하고 오두막에서 개와 함께 지내며 도시에 거의 안 나가는 생활을 했다. 뉴스는 인터넷으로 볼 수 있고, 읽는 책은 두터운 "9/11 위원회 보고서" 다. 현직 대통령, 전직 대통령 모두 싫어한다. 하지만 애국자인 만큼 존손 대령으로부터 대통령을 지켜야 한다고 듣자 저격 저지작전에 협력, 사건에 휘말리게 된다. 참고로 영화 속에서의 사건 설정은 이디오피아 작전으로부터 36개월(3년) 뒤라는 것이었다.
밥 리는 전사한 스포터 도니의 부인 사라에게 매년 도니의 기일에 꽃을 보낸다. 그것은 작전중에 도니를 지키지 못한데 대한 속죄였다.
밥 리의 아버지도 군인으로, Congressional Medal of Honer(의회 명예훈장)를 수여받은 것으로 나온다.
그 아버지가 앨 스웨거라는 사실은 소설판의 독자라면 누구나 알겠지만, 영화에는 그 이름이 나오지 않는다. 참고로 원작에서 아버지인 앨 스웨거가 이 훈장을 받은 곳이 이오지마로 되어있다.
사건을 조사하는 멤피스 수사관이 2년전에 실시된 1,000야드 사격대회에서 밥 리가 쏜 표적을 조사해 그 결과를 상사에게 보고하는 장면이 있다. 하지만 이것은 이디오피아 사건의 1년 후에 사격대회에 나왔다는 이야기인 만큼, 산에 머물며 군이나 사회와의 접촉을 극도로 꺼렸다는 설정괴는 아주 맞지 않는다.
이 영화의 밥 리는 볼트액션 라이플을 쏘는 장면에서는 오른손으로 쏘지만 권총이나 M4 카빈은 왼손으로 쏜다. 이것은 배우 마크 월버그가 왼손잡이이기 때문으로, 원작 소설의 밥 리는 왼손잡이가 아니다.

Firearms

초반에 나오는 이디오피아 저격 장면에서 밥 리는 M40A3을 사용하며 여기에 달린 스코프는 유너틀이다. USMC SNIPER라는 각인도 희미하게 보인다. 헬리콥터에서 공격받는 장면에서는 M82A1으로 바뀐다. 이 때 스코프는 나이트포스 NXS다. 퇴역 후 밥 리는 셰이택 M200 인터벤션을 가지고 이것으로 장거리 저격을 테스트한다. 여기서 쓴 탄은 .408CheyTac이다. 여기 얹은 스코프도 나이트포스 NXS다.
저격범의 오명을 쓰고 도망하던 중에 입수한 라이플은 Cooey 모델 600이라는 .22LR구경의 싸구려다. 밥 리는 이 총의 총구에 PET병을 테이프로 장착해 간이 소음기처럼 사용한다. 그 뒤 어째서인지 레밍턴 M700도 두 자루나 사용한다. 어떻게 입수했을까. 둘 다 스코프는 류폴드 Mk.4 M1이 실려있다. 밥 리는 이 총과 스코프의 표면을 상황에 따라 스프레이로 칠해 위장했다. 눈덮인 산속에서의 저격전에서는 흰색으로 칠했다.
밥 리가 사용하는 스코프는 레티클이 어느 쪽도 밀 도트로 묘사됐다. 기껏 스코프를 신경써서 준비해 촬영했더니 레티클을 대충 넘겨서 아쉽다. U.S. Optics와 류폴드는 그렇다쳐도, 나이트포스의 밀 도트는 반투명 시스루 타입으로, 영화에서 보이는 것과 같은 고전적인 밀 도트를 사용하지 않는다.
밥 리는 셰이택으로 1,760야드(1마일: 1.6㎞)에서의 저격을 테스트한다. 스튜 깡통을 표적으로 쏘는데, 스코프에 비치는 깡통 크기가 너무 크다. 나이트포스 NXS의 최대 배율은 42배이지만, 이 정도로 깡통이 크게 비춰질 턱이 없다. 그런데 영화를 계속 보면 사격 후 깡통이 날아가는데 걸리는 시간이 약 5초다. 이 부분은 의외로 정확하다.
바렛 M82A1에서 헬리콥터와 싸우는 장면에서 밥 리는 어째서인지 매발 쏠때마다 노리쇠를 손으로 당긴다. M82A1은 반자동인데다, 영화 속에서도 실제로 반자동으로 작동하는 장면이 있는데 말이다.
이디오피아 대주교를 저격한 총은 밥 리의 셰이택 M200 인터벤션으로 위장은 했지만 실제 사격한 총은 바렛 M82로 프리시전 리모트(Precision Remotes)사의 원격 조종 시스템에 의해 사격됐다. 이것이 설정상 정확히 어느 거리에서 사격됐는지는 나오지 않지만 약 1,800야드 쯤인 듯 하다. 이 곳은 밥 리가 이 쯤에서 대통령을 저격할 수 있다고 추정한 바로 그 위치였다.
밥 리는 이 저격을 하려면 구리를 깎아 만든, 수제품의 BC값을 극도로 낮춘 것이어야 한다고 말한다. 이 거리에서 맞아도 상대를 죽일 수 있는지 질문을 받자 밥 리는 "1.5마일 날아간 뒤의 탄이라도 .44매그넘을 지근거리에서 맞는 것 이상의 파워가 있다. 다만 바람의 영향도 크고, 확실히 풍속을 재어야 할 필요가 있다. 또 각도 역시 중요하며, 게다가 콜드 보어 상태에서의 사격이라면 더욱 어려울 것이다." 라고 답했다.
그리고 이 음모의 주모자는 밥 리가 지정한 위치에서 원격조종으로 저격을 실시했다. 여기에 저격 당일, 일부러 밥 리를 특정 위치에서 대기하게 해 여기서 밥 리가 사살당하는 동시에 밥 리 자신의 셰이택은 그 자리에 놓고 저격현장으로 위장할 속셈이었다. 그 곳에서 대주교와 대통령이 있는 연단까지의 거리는 2.200야드(2,012m). 하지만 밥 리는 부상당했을 뿐, 그 자리에서 탈출에 성공한다.
그리고 미시시피 동부에 사는, 가장 위대한 건스미스라고 불리는 노인이 등장한다. 레전드라고도 불리는 인물로, 총과 사격에 대해서는 스미스&웨슨보다 잘 아는 듯 하다고 묘사된다. 이 노인이, 이 이야기의 열쇠가 되는 트릭을 설명하는 장면이 있다. 도대체 어떻게 다른 총으로 쏜 탄을 밥 리의 총에서 쏜 탄처럼 위장할 것인가?
이 부분은 여기서 설명하지는 않겠다. 사실 원작에는 이 노인은 등장하지도 않는다. 그 트릭은 Schofeld라는 인물이 쓴 책의 챕터 4 "Altering Bullets for Various effects" 에 써 있다고 한다. 현실에 불가능한 트릭은 아니지만 정밀도 문제도 있고, 절대로 1,800야드 저격이 될 방법은 아니다(역자 주: 이 책도 영화상에서 만든 가공의 서적이다).
초반에서의 이디오피아에서의 저격은 거리 900야드에서 이뤄졌고 스포터는 Wind, three-quarter value, push 2 left(왼쪽에서 부는 바람, 좌로 2클릭 수정)이라고 지시한다. 이 때, 3시 방향에서 30마일의 속도로 적의 차량이 접근하자 스포터는 3밀의 리드값을 적용하라고 지시한다. 그리고 900야드 밖의 기관총 사수를 쏴라고 스포터가 명령한 뒤 "Jefe. 920. Three-quarter value(지휘관, 920야드, 왼쪽에서 부는 바람)" 이라고 지시한다. 이들 표적은 밥 리가 확실히 쓰러트린다. 스포터는 류폴드의 Mk.4, 12~40×60㎜ 택티컬 스포팅 스코프를 사용한다. 화면에 등장하는 레티클은 밀 해시 방식 크로스헤어(십자선)이지만, 실제 Mk.4 스포팅 스코프에는 H-32라고 불리는 Horus Vision이라는 업체의 the Horus Reticle System이 사용된다.
설산에서의 저격전도 전개되지만, 이 때에는 스포터가 없어 거리나 바람에 대한 정보는 영화에서는 알 수 없다. 밥 리의 활약을 그린 원작의 제2권 "Time to Hunt" 에서는 밥 리가 거리를 정확히 읽는 능력이 떨어진다고 적혀있다. 그렇다면 혼자서 제대로 저격하기가 어렵다. 하지만 영화판의 밥 리에게 그런 약점은 보이지 않는다.

원작과 너무 달라

이 작품의 원작 소설 "Point of Impact" (일본 번역제목 "극대사정")이 발표될 당시에는 저격을 테마로 한 본격적 추리물이 등장했다고 많은 사격인들이 열광했다. 필자도 그 중 하나였다. 스토리의 핵심이 되는 강선 위장의 트릭에는 좀 어리둥절하기는 했지만 스토리는 재미있었고 곳곳에 사격을 아는 사람들이 기뻐할 요소가 많았다. 하지만 그런 부분들은 총을 모르는 사람들은 재미가 없는 부분이기도 하다.
그리고 영화화가 발표되었을 때 많은 사격인들이 불안해 했다. 과연 원작의 매력이 얼마나 영화에 표현되었을까? 하고 말이다. 그리고 밥 리를 누가 연기할 것인지도 화제가 되었다. 영화화 발표 이후 실제로 영화가 제작될 때 까지 상당한 시간이 걸렸다. 영화 제작이 결국 없던 일이 되나 싶을 정도로 나중이 되어서야 영화가 제작되었다. 그리고 앞서 느낀 불안들이 제대로 적중했다.
영화는 초반에는 시원하게 진행되다가 중간부터 어긋나기 시작한다. 원작을 모르면 이것은 이것대로 재미있을지도 모르겠지만 스토리 진행이 상당히 거칠다.
원작에서는 밥 리가 쏜 탄자(강선 흔적이 분명히 남은 상태의 탄환)을 적이 입수하는 방법이 영화에 나온 것과는 비교도 안되게 현실적이다. 그리고 마음을 닫고 있던 밥 리가 대통령 암살 저지에 나서게 되는 동기도 훨씬 설득력이 있었다. 원작에서는 밥 리의 전우이자 스포터이기도 한 도니를 죽인 러시아인 스나이퍼가 미국 대통령까지 노린다는 이야기를 들었기 때문에 CIA에게 협력하기로 했다. 그런 디테일이 생략된 것은 영화의 시간적 제약 때문이라 어쩔 수 없다고는 하지만 상당히 얄팍한 이야기가 되고 말았다. 많은 사격인들이 이 소설 원작에 열광한 이유는 많은 총기묘사가 정확(강선 트릭은 아니지만)한데다 스나이퍼인 밥 리 스웨거의 캐릭터에 매력을 느꼈기 때문이다. 아쉽게도 마크 월버그의 밥 리 스웨거는 스나이퍼다운 느낌이 거의 없다.
원작 "Point of Impact" 를 원작자 스티븐 헌터가 발표한 것은 1993년이다. 그리고 이 영화는 2007년에 나왔다. 14년이나 지난 뒤다. 일본어판 제목인 '극대사정' 이라는 단어에 대한 인식도 그 사이에 크게 변했다. 영화에서의 저격 거리는 2,200야드(2,012m)이지만, 원작에서는 1,200야드(1,097m)였다. 1993년이면 1,200야드도 '극대' 라고 불릴만 했다. 하지만 그 뒤 이라크와 아프가니스탄에서 저격 거리의 기록이 차례차례 갱신됐으니 1,200야드로는 명함도 못 내밀게 됐다.
영화에서는 범행에 사용된 것으로 설정된 총이 셰이택 M200 인터벤션, .408CheyTac이지만 원작에서는 레밍턴 M700V, .308Win으로, 스코프는 류폴드의 10배율 Mk.4 Ultra, 밥 리가 해병대를 제대할 때 기념으로 보낸 총으로 되어있다. 다만 총열은 하트의 스테인레스 스틸 제품으로 바뀌어 있다.
적은 밥 리가 이 총을 사용해 400야드(366m) 거리에서 대통령을 저격한 것처럼 위장했다. 또 밥 리에게 공격당한 뒤 나중에 밥 리에게 협력하게 되는 FBI 닉 멤피스 수사관도 영화에서는 좀 어설픈 존재이지만 원작에서는 FBI스나이퍼였다가 인질을 잡은 용의자 저격에 실패한 과거도 거론된다.
어쨌든 이 영화도 나름 재미있다. 하지만 스나이퍼를 그린 작품으로 본다면 원작과 영화의 격차는 너무 크다. 원작 Point of Impact는 제1급의 스나이퍼 소설이다.

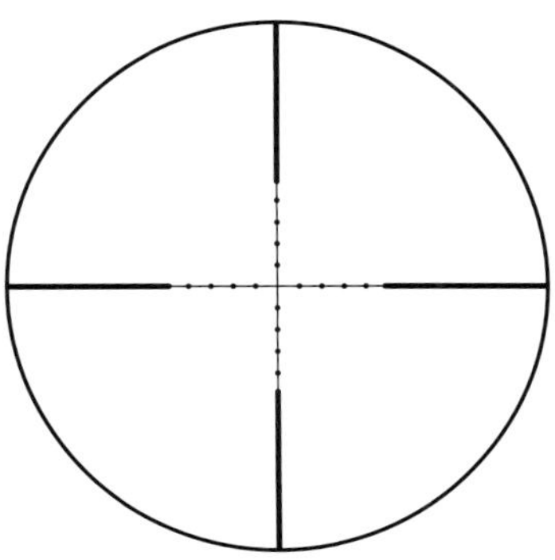

극중에서 밥 리가 사용한 스코프(유너틀, 나이트포스 NXS, 류폴드 Mk.4)는 전부 같은 레티클로만 묘사된다. 이건 좀 심했다.

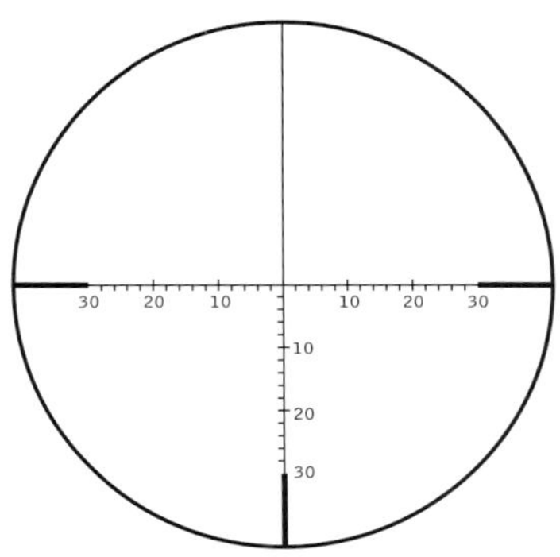

스포터의 도니는 류폴드 Mk.4, 12~40 × 60 ㎜ 택티컬 스포팅 스코프를 사용한다. 실제 Mk.4 스포팅 스코프는 H-32 Horus Vision의 복잡한 레티클을 사용해 영화와는 다를 것이다.

에너미 앳 더 게이트

Enemy at the Gate

2001 년 Jean-Jacques Annaud 감독작품

Story

제21 보병연대의 다닐로프 제2급 정치장교는 새로 스탈린그라드를 담당하기 위해 파견된 니키타 세르게이비치 흐루시초프에게 현재의 열세에 놓인 상황을 타개하려면 소련군 병사의 사기를 높여야 한다고 제안한다. 용기와 애국심의 모범을 보이고, 희망을 높이며 전투의식을 부여할 한 사람의 영웅을 만들자는 것이다. 2일 전에 만난 바실리 자이체프가 바로 그 인물이었다. 자이체프는 다닐로프의 눈 앞에서 5명의 독일 장교와 병사를 단숨에 저격했다. 다닐로프는 흐루시초프의 참모로 승진, 자이체프는 스나이퍼 팀에 소속된다. 신문에서는 자이체프가 차례차례 적을 저격한 것을 보도하며, 그 전과는 계속 쌓인다. 나치 독일도 자이체프에게 경악하면서 저격병 양성학교의 교장 쾨니히 소령을 스탈린그라드에 보낸다. 자이체프를 저격하기 위해서이다. 자이체프도 이를 알고 쾨니히 소령과 싸운다.

Sniper Character

주드 로가 연기하는 바실리 자이체프(Vassili Zaitsev)는 실제인물(1915~1991)로, 2차 세계대전에서 소련의 영웅이었다. 영화에서는 우랄 산맥에서 자라 5살 때에 할아버지의 손에 이끌려 사냥을 경험했다. 늑대를 쏘지 못해 미끼로 사용한 귀중한 말을 잃는 장면이 그려졌다. 1942년 9월 20일에 스탈린그라드에서 일개 사병으로 파병됐다가 탁월한 사격기술을 발휘해 곧 스나이퍼 팀에 배속되어 3.5배 스코프가 달린 모신 나강 소총을 지급받아 사용한 것으로 나온다. 하지만 실제 역사에서는 스코프 달린 총을 지급받은 것이 11월 10일로, 그 전에는 스코프 없는 모신 나강 소총을 썼다고 한다. 하지만 10월에 촬영된 사진에 스코프 달린 모신 나강을 든 것도 있다.
모스크바 대학에서 독일어를 배운 유대인 여성 지원병 타냐 체르노바를 두고 친구였던 다닐로프와 삼각관계가 되는 에피소드는 완전히 영화 속의 창작이다.
실제의 자이체프가 처음 사냥감을 잡은 것은 12살 때의 일이다. 사슴과 늑대를 단발 베르던 소총으로 잡았다. 소련 해군에서 육군으로 이동한 뒤 스탈린그라드에 도착한 것이 9월 17일, 그 뒤 11월 10일까지 스코프 없는 일반형 모신 나강 91/30으로 32명의 적을 쓰러트렸다. 11월 10일에 3.5배 스코프 달린 저격 버전 모신 나강이 지급되어 11월 17일까지 225명을 쓰러트렸고 그 중 11명이 적 스나이퍼였다고 소련측이 기록하고 있다.
1943년 1월에 독일군의 포격으로 눈을 다쳐 전장을 떠났지만, 그 때까지 약 400명을 저격, 최장거리 기록은 1,100야드라고 되어있다. 사실 이것은 소련이 선전으로 과장한 기록으로, 실제 전과는 그보다 많이 적을 것으로 추정된다. 1,100야드 거리도 쓰는 총을 보면 믿기 힘들다. 1943년 2월 22일, 자이체프는 Geroy Sovetskogo Soyuza(소련 연방 영웅)으로 불리며 국가 최고의 영웅 칭호를 수여받는다. 그 뒤 눈 치료를 끝낸 뒤 1945년에 독일 젤로프 고지의 전투에 참전했다.
1991년 12월 15일, 76세로 사망했다. 자이체프가 죽은 것은 소련 붕괴 1주일 전의 일이다.
에드 해리스가 연기한 쾨니히 소령은 독일의 저격학교 교장으로 바실리를 사냥하기 위해 10월 21일에 스탈린그라드로 파견되었다.
극중에서 쾨니히 소령은 자이체프와 3회 대결한다. 자이체프의 실제 저격 기록에도 쾨니히 소령이 등장은 하지만, 막상 독일측에는 그런 인물의 기록이 없다.
영화에서는 자이체프의 파트너로 저격수 쿨리코프가 등장하는데, 독소전이 시작되기 16개월 전에 독일의 저격학교에서 쾨니히 소령의 교육을 받았다고 되어있다. 쿨리코프(Nikolai Kulikov)도 실재 인물로, 자이체프의 파트너였다. 하지만 당시의 독일에 그런 저격학교는 없었고, 쿨리코프의 경력도 날조인 듯 하다. 영화에서는 쾨니히 소령이 바이에른의 귀족이라고 다닐로프가 말한다. 생전의 자이체프 자신도 독일인 스나이퍼와의 대결했다고 직접 말한 바 있고 자서전에도 이 내용이 있는 것을 보면 자이체프 자신이 영웅의 생애를 직접 연기해 온 것 아닌가 싶다.
쾨니히 소령은 실제로는 하인츠 토르발트 대령(Heinz Thorvald)라고 되어있는 자료도 있지만 그 존재도 매우 수상하다. 또 극중에 쾨니히 소령에게는 116보병연대에 복무중인 아들이 있지만 스탈린그라드 전투 첫 날에 전사했다고도 한다.

Firearms

자이체프는 모신 나강 M91/30에 3.5배 PU스코프를 탑재한 스나이퍼 라이플을 사용한다. 영화에 등장하는 레티클도 PU스코프의 것이다. 일반형 M91/30과는 장전손잡이의 모양이 다르다(아래로 꺾여있다). 일반병용의 일반형 M91/30도 많이 나온다. 자이체프도 처음에는 일반형 M91/30으로 5명의 독일 장교와 병사를 차례차례 저격했다. 실제의 자이체프가 총을 든 사진을 보면 PU스코프가 아니라 듀얼 마운트 방식의 PE스코프를 사용했다.
쾨니히 소령은 마우저 Kar98k에 칼 차이스제 6배율 Zielsechs 스코프를 장착한 스나이퍼 사양 모델을 쓰고 있는 듯 하다. 독일군에서 널리 쓰인 ZF39스코프보다 대형이라 Zielsechs라고 판단했다. 레티클은 상당히 독특한 것이 쓰였다. 실제 Zielsechs의 레티클은 PU와 거의 차이가 없기 때문에 차이를 주기 위해 창작한 것 같다. 당시의 기술로는 영화에 나온 형태의 레티클은 어려웠을 것이다.

영웅으로 만들어진 자이체프

이 영화는 제2차 세계대전에서의 독소전, 스탈린그라드 전투를 무대로 실재 저격수 바실리 자이체프의 모습을 그렸다.
하지만 사실에 충실한 스토리가 아니라 대부분 창작된 것이다. 당시 소련은 선전을 위해 자이체프의 저격 실적을 대대적으로 부풀렸을 뿐 아니라 저격수 쾨니히 소령과의 저격대결이라는 이야기까지 창작, 자국민과 자국 병사들의 사기를 높이려 했다. 물론 이 영화는 소련의 선전을 그대로 답습한 것이 아니라 영웅으로서 만들어진 자이체프의 모습을 보다 인간적으로 그렸다.

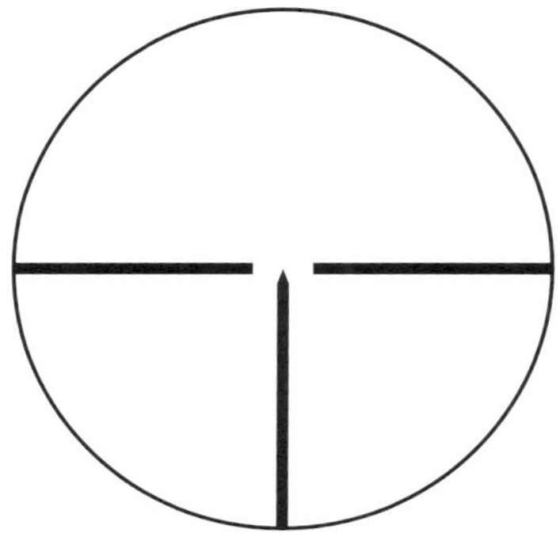

자이체프가 사용한 PU 스코프의 레티클. 독일 ZF39 의 스코프 레티클을 거의 그대로 사용했다. 이것이 나중에 '저먼 포스트' 로 불리게 된다.

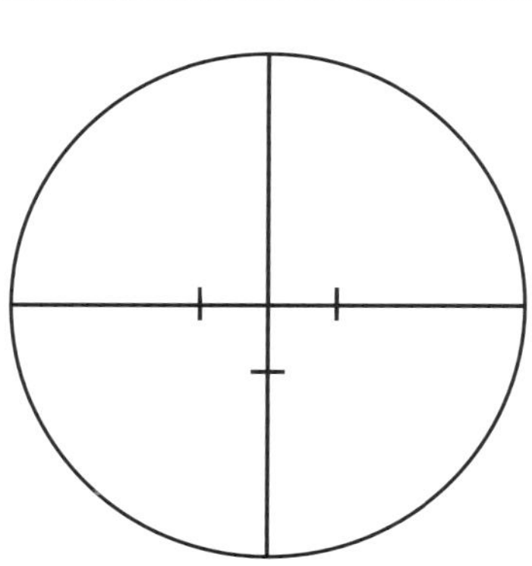

쾨니히 소령의 레티클. Zielsechs 의 레이클도 실제는 ZF39 나 PU 와 같기 때문에 차별화를 위해 영화에서 창작한 듯 하다.

자칼의 날 The day of the Jackal

1973 년 Fred Zinnemann 감독 작품

Story

1962년, 프랑스의 식민지 알제리는 2차 세계대전 이후 계속된 독립운동이 격화되었다. 알제리 전쟁을 거쳐 드골 대통령은 이 나라의 독립을 인정하기로 결정한다. 그 결과 독립을 거부하는 군부의 일부를 적으로 돌렸다. 이들은 힘을 합쳐 OAS라는 이름을 걸고 대통령 암살을 꾀한다. 하지만 암살계획은 실패하고 OAS는 해체 직전까지 약체화됐다. 해외에 도망친 OAS간부는 드골 암살을 다시 계획한 뒤 외국인 암살자 자칼을 고용한다. 그 사실을 파악한 프랑스 내무부는 클로드 르벨 경감에게 자칼 추적을 명령한다. 르벨 경감은 한걸음씩 자칼에게 다가서지만, OAS도 프랑스 정부에 스파이를 보내 자칼 추적의 정보를 얻는다. 그 결과 자칼은 몇차례나 경찰의 그물을 빠져나가는데 성공한다. 그리고 운명의 날, 8월 25일의 파리 해방 기념일을 맞는다.

Sniper Character

에드워드 폭스 (Edward Fox) 가 연기하는 자칼 (The Jackal) 은 정체불명의 암살자로 묘사된다 . 영국인으로 여겨지며 , 나이는 30 대 , 금발머리에 키는 180 ㎝ 정도이다 . 드골 암살을 맡았을 때에 자신의 암호명을 자칼이라고 소개했다 . 과거에 콩고에서 우익계 인물 4 명을 암살했다고도 했다 . 1961 년 , 트루히요를 암살했다고 했다 . 트루히요는 도미니카 공화국의 대통령으로 독재자이기도 했던 실재 인물인 라파엘 트루히요를 뜻한다 .

이 트루히요를 암살한 인물이 찰스 캘스롭 (Charles Harold Calthrob) 이라는 비공식 보고서도 있다고 되어있다 . 카리브해 주변의 총기상인이라는 인물로 , 암살 직후 행방불명이 되었다는 설정이다 .

자칼은 프랑스어로 Chacal(샤칼)로 불리며, 찰스 캘스롭의 처음 세 글자를 합치면 Chacal이 된다. 이 때문에 자칼의 본명은 찰스 캘스롭이라고 프랑스와 영국 수시팀이 판단했다.

영화에서의 드골 암살의 보수는 50만 달러(1963년 기준으로는 큰 돈이다). 선금은 25만 달러로, 이것을 스위스 어느 은행 계좌에 넣는 즉시 행동개시하기로 했다. OAS는 은행강도를 거듭해 96만 프랑을 조달, 자칼에게 선금을 지급했다.

자칼은 위장을 하기 위해 2살에 사망한 폴 더건(Paul Oliver Duggan)의 이름을 이용해 가짜 여권이나 면허증, 신분증등을 얻었고 이 이름이 수사팀에 알려지자 이번에는 덴마크인 교사로 위장한다.

자칼의 주안(主眼)은 왼눈인 듯 하다. 몇번이나 왼눈으로 스코프를 보는 장면이 있다. 사용하는 분해식 저격총은 개머리판이 특수한 것으로, 왼눈으로도 조준이 가능하다. 이것은 연출상의 실수가 아닐까 싶다.

결국 자칼의 실제 신원은 마지막까지 알지 못한채 끝난다. 칼스 캘스롭은 다른 사람이었다.

Firearms

자칼은 드골 암살용으로 조립식 저격총을 찾는다. 제네바에 사는 Gozzi라는 건스미스에게 이 총의 제작을 의뢰했다.

의뢰 내용은 아주 가볍고 특수한 라이플로, 짧은 총열에 소음기 달린 스코프도 필요하며 분해해서 알미늄 통에 수납될 수 있어야 한다는 것이었다.

Gozzi가 사격 거리는 어느 정도냐고 묻자 자칼은 "확실하지는 않지만 400피트(121.9m)는 안 넘을 것" 이라고 답한다. 표적은 움직이지 않고, 헤드샷, 2발째는 가능하면 쏘겠지만 아마 어려우리라고 답한다. 알미늄 통에 어떻게 넣을지는 자칼이 그림으로 알려줬다. 여기에 Explosive bullets(작렬탄)을 요구해 수은을 사용한 작렬탄 6발을 만들게 했다. Gozzi는 납기인 2주일에 이것을 완성했다. 대금은 1,000파운드, 여기에 재료비 100~200파운드를 추가로 요구했다. 결과적으로 완성된 총은 알미늄이 아니라 스테인레스 튜브에 들어갔다. 알미늄은 강도가 안 나온다고 Gozzi가 답했다. 원작에서는 이 건스미스가 원래 FN사의 사원이었다는 설정이다.

자칼은 이 총을 몽트멜로의 숲에서 수박을 이용해 시험사격하고 영점을 잡는다. 탄은 아마도 .22Hornet인 듯 한데, 보통탄이라면 수박에 단순한 구멍이 났겠지만 설정상 작렬탄이라 수박이 터졌다.

완성된 총은 배럴드 액션(총열이 달린 리시버), 소음기, 개머리판, 버트플레이트, 스코프, 방아쇠로 구성되어 파이프 형태로 분해조립되는 방식으로, 개머리판도 가느다란 원통뿐으로 뺨 받침도 없다. 스코프도 가느다란 것으로, 아이 릴리프(초점거리)도 매우 짧다. 장전 손잡이는 매우 작고, 잡아서 돌리면 폐쇄가 풀린다.구조적으로는 단발 볼트액션이다. 아마도 뭔가 다른 총을 개조했을 것이다.

영화 서두에서의 드골 암살 미수 장면에서는 3인의 OAS멤버가 대통령의 차량행렬에 7초간 140발을 쐈다. 하지만 기적적으로 아무도 다치지 않았고(역자 주: 실제 역사에서는 경찰관 2명 사망), 대통령의 행렬은 사라졌다. 이 때 사용된 총은 MP40, 톰슨 M1928, Mle 1924/29경기관총 등이었다. 어느 총도 상자형 탄창의 자동화기로, 이 3정으로 7초간 140발을 쏘는 것은 불가능하다. 탄창 교환하는 장면도 없다. 이것은 1962년 8월 22일에 실제로 일어난 사건으로, 실제로는 4명이 발포했다. 4명이라도 140발은 무리겠지만….

이 대통령 암살 미수사건의 주범 바스티앙 중령은 체포되어 다음해에 총살형에 처해졌다. 영화에서의 처형 장면은 소총으로 사살당한 뒤 리볼버(Mle1892)로 확인사살되었다.

등장하는 프랑스 경찰 및 군은 MAT49기관단총이나 Mle1949소총을 장비했다.

아주 우수한 서스펜스 드라마

원작은 프레드릭 포사이드(Frederick Forsyth)가 1971년에 발표한 동명 소설로, 세계적 베스트셀러가 되었다. 프레드 진네만 감독은 그 원작을 아주 충실하게 영화화했다. 이 작품의 스토리 구성은 암살을 테마로 한 작품의 왕도라 해도 좋을 것이다. 화려한 액션장면은 거의 없지만 긴박감 넘치는 연출이 멋지다. 영화는 사실과 픽션을 잘 섞었다. 이미 서술한 대로 서두의 드골 습격은 실제 사건으로, 드골은 2차 세계대전중을 포함해서 31번이나 암살 미수를 겪었다. 그 중에서도 이 이야기는 마치 전부가 사실인 것처럼 보이게 만드는 실감이 든다. 영화 제작으로부터 42년이나 지났으나 암살을 테마로 한 영화로서는 이것이 최고 걸작일지도 모른다.

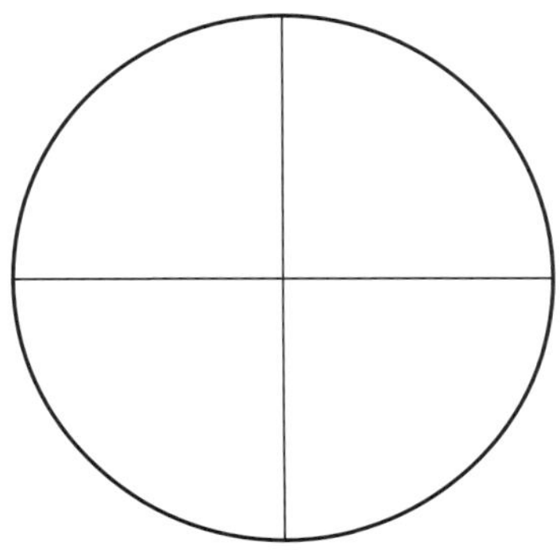

자칼이 사용한 스코프의 레티클 . 단순한 십자선은 당시의 표준이었다 .

싸일런트 트리거

SILENT TRIGGER

1996 년 Russel Mulcahy 감독 작품

Story

한 스나이퍼가 어느 나라 여성 정치인 암살을 의뢰받는다. 의뢰인으로부터 저격 명령이 내려지는 순간, 그 정치가는 어린 아기를 안고 있어 스나이퍼는 저격을 못 했다. 그 직후 스나이퍼가 숨은 저격지점에 정부군(?)의 특수부대가 급습, 저격은 불가능해지고 스나이퍼와 여성 스포터는 적지로부터의 탈출을 강요당했다. 저격에 실패한 스나이퍼에게 다시 저격의뢰가 날아든다. 스나이퍼가 지정된 저격지점인 빌딩에 도착하자 나타난 스포터는 지난번과 같은 여성이었다. 다음 날 8시, 다리를 건너는 차를 저격할 것. 지시는 그것뿐이다. 저격지점의 빌딩 경비원을 제거한 뒤 저격 준비를 진행하는 스나이퍼와 스포터. 드디어 아침이 밝아 표적인 차량이 접근해온다.

Sniper Character

돌프 룬드그렌이 연기한 스나이퍼에게는 제대로 된 이름도 없다. 작전 실행시에는 Eagle 1이라고 불린다. 지나 벨만이 연기한 스포터에게도 이름은 없고 Eagle 2다. 그들이 소속된 조직(극중에서는 패밀리, 혹은 시스템이라고 불린다)은 실태도 분명치 않고 무대가 된 나라도 불분명하다.

이글 1이 처음에 사람을 죽인 것은 전쟁통이었다(어느 나라, 어느 전쟁인지도 안 나온다). 전쟁이 끝나도 이글 1은 사람을 계속 죽여왔다. 지정된 타겟의 이름도 본질도 모른다. 그저 지정된 표적을 쏠 뿐이다. 저격 능력은 초일류. 그러나 그런 자신의 행위에 의문을 품으면서 타겟의 얼굴에 자신의 모습이 겹치게 되었다. 서두에 그려진 여성 정치가 저격도 방아쇠 당기는 것을 포기한 것은 아이를 안고 왔기 때문이 아니라 자신의 모습을 봤기 때문일지도 모른다.

Firearms

Eagle 1이 사용한 저격총은 .50BMG의 대물 저격총이 탄생했던 초창기부터 존재한 AMAC-1500이다. 아이버 존슨이라는 B급 업체가 판매한데다 장난감 업체인 데이지까지 유통에 관여하면서 결국 메이저 제품이 되지 못하고 사라진 제품이지만 매우 개성적이다.

분해조립의 장면은 있지만, 분리된 총열을 중간에서 연결하는것은 좀 황당했다. 총열을 그런 식으로 분리하고 다시 잇는 것은 말도 안된다. 또 소음기는 사용하지 않는다. 소염기를 달기 전에 커다란 블록을 장착하는데, 아마도 배럴 웨이트(총열에 다는 무게추)일 것이다. 첫 임무에서도 AMAC을 쓰지만, 이 때에는 배럴 웨이트는 없었다.

탄창을 쓰지 않는 단발식의 AMAC이지만, 대신 6발의 .50BMG탄을 죽 꽂아놓는 홀더가 본체 리시버 측면에 달려있다. 한 발 쏜 다음 노리쇠를 리시버에서 뽑은 뒤 빈 탄피를 떨어내고 이 홀더에서 뺀 탄을 노리쇠로 붙잡듯 끌어낸 뒤 그대로 약실에 넣는다. 한마디로 이 총에는 차개라는 부속도 없다. AMAC-1500으로 저격할 때 이글 1은 양각대로 총을 지탱하지만 총격전에서는 양손으로 지탱하고 쏜다. .50BMG를 쓰는 총 치고는 비교적 가벼운 AMAC이지만, 이 거대한 총을 잡고도 모양이 잡히는 것은 역시 돌프 룬드그렌이 쓰기 때문이 아닐까.

초반의 임무에서는 거리 1,180야드(1,079m), 옆바람 12노트(6.17m/s), 오른쪽 6클릭 수정이라고 이글 2가 지시한다. 영화속 스포터가 사용하는 스코프에는 언제나 표적까지의 거리와 풍속-풍향이 표시되어있다. 이 풍속과 풍향은 길다란 막대가 앞에 뻗은 기계적인 풍속풍향계를 스코프에 장착해 여기서 데이터를 얻는다. 그 묘사가 제법 괜찮다.

사용하는 .50BMG탄은 매치 등급으로 텅스텐 카바이드 소재의 탄자가 장착된 설정이다. 탄자 끝은 붉게 칠해져 있다.

메인 임무에서는 저격 거리가 1,900야드(1,737m), 옆바람 15노트로 10클릭 수정한다. 스코프의 레티클은 센터 존에 아무것도 없다. 시원해 보이지만 정확한 사격에는 맞지 않다.

이글 1의 스코프, 이글 2의 스포팅 스코프 모두 야간투시 기능이 있는 것처럼 묘사된다. 하지만 그 사이즈에 야간투시 기능까지 끼워넣기란 1996년이나 지금이나 불가능하다. 반면 대물렌즈에는 ARD(Anti Reflex Device: 반사 방지장치)가 장착되었다. 이 부분은 괜찮다.

이글 1의 권총은 슈타이어 GB로, 그 외에도 슈타이어 AUG의 단총열 버전에 소음기를 장착한 것도 사용한다.

이글 2는 첫 임무에서는 글록을 사용하고 메인 임무에서는 S&W의 K프레임 리볼버에 2.5인치 총열을 장착한 커스텀 .357매그넘 리볼버, 그리고 발터 PPk에 소음기와 레이저 사이트를 장착한 것을 사용한다.

조직의 스나이퍼는 바렛 M82의 단총열 커스텀을 사용하고 돌입 팀은 MP5를 사용한다. 그 외 AK, 스펙터 SMG, M16, 잉그램, 모스버그590, S&W M66등이 등장한다.

B 급 영화지만 어떻게 보면 걸작

영화로서의 일반적 평가는 낮다. 하지만 필자 개인은 꽤 좋아한다. 전체적인 분위기가 독특하다. 쓸데없는 정보도 없고, 어느 나라 이야기인지도 모르는 점이 좋다. 어떤 의미에서는 스나이퍼 판타지라고 본다. 스포터 역의 지라 벨만(Girl Bellman)이 또 정말 매력적이다. 돌프 룬드그렌이 연기한 이글 1이 빌딩 경비원 따위에게 고전하는 점은 좀 묘하다. 약물 중독 경비원따위, 새끼손가락 하나만으로 순간적으로 처치했으면 하는데 말이다. 스토리도 이상하다면 이상하다. 아무리 봐도 째째하다. 그런 마이너스 요소가 아주 많지만, 스나이퍼 영화로서는 아주 재미있다. 단발의 AMAC-1500을 쓰는 것도 멋있고, 바렛 M82와의 장거리 총격전은 잠깐이지만 볼만하다.

이걸 쓰는 시점에서는 일본에도 DVD가 없고 인터넷 비디오로 봤다. DVD나 블루레이로 출시되지 않은 것은 영화로서의 평가가 낮아서가 아닐까? 그런 낮은 평가는 타당하겠지만, 그래도 스나이퍼 영화로서는 개인적으로 추천한다.

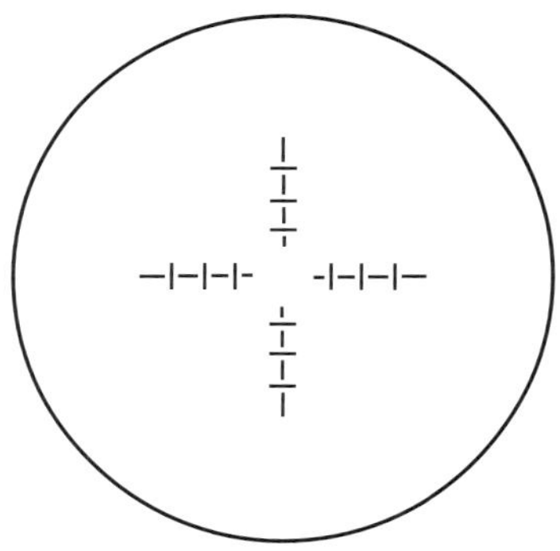

Eagle 1 이 사용하는 스코프의 레티클은 4 방향에 4 개의 해시마크가 있다. 센터에 아무것도 없어 보기는 편하지만 정확히 한 점을 노리기는 아주 불리하다. 상하좌우의 라인은 좀 더 길게 하는 편이 좋을 듯 하다.

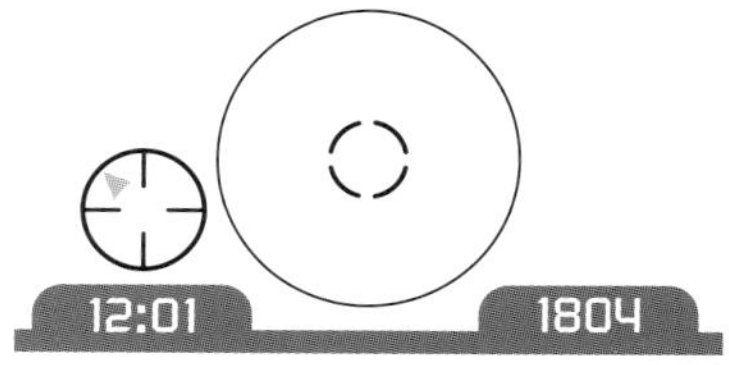

이글 2 의 스포팅 스코프. 오른쪽이 거리, 왼쪽이 풍속과 풍향이다.

스나이퍼 SNIPER

1993 년 Luis Llosa 감독작품

Story

남미 마약조직을 이끄는 오초아가 자금을 지원해 알바레스를 선거에서 이기게 해서 정권을 장악하려 한다. 오초아의 목표는 파나마 운하를 좌지우지하는 것으로, 미국의 국가안전보장회의(NIC)는 선거 전에 알바레스를 사살, 오초아의 음모를 저지하기로 계획한다. 기간은 1주일밖에 없다. 알바레스는 콜롬비아의 대농장에 숨어있고 NIC는 여기에 미 해병대의 베켓 원사를, 그리고 그의 스포터로 실전경험이 없는 밀러를 보내 알바레스를 저격하려 한다. 결국 베켓과 밀러는 콜롬비아의 정글에 단 두 사람만으로 잠입, 알바레스와 오초아를 노린다. 하지만 그들은 적의 스나이퍼 데실바에게 추적당한다.

Sniper Character

톰 베린저(Tom Berenger)가 연기하는 토마스 베켓(Thomas Beckett) 해병대 원사(Master Gunnery Sergeant)는 정글전의 달인이다. 지금까지 74명이나 저격했다. 시대설정은 불분명하지만, 영화가 만들어진 시기와 같은 90년대라면 베켓의 실전경험은 걸프전(1991)과 그레나다 침공(1983)정도가 아닐까? 그 외에 비밀작전에 종사했을 가능성은 높지만, 74명이라는 전과는 이 시대에는 좀 이상하다. 또 정글전 전문가가 탄생할 시대도 아니다. 베켓의 연령 설정은 불분명하지만, 톰 베린저는 1949년생이므로 이 영화를 찍을 때에는 43세 안팎이다. 젊었을 때 베트남이라도 다녀오지 않았다면 74명은 무리다.
참고로 영화 속 베켓은 몬타나 주 보스먼 출신이라는 설정으로, 제대후에는 고향에 돌아가 낚시 가이드라도 하고싶다고 말했다.
빌리 제인(Billy Zane)이 연기한 리처드 밀러(Richard Miller)는 몬타나 주립대학 출신으로 1988년 서울 올림픽에서 사격 은메달을 따고 미 육군에 복무한 뒤 NIC에 소속되어 워싱턴 DC의 SWAT가 대테러전을 치룰 때를 대비하는 전문가가 되었다. 하지만 실전경험도 정글전 경험도 없다. 이번 임무에서 참모본무 제9국(GS-9)에 의해 임명되어 작전의 지휘관 역할을 맡게 된다. 밀러는 서포터인 동시에 베켓의 상관인 셈이다.

Firearms

베켓은 M40A1을 사용한다. 사용하는 스코프는 류폴드 M3, 10배율이다. 정글에 들어가면 총은 위장되어 세부는 거의 보이지 않는다. 하지만 장전손잡이 부분은 레밍턴 M700그대로라 판별이 가능하다. 스코프의 레티클은 단순한 십자선이지만, 레티클 가장자리에 네 곳이나 톱니 모양이 있는 기묘한 것으로, 이런 것은 본 일이 없다. 부무장으로는 SIG P226을 사용한다.
베켓의 서포터 겸 상관으로 함께 정글에 잠입하는 밀러는 HK의 SR9-TC를 사용하지만 영화에서는 PSG-1급으로 취급되는 듯 하다. 스코프는 헨졸트 제품인. 레티클의 형태는 아주 독특하다. 센터가 붉은 도트, 원과 해시마크의 조합이다. 일부는 청색이다. 아래에는 붉은 도트가 불규칙적으로 빛난다. 도시에서의 전투를 상정하는 탁상의 전문가라는 설정으로 HK반자동 소총을 선택한 것은 잘 어울린다. 부무장은 없다.
한때 베켓의 훈련을 받았지만 그 뒤 콜롬비아의 마약조직에 가담해 적 스나이퍼가 된 데실바(DeSilva)는 드라구노프를 사용한다. 스코프는 PSO-1으로, 영화에 등장하는 레티클도 나름 실물에 가깝지만 제법 어레인지가 되어있다.
초반 저격 장면에서는 베켓이 다른 스포터와 행동한다. 이 스포터의 M16A2에 이상하게 큰 스코프가 달려있지만 위장을 위해 천으로 감아 어떤지 세부를 알 수는 없다. 아마도 스포팅 스코프로서 사용한다는 설정 아닐까. 상당히 대구경 스코프이기 때문이다. 레티클이나 거리 측정 기능도 없고, 가운데에 붉은 도트가 있을 뿐이다.
그 외에 등장하는 총은 LAR그리즐리, 브라우닝 M2, M60, AKM, RPD등이다.
스코프를 통해 보이는 영상이 몇차례나 등장하지만, 거기에 비추는 인물의 묘사는 비현실적일 정도로 크다. 서두의 저격은 650야드라는 설정이지만, 인물이 너무 크게 비춰진다. 10배율 스코프에서 이 거리면 인물이 그렇게 크게 보이지 않는다. 또 십자선의 중심에 탄착하는 장면도 있지만, 류폴드 M3의 BDC다이얼을 6에 맞춘다고 가정하면 이것은 OK다. 하지만 바람의 영향도 받는 거리라면 이렇게 가운데가 아니라 어느 정도의 조준 보정(홀드 오버)이 필요하다.
콜롬비아 농장에서의 저격 장면에는 1,000야드(914m)떨어진 곳에서 본 스코프 영상이 나온다. 여기서 스나이퍼가 입술을 읽는다. 10배율 스코프로는 그저 불가능할 뿐이다. 1,000야드쯤 떨어져 있으면 사람의 머리는 10배율 스코프에서 쌀알 정도로나 보인다. 헬리콥터에서 스코프를 쓰는 저격 시도장면도 있지만 실제로는 이런 상황에서 진동때문에 상이 흔들리므로 상당히 어렵다. 그런데 영상은 놀랄만큼 안정되어있다.
탄자 측면을 손톱 줄같은 것으로 깎아 매끈하게 만드는 장면도 있는데, 이건 뭔가? 탄자의 곡면이 변하니 말이다. 제대로 된 공구로 하면 또 모르겠는데, 그냥 손으로 한다. 물론 앞부분을 매끈하게 하는 것 자체는 의미가 있다. 하지만 영화에서 깎는 것은 앞이 아니라 탄자 측면의 드라이빙 밴드, 즉 강선에 맞물리는 곳에 가깝다.

총기 묘사는 문제 , 영화는 잘 만들었다

스나이퍼 영화로서의 완성도는 높다. 스토리는 단순하고 알기 쉬우며 쓸데없는 장면이 없다. 베켓의 캐릭터도 프로페셔널 스나이퍼로서 잘 짜여있다. 그런 반면, 총기 묘사에는 문제가 많다. 영화인 이상 어쩔 수 없는 일일지도 모른다. 리얼리티를 추구하는 것 보다는 재미를 추구하는 것이 우선시되는 것이 잘못된 것은 아니다. CG로 그려진 날아가는 총탄이 몇번이나 등장하지만, 이것은 당시 영화에서 유행한 것이다.

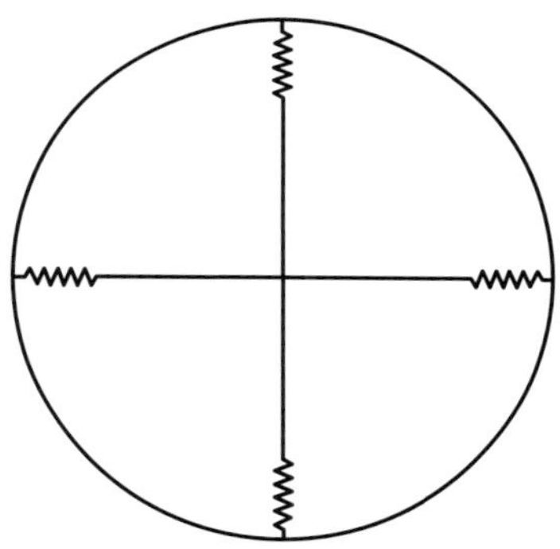

베켓의 레티클 . 가장자리의 톱니는 무엇일까 .

밀러의 레티클 . 스코프는 헨졸트인듯 하지만 , 헨졸트에 이런 레티클은 없다 . 센터는 붉은 도트로 , 안쪽 서클의 지름은 상하좌우에 그려진 해시마크와 맞춰진 듯 하다 . 아래에 반짝반짝 빛나는 LED 는 번거롭다 .

스나이퍼 2 SNIPER 2

2002 년 Craig R. Bailey 감독작품

Story

지병에 의해 제대한 토마스 베켓에게 전직 CIA요원이 찾아온다. 과거의 유고슬라비아 대통령인 밀로세비치가 부정선거로 퇴진한 뒤 이슬람교도가 인구의 주류를 차지하는 지역에서 제23국방의용군이라 자처하는 세력을 이끄는 발스트리아 장군이 민족청소를 실시한다는 것이다. CIA는 현지 반대세력과 협력해 이 발스트리아 장군을 암살하려 하며, 최고의 저격수인 베켓이 여기에 발탁됐다. 베켓은 군에 복귀해 옵저버인 콜과 함께 세르비아에 향한다. 현지 지하조직의 일원인 소피아의 지원을 받아 발스트리아 장군의 암살을 실행한다. 하지만 CIA에게는 또 하나의 목적이 있었다.

Sniper Character

베켓은 50살이 되어 해병대를 제대한 뒤 이 직업, 저 직업을 떠돌며 최근에는 사냥 가이드가 됐지만 매너가 나쁜 손님에게 화를 낸 뒤 그만 뒀다 그 전달, 베켓은 코디악 사격 토너먼트(Kodiak Marksmanship Tournament)에 출장해 해병대 팀과 7명의 SWAT대원을 누르고 우승했다. 제대후에도 우수한 스나이퍼인 셈이다.
베켓은 저격거리의 최고기록 1.1마일(1.77㎞)를 가지고 있지만, 베이커라는 병사가 1.24마일(1.99㎞)에서 알카에다를 저격, 이것이 공식 최고기록(영화설정상)이라고 알려져 있다. 하지만 베켓은 쿠바인 장군을 관타나모 만 근처에서 사격한 1.47마일(2.36㎞)이 최고기록이라고 반론한다. 아무래도 비공식 기록인듯 하다.
이 작품에서 베켓의 과거도 다룬다. 기술학교에 입학했지만 공부가 안되어 몬타나의 목장에서 일했다. 하지만 이것도 제대로 못하고 해병대에 들어갔다. 군에 26년간 복무했다고. 이야기가 2002년을 무대로 한다면 전작이 1993년이니 젊은 베켓은 베트남전을 경험했을 것이다. 그리고 전작의 연령 설정은 41세다. 그러면 15살에 군에 입대했다는 이야기다. 해병대 입대자격은 17세부터라, 앞뒤가 안 맞는다. (역자 주: 1993년에 41세였고 50세가 되어 2002년에 26년 복무를 마치고 제대했으면 입대 시기는 1976년이 맞지 않나…? 어쨌든 여기서는 원문 그대로 옮김)
사람 죽이는 기술을 자랑하는 것을 누가 비판하자 베켓은 "나는 누군가 살리기 위해 누군가 죽인다." (I kill people so that other can live)라고 답한다. 베켓의 심리를 보여주는 장면이다.
퇴역한 베켓이 이 임무를 넘겨받는 조건으로 제대할 때의 계급인 원사(Master Gunnery Sergeant)복귀를 희망했다. 이것은 죽을때까지 해병대원이고 싶다는 베켓의 심정을 나타낸 것이다. 또 임무에는 우수한 옵저버(스포터라는 편이 알기 쉽지만 영화에서는 옵저버라고 불렀다)가 있어야 한다고 요구했다.
보킴 우드바인(Bokeem Woodbine)이 연기하는 제이크 콜(Jake Cole)은 전직 육군 델타포스의 스나이퍼였다. 시가전에서의 저격수로서 실제 임무를 7번 경험했다. 감적수로도 4번, 저격수로 3번으로, 이 세번 모두 임무를 성공했다. 하지만 DEA의 수사관을 살해해서 사형선고를 받았다. 이번 임무를 성공시키면 무죄가 되는 조건으로 베켓과 함께 발칸 반도로 떠난다. 왜 DEA수사관을 죽였는지는 영화 끄트머리에서 본인이 말한다.
베켓은 콜과 만나자마자 "750야드(685m), 발사각 19도에서 조준점과 탄착점의 차이는?" 이라고 묻자 콜은 표적의 키를 듣자마자 "23.17inch high(58.85cm위), dial 6 up three(눈금은 6, 상방 3)" 이라고 답했고 베켓은 콜에게 합격점을 줬다. 다만 이 설정보다 실제로는 엘리베이션 다이얼을 더 돌려야 하겠지만 말이다.

Firearms

서두에서 사냥 가이드를 하는 베켓은 마우저 베이스의 수렵용 라이플을 사용한다. 완전히 사냥용으로 개조된 것으로, 장전손잡이등도 형태가 다르다. 스코프의 형식은 알 수 없지만 해시마크가 있는 단순한 레티클이다. 저격임무를 위해 현지의 반정부세력이 조달한 소총은 레밍턴700, 레티클은 밀 도트 방식이다. 그 뒤 은신처에서 손에 넣은 것은 모신 나강 91/30, 여기에 스코프를 얹어 싸운다. 극중에서는 베켓이 이총을 마우저 792라고 부른다. 스코프의 형식은 알 수 없지만 순정 PU스코프는 아니다. 레티클은 단순한 십자선, 아마도 가장 보통의 사냥용 스코프일 것이다.
베켓의 부무장은 HK USP인듯 한데, 이것도 반정부세력에서 넘겨받은 듯 하다.
제이슨 콜은 스나이퍼 라이플은 없고 자기 방어용으로 SIG P226만 가지고 있다. 전투중에는 적에게서 노획한 MP5A2나 AKM을 썼다.
적 스나이퍼는 아주 특수한 스나이퍼 라이플을 쓴다. 볼트액션이지만 불펍이다. 알맹이는 모신 나강인듯 한데, CBRPS(Center Balanced Rifle Platform System)이라는 당시의 제품일지도 모른다. 현재 공급되는 모신 나강용 CBRPS와는 모습이 아주 다르다. 하지만 비슷한 부분도 있다. 탑재된 스코프는 대물렌즈 지름이 아주 크지만 튜브는 가늘다. 그 때문에 대물렌즈가 더욱 커보인다.
적의 총은 AKM과 RPD등이지만 구 동구권 장비만이 아니라 MP5나 슈타이어 SSP도 사용한다.

전작에서 9 년 뒤 제작된 2 탄

전작은 아주 단순한 스토리였지만 2탄은 베켓이 군에 이용되는 등 좀 복잡한 스토리가 되었다. 당시의 유고슬라비아 정세등을 이해하지 않으면 이야기의 배경을 이해하기 힘들다. 하지만 베켓의 프로페셔널한 모습은 건재하다. 스나이퍼 영화로는 즐길만 하다. 조준점과 탄착점의 차이를 언급하는 등 좀 전문적인 부분은 있지만 스코프를 새로 얹은 총을 시험사격도 않고 저격에 사용하는 등 이상한 장면도 있다. 하지만 엔터테인먼트라는 점에서는 좀 봐줘야 할 듯 하다. 이 영화는 표적을 저격하는 것 보다는 어떻게 탈출하는지가 포인트다. 그 속에서도 적의 저격수가 단독으로 추적하면서 스나이퍼 대결이 전개되기 때문에 스나이퍼 영화로는 나름 매력적이다.

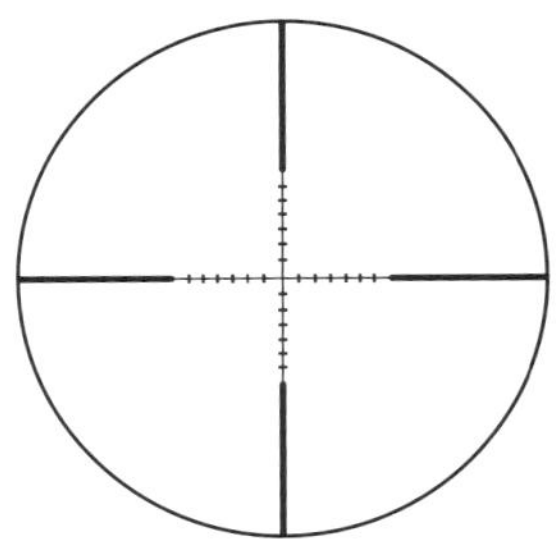

사냥 가이드일 때 베켓이 사용하는 마우저 사냥용 라이플에 얹혀진 스코프의 레티클은 밀 라인.

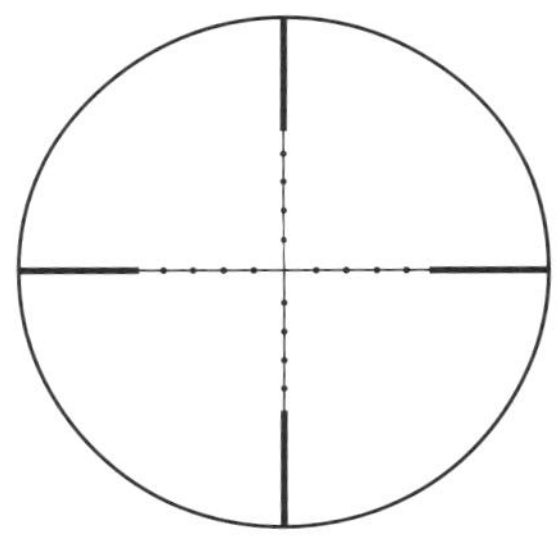

지하조직이 준비한 레밍턴 M700에 실린 스코프의 레티클. 심플한 밀 도트다.

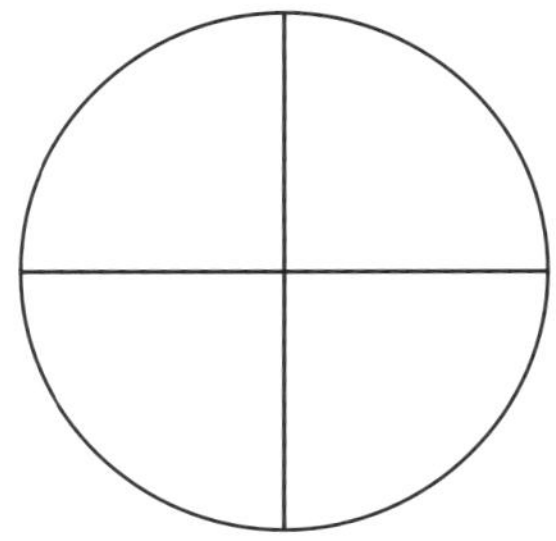

모신 나강에 얹은 스코프는 오래됐다는 설정 때문인지 단순한 십자선 레티클이 사용됐다.

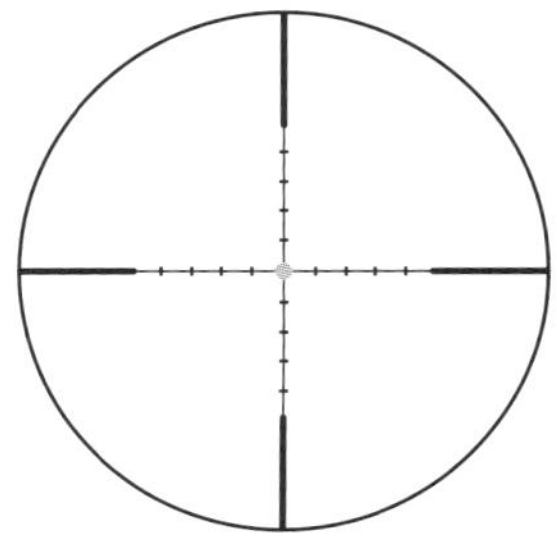

베켓을 추적하는 적 스나이퍼의 레이클은 밀 라인에 가운데가 붉은 도트다.

스나이퍼 3 SNIPER 3

2004 년 P. J. Pesce 감독작품

Story

베켓은 젊은 정치가 닐의 결혼식에 참석한다. 닐의 아버지인 폴 피네건은 베켓의 베트남전 시대의 전우로, 목숨의 은인이기도 하다. 하지만 폴은 베트남에서 전사했다.
NSA(국가안전보장회의)의 에이브리 부국장은 베켓에게 새로운 암살명령을 내린다. 타겟은 죽었을 터인 전우 폴이다. 폴은 베트남에 살아있으며 코브라로 불리며 마약이나 무기 밀매를 실행할 뿐 아니라 이슬람 과격파와 손잡고 테러를 획책한다는 것이다. 베트남에 도착한 베켓은 호치민 경찰의 광과 접촉한다. 광은 2년 전부터 NSA의 정보원으로, 베켓을 위해 폴 저격을 위한 여건을 마련하는 동시에 총도 준비했다. 다음은 밤을 기다려 저격하기만 하면 되지만,베켓은 다른 스나이퍼에게 비밀리에 노려지고 있다.

Character

이번 임무에서 베켓은 옵저버 동행을 거부했다. 한때의 전우이자 목숨의 은인을 죽이는 임무다. 혼자 하겠다는 기분은 알만하다.
전작에서 해병대에 복귀한 베켓이었지만 상관의 지시를 따르지 않고, 때때로 반항적이다. 그리고 새로운 시대의 해병대에 익숙해지지 못하는 듯하다. 그래도 베켓은 해병대원이기를 원한다. 전작에서는 "죽을 때에도 해병대원이고 싶다" 고 했지만, 이번에는 "65살까지 있고싶다" 고 한다.
전작에서는 눈이 희미해져 베켓이 고민하는 장면이 있지만 이번에는 그런 증상은 없는 대신 때때로 손이 떨린다. 서서히 신경이 침식되어 긴장할 때에는 불수의운동(본인의 뜻과 무관한 움직임)이 일어난다는 진단이 나왔다. 스나이퍼에게는 치명적인 문제다. 하지만 베켓은 이 사실을 군에게 숨긴다.

Firearms

서두에 등장한 야시 기능을 겸하는 거리측정기는 거리, 기온, 방위, 풍속, 배터리 인디케이터등을 표시하는 것이다. 총에도 야시기능과 거리측정기능이 달린 스코프가 탑재되어있다. 총은 .50BMG의 M107이다. 스나이퍼와 옵저버는 사령부에게 완전히 모니터된다.
베트남 시대의 회상(꿈?) 장면에서 베켓은 M40을 사용한다.
저격에 사용하기 위해 광이 준비한 총은 애큐러시 인터내셔널의 AWM-F다. 베켓이 이 총의 입수 경로를 묻자 광은 "Fucking Japanese, Pretty Cool, Huh?" (XXX한 일본사람한테서지. 끝내주지?)라고 답한다. 저격거리는 약 300m라고 하지만, 아무래도 그런 거리로는 안보인다. 스코프 안의 거리측정기는 117m로 표시되어있다. 아무래도 그게 맞을 듯. 저격시에는 부가형의 대형 야시 어댑터가 달려있지만 그것과는 별도로 총열 위에 뭔가 전자장치가 있다. 하지만 막상 실제 저격할 때에 이 전자장치가 말썽을 일으켜(레티클에 PHOTOELECTRIC INTERFERENCE라고 표시) 베켓은 이것을 뜯어내고 저격한다.
그 뒤 베켓은 광의 아버지가 남긴 목제 스톡의 레밍턴 M700을 넘겨받는다. 광의 아버지는 베트남 전쟁중에 미육군 제25 보병사단 제9대대에 소속된 병사로 스나이퍼였다. 그 총도 베트남 전쟁에서 사용되었다는 설정이다. 당시 육군은 민간 시장으로부터 총을 조달해 전장에 투입했기 때문에 민간 사양의 M700이 있어도 이상할 것은 없다. 베켓은 "Best damn sniper rifle, ever made" (이거야말로 최고의 스나이퍼 라이플이다)라고 평한다. 스코프의 형식은 확인하지 않았지만 스코프 링은 레드필드 타입이 사용되었다는 점에서 나름 고증에 신경썼다. 레티클은 센터가 도트라는 것 이외에는 단순한 십자선이다.
베켓은 부무장으로 이번에는 글록을 쓴다. 이것도 광이 조달했을 것이다. 이것을 써서 꽤 먼 거리에서 적을 쓰러트렸다. 광은 M1911A1 두 자루로 화려하게 방아쇠를 당겨대는 난사 스타일을 선보인다.
베트남 전쟁 회상신에서 폴 피네건이 M1911A1을 사용한다. 등에는 XM177E2라고 생각되는 M16계열의 짧은 총기가 보인다. 탄창은 20연발. 이것도 의외로 신경을 썼다.
적의 총은 드라구노프, AKM, SKS카빈, AKS-74U등, 여러모로 베트남다운 것들이 많다. 그 외에도 마드센 SMG나 SIG P226등이 등장한다.

완전한 B 급 작품

이 작품은 저예산으로 제작된 듯 하다. 극장 공개도 하지 않은 DVD전용 작품이다(일본에서는 극장개봉). 분명 1탄, 2탄보다 질이 낮고 B급 작품으로 떨어졌다. 그래도 처음부터 B급이라고 생각하고 보면 나름 재미는 있다.
스나이퍼를 주역으로 하는 미국 영화로 시리즈가 된 것은 전례가 없다고 생각한다. 그런 의미에서는 이 시리즈는 획기적이다. 하지만 스나이퍼 영화로서는 좀 약하다. 베켓에게 주어진 임무는 이번도 암살이고, 볼트액션 라이플로 싸운다는 점에서도 전작과 같지만, 베켓이 탁월한 스나이퍼로 그려지지 않은 점은 문제다. 그래도 토마스 베켓이라는 캐릭터에게 나름 매력을 느끼고 있다면 그럭저럭 즐길 수 있다.
베켓에게 베트남전 참전경험이 있으리라고는 1탄에서부터 느꼈지만, 이번에는 아예 베트남 전쟁 이야기가 되었다. 그렇다고 해도 이야기 속에 등장하는 코브라와 망구스 신화는 정말 베트남 이야기일까. 이야기의 클라이막스에 해당하는 부분이지만 그런 식으로 결착을 낸 것은 마음에 들지 않는다.
봐야 할 가치가 있는 작품은 아니지만, 그 뒤의 베켓의 활약(5탄)을 즐기려면 이것을 봐야 한다.

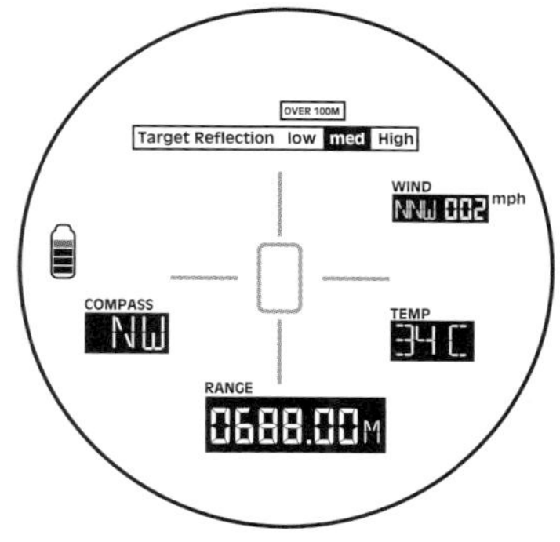

서두에 등장하는 스포팅 스코프는 대단한 고성능이다.

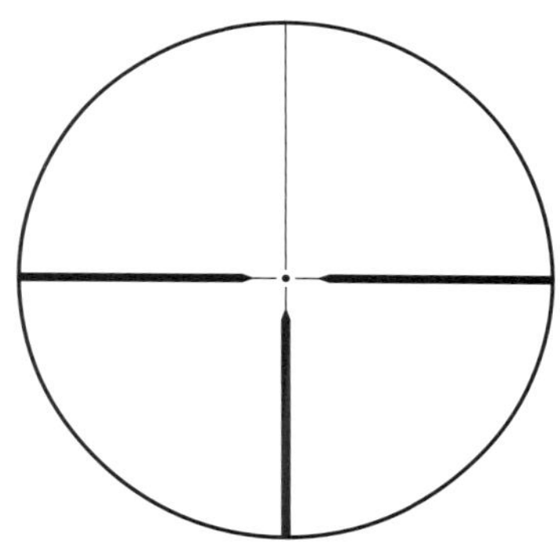

AWM 에 얹혀진 스코프의 화상. 그 뒤 거리나 풍향등도 표시된다. 센터는 붉은 도트. 게다가 야시 기능까지 있다.

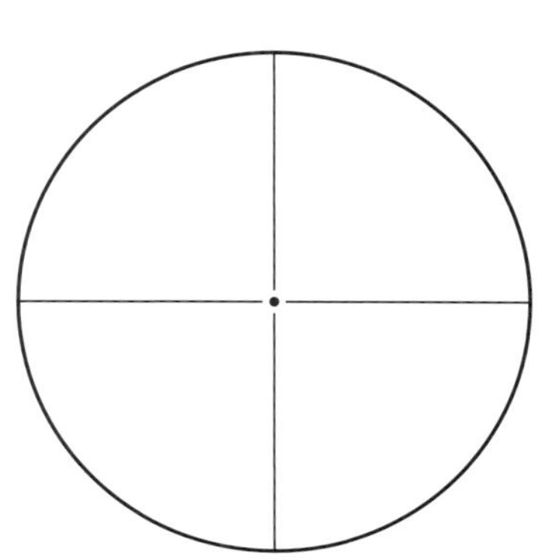

광의 아버지의 라이플에 있는 스코프의 레티클. 베트남 전쟁 당시의 것이다. 단순한 십자선, 센터 도트. 엄밀하게 따지면 당시의 와이어식 레티클에 이런 형태의 것은 없어야 맞을 것이다.

스나이퍼 4

SNIPER RELOADED

2011 년 Claudio Faeh 감독 작품

Story

2010년 8월, 정부군과 반란군의 내전에 흔들리는 콩고. 철수 권고를 계속 거부하는 벨기에인 농장주를 강제로 철수시킬 임무를 띈 UN군 부대가 공격을 받는다. 농장주는 사살당하고 부대의 병사도 차례차례 쓰러진다. 적은 한 명의 저격수다. 그리고 부대는 한 명을 남기고 전멸한다. 살아남은 것은 미 해병대의 브랜든 베켓 병장이다. 브랜든 베켓은 서양인 사냥꾼 챈들러에게 구조되어 중상을 입고도 UN군 기지에 귀환한다. 여기서 밀러와 만난다. 밀러는 브랜든 베켓에게 저격수 소질이 있는지 테스트하지만 떨어진다. 부대를 공격한 저격수는 반란군이라고 여겨졌지만, 사용한 저격총이 미국제인 것이 판별된다. 브랜든 베켓은 해병대에게 이 저격수를 추격할 것을 요구하지만 거부당한다. 그리고 무단으로 부대를 이탈해 챈들러와 함께 저격수를 쫓는다.

Sniper Character

채드 마이클 콜린스(Chad Michael Collins)가 연기하는 브랜든 베켓 병장은 토마스 베켓의 아들이다. 고등학교에서 정학 3회, 전문대에서는 매년 징계처분을 받았다. 아버지와도 사이가 안 좋고, 스나이퍼는 적과 마주보지 않고 싸우는 비겁한 존재라고 생각한다. 졸업한 뒤 브랜든은 해병대의 보병이 되었다. 따라서 브랜든 베켓은 스나이퍼가 아니다. 이 이야기의 2개월 전, 아프가니스탄의 카불에서 ATEP(the Africa Train and Equip Program: 콩고 정부군에 대한 대테러 전술지도)을 위해 UN군 자격으로 콩고에 파견된 것이다.
제1편에서 등장하는 저격수 리처드 밀러가 등장한다. 연기하는 것은 1편과 마찬가지로 빌리 제인이다. 한때 한사람 몫을 못하던 밀러도 18년?이 지난 여기서는 스나이퍼의 지도 교관이 되어 있다. 밀러는 토마스 베켓에게 스나이퍼로서 지도받은데 감사하고 아들 브랜든을 구하려 한다. 적 스나이퍼는 빈센트 마셸로(연기: Justin Strydom)으로, 밀러가 스나이퍼로 키웠던 전 해병대원이다. 닉네임은 'The Italian', 사실은 미국인이다.

Firearms

사냥꾼인 마틴 챈들러는 마우저 베이스의 사냥용 라이플을 사용한다. 기린이나 코끼리, 코뿔소 등이 사는 환경에서 사용하는 것이니 상당한 고위력이라고 생각했더니 겨우 .30-06정도로밖에 보이지 않는다(역자 주: M1소총에 사용되는, 나름 강력한 탄이지만 아프리카의 사냥용으로는 결코 세지 않다). 가늠쇠는 그대로, 가늠자는 베이스만 남기고 제거되어있다. 스코프의 레티클은 밀 도트다.
베켓은 M16의 단총열 버전, 신축식 개머리판 사양을 메고 있지만 운반손잡이가 고정되어있어 M4A1은 아니다. 운반손잡이 위에 옵션 레일을 붙이고 도트사이트를 얹었는데, 상당히 높은 위치에 달려있다. 또 이 도트사이트의 형식은 확인할 수 없지만, 아무래도 싸구려다. 아무리 봐도 미 해병대가 쓸 물건은 아니다.
브랜든은 챈들러의 마우저 라이플을 빌려 사용한다. 그 뒤, 챈들러가 넘겨줬다고 여겨지는 리 엔필드 베이스의 사냥용 라이플을 사용한다. 이쪽의 스코프 레티클도 밀 도트다.
브랜든은 밀러로부터 넘겨받은 권총, 그리즐리 Mk.1을 사용한다. 이 그리즐리는 놀랍게도 1993년의 제1탄에 등장한 총인 듯 하다. 하지만 세부 사양이 다르다. 제1탄의 그리즐리는 오른쪽에 안전장치가 있지만 이번에는 없다.
리처드 밀러는 Truvelo CMS 12.7×99㎜를 사용한다는 설도 있지만, 실제로는 다른 듯 하다. .50BMG인듯 하지만 구체적인 모델명을 확인할 수 없다. 또 하나, 7.62㎜의 스나이퍼 라이플을 사용하지만 레밍턴 베이스는 아니다. 이것도 모델명을 확인할 수 없다.
빈센트 마셸로의 라이플은 설정상은 미국제 M24저격총이다. 하지만 잘 확인하기 어렵다. 다만 코킹 피스가 확실히 비춰지는 장면이 있는데, M24의 것은 아니다. 극중에는 강선 회전률이 1회전당 11.5인치에 사용하는 탄도 러시아제라는 언급이 있다.

토마스 베켓의 아들을 주연으로 한 4 탄

토마스 베켓의 아들인 브랜든 베켓을 주역으로 제작한 제4탄. 극장개봉도 않은 DVD작품이다. 서두에서 토마스 베켓의 사진이 비춰지고 퇴역했다는 설명이 나오면서 결국 출연하지 않는다. 과거의 세 작품에는 토마스 베켓에게 아들이 있다든가, 결혼했다든가, 아이가 있다든가 하는 이야기는 전혀 없고, 브랜든 베켓의 어머니가 누구인지도 전혀 이야기가 없다. 토마스 베켓은 그런 일과는 전혀 인연 없어보이는 삶을 살았다. 이미 영감님이 되어버린 톰 베린저가 아니라 젊은 배우를 주연으로 바꿔 시리즈를 계속 이어보겠다는 제작진의 의도가 빤히 보인다.
이 작품에서 주목할 부분은 1탄에서 등장한 스나이퍼, 리처드 밀러의 등장이다. 같은 배우가 연기하는 점, 그리고 당시의 그리즐리 Mk.1을 등장시키는 등 이상한 점에서 묘하게 매니악하다. 하지만 일반 시청자들이 그런 총의 형식까지 기억할 턱이 없다.
스토리는 브랜든 베켓이 스나이퍼가 아니라는 설정이므로 스나이퍼 영화로 분류하기는 꽤 무리가 있다. 그리고 스토리도 상당히 엉성하다. 등장인물의 몇명은 그야말로 없어도 되는(특히 여성 둘) 수준으로, 쓸데없는 에피소드가 많다. 더 단순한 스토리로 한 다음 리처드 밀러를 베테랑 스나이퍼로 더 활약시켰으면 스나이퍼 시리즈를 '리로드' 해서 본격적으로 부활시킬 수 있었을 것이다.
결과물은 매우 불만스럽다. 솔직히 말해서 졸작이다. 그래도 총, 특히 라이플 좋아하는 사람들이라면 나름 재미있을지도 모르겠다.

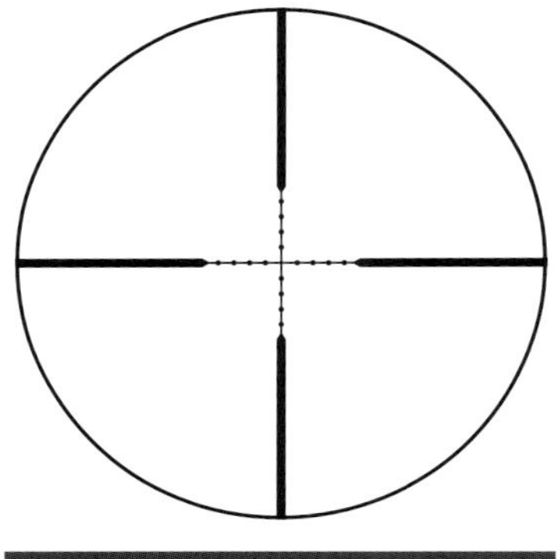

브랜든 베켓이 사용하는 엔필드 라이플과 밀러가 쓰는 라이플은 똑같은 밀 도트 레티클 스코프를 쓴다. 다만 밀러의 스코프에는 조명 기능이 있다.

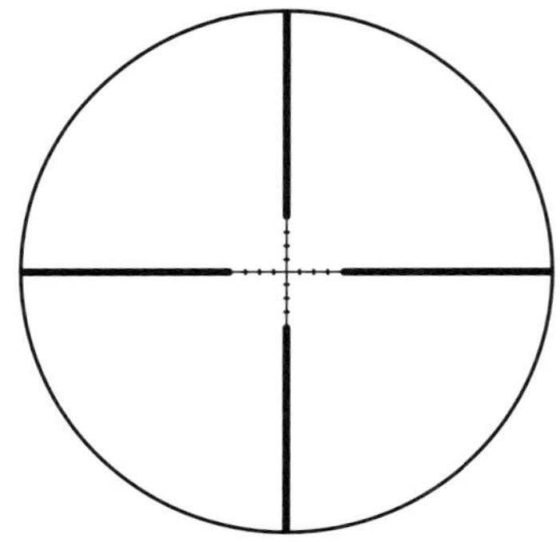

마쉘로의 라이플과 챈들러의 마우저 라이플은 같은 3 도트 타입의 밀 도트 스코프를 사용한다. 결국 이 영화에는 이 두 종류의 레티클만 보인다.

스나이퍼 5 SNIPER LEGACY

2014 년 Don Michael Paul 감독작품

Story

고층 빌딩 옥상에 한 사나이가 .50구경으로 저격당해 즉사했다. 그는 2004년, 아프가니스탄에서 센티널 작전에 관여한 장교다. 이 작전에 관여한 다른 장교 둘도 살해당한다. 브랜든 베켓은 어엿한 해병대 스나이퍼로 성장해 터키 국경에서 3마일 남쪽의 시리아에서 다국적군으로서 탈레반 저격작전에 참가했다. 하지만 영국군의 미숙한 스나이퍼가 오발사고를 일으켜 총격전이 벌어지자 영국군 스포터가 사망하고 베켓은 스나이퍼의 임무에 의문을 품게 된다. 그런 와중에 퇴역후 행방불명이 되었던 토마스 베켓이 로마에서 저격당해 살해됐다는 소식이 전해진다. 토마스 베켓도 센티널 작전의 일원이었다. 범인은 이 작전에 참가한 뒤 정신이 이상해진 심슨으로 판명되고, 사건을 해결하기 위해 트로이 소령은 소수의 저격 팀과 함께 행동에 나선다. 심슨은 5명째의 표적, 쇼프 소령을 노릴 터였다.

Sniper Character

브랜든 베켓은 중사가 되어 해병대 포스리컨의 스카웃 스나이퍼가 되었다. 영국군의 신임 스나이퍼를 전장에서 지도할 정도의 위치가 되었다. 아버지에게 이어받은 '피' 덕분인 듯 하다. 하지만 냉철한 스나이퍼로 자리잡지 못한다. 상관은 비드웰 해병대 소령이다.
토마스 베켓은 2004년의 아프가니스탄에서 센티널 작전에 참가했다. 3탄은 2004년 작품이므로 베트남 임무 후에 아프가니스탄에 간 셈이다. 이 작품에서는 퇴역한 뒤 행방불명이 되었다가 심슨에게 로마에서 저격당했다.
Mercedes Masohn이 연기하는 사나 마릭 상병은 여성 스나이퍼다. 레바논 출신으로, 고향에서는 아버지가 촌장이었다. 마약재배 박멸활동을 펼치다가 살해당했다. 소녀였던 사나는 집 앞에 아버지의 머리가 떨어져 있는 것을 봤다. 어머니와 시카고로 이민간 뒤 해병대에 입대해 사격의 실력을 갈고닦았다. 곧 시민권도 딸 예정이다.
Dominic Mafham이 연기하는 비드웰 해병대 소령은 별명이 Bullet-face(총알 얼굴). 지금까지 74명을 저격해 그 중 67명이 얼굴을 맞았기 때문이다. 브랜든 베켓이나 사나의 상관으로 스나이퍼. 한때 센티널 작전 참가를 거부한 일도 있다.
Doug Allen이 연기하는 데이빗 심슨(David Simpson)의 닉네임은 Smitty. 심슨은 센티널 작전에 참가해 아프가니스탄에서 첩보원을 탈출시키는 임무를 맡았지만 매복공격에 휘말려 아군의 총탄에 대원의 반을 잃었다. 이 때 정신 질환을 얻은 듯 하다. 왼손잡이로, 왼쪽 어깨로 볼트액션 라이플을 쏘면서 오른손으로 노리쇠를 조작한다.

Firearms

서두의 저격에 사용된 것은 스마트폰으로 조작하는 리모트 콘트롤식 저격총이다. 총 자체는 Steyr HS50이다. 1,500m거리의 표적에 강풍 속에서 저격했다.
뒤이어 시리아에서의 장면에서 브랜든 베켓이 사용하는 것은 Cheytac M200 Intervention .408CheyTac. 이 때 스포터는 사나. 거리는 970m, 비스듬하게 부는 바람, 아래쪽 13도. 조정 없이 사격한다. 하지만 영상에서 보이는 거리 감각은 150m정도로밖에 보이지 않는다.
영국군 스나이퍼 Reese는 Accuracy International AX338을 사용한다. 베켓은 그 뒤 보통의 스나이퍼 라이플을 사용한다. 아무래도 레밍턴 M700인듯 하지만 위장때문에 잘 확인이 안된다. 그 뒤에는 Howa 1500라이플도 사용한다. 극중에서는 여기에 대해 Vintage Remington 308, Not the best for accuracy 라고 말하지만… 권총은 베레타92FS.
사나 마릭의 스나이퍼 라이플은 FDE와 OD색이 섞인 도장이 된, 독립형 권총손잡이가 달린 모델이다. 이것도 위장때문에 모델명 판별이 안된다. 권총은 글록17을 쓴다.
비드웰은 Cheytac M200 Intervention, 심슨은 HS50외에 슈타이어 SSG08도 사용한다.
서두에서 핸드로딩 장면이 있다. .50BMG의 탄피에 화약을 부어넣는 장면이다. 하지만 화약이 꽤 흘러나온다.이래서는 정밀도가 안나온다. 뒤이어 탄자를 깎는 장면도 나온다. 1탄에서 토마스 베켓이 했던 짓이다. 하지만 이번에는 선반에서 깎는다. BC값을 좋게 하려는 것인지 모르지만, 하는 방법이 아무래도 실감이 안 난다. 프로 다운 느낌을 주려던 것 같지만 알만한 사람에게는 오히려 역효과다.

스토리는 얄팍하지만 꽤 재미있다

3탄, 4탄은 그저 그랬지만 이 5작째는 B급 스나이퍼 액션물로 꽤 재미있다. 스나이퍼 라이플 애호가라면 꽤 재미있을 것이다. 스토리는 아무래도 얄팍하다. 그리고 과거의 작품도 그렇지만 거리감이 엉망진창이다. 1,000m거리에서 저격하는데 AK의 반격을 받아 순식간에 피해를 입는 등 이상한 부분도 많다. 그렇기는 해도 총격 장면이 몇차례나 전개되어 만족스럽다. 아무래도 비디오 작품으로 시리즈화할 작정인지, 속편을 암시하며 끝난다.

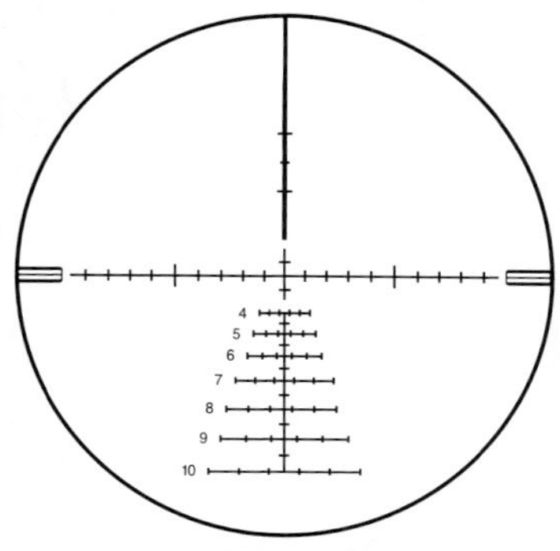

브랜든 베켓의 Cheytac 의 크리스마스 트리 레티클 . 비드웰도 같은 레티클의 스코프를 사용한다 .

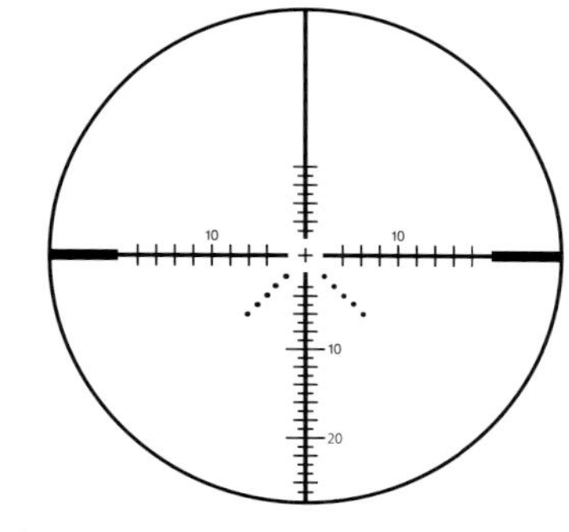

사나의 밀 라인 레티클 . 한자 八자형으로 넓어지는 부분이 거리측정 눈금이겠지만 어떻게 쓰는지 알 방법이 없다 .

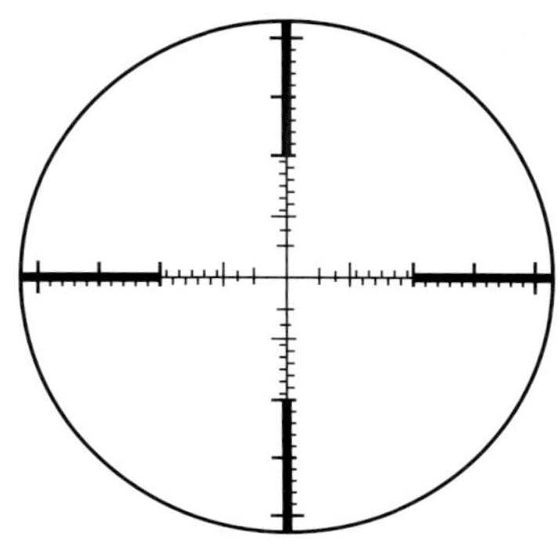

심슨의 슈타이어 SSG 의 레티클 . 밀해시겠지만 지그재그같은 라인이 있어 쓰기는 어려울 듯 하다 .

이렇게 몸을 감추던 시대는 이미 옛날 이야기다.

전설의 스나이퍼 스코프, 유너틀 10 배율.

유너틀 스코프는 당시만 해도 현역이었다.

10m 의 타워에서 아래에 재현된 모의 시가지에 숨은 표적을 찾아내어 쏜다. 두 사람 모두 레밍턴 700 에 류폴드 스코프다.

150m 앞의 표적에 대해 유리한 위치를 찾아내어 쏘는 훈련.

13년 전의 스나이퍼

Turk Takano

이번에 스나이퍼의 기획을 하면서 과거 사진을 찾아보니 2002년에 민간 훈련시설의 교육을 밀착 취재할 때 찍은 것이 나왔다. 벌써 13년 전이다. 당시 수강자들은 현역 사법기관 스나이퍼, 현역 해병대 스나이퍼 등이었다. '민간 시설에서?' 라고 의아해 할 분들도 있을 것이다. 일본에서는 생각도 못할 일이지만, 미국에서는 비슷한 시설이 여러 주에 존재한다. 최신 노하우를 배우는데는 가장 빠른 시설들이다. 이들 민간 시설의 운영자는 군과 달리 민첩하게 움직이고 새로운 전술등을 과정에 빠르게 집어넣는다. 그리고 수강하기 쉬운 3~4일짜리 단기 코스가 있는 것도 장점이다. 군이라면 흔히 말하는 '결재' 에 몇년씩 걸리고, 새로운 아이디어여야 할 노하우가 훈련과정에 들어갈 때 쯤에는 이미 구시대의 유물이 되기도 한다. 민간 시설이라도 생도는 현역, 강사는 전직 SEAL이나 그린베레, 레인저등의 전직 특수부대 교관 출신들이다. 독자에게도 흥미가 있는 부분을 언급할까 한다. 당시의 교관은 육군 레인저에서 SEAL로 이적한 덕분에 흔치 않은 2관왕(?)을 달성한 터프가이였다. 과거에는 레인저 챌린지 팀 우승자라는, 뛰어난 운동실력을 가졌다.

당연히 휴식 시간에는 어느 과정이 육체적-정신적으로 더 힘든지에 대한 화제가 떠올랐다. 2관왕이 보기에는 양쪽 모두 힘들지만 SEAL의 경우 어지간한 수영 실력으로는 훈련에 따라가지 못한다고 한다. 당시 참가했던 해병대 스나이퍼 2명은 이라크 파견 전에 실력을 키우느라 참가했다. 1,000야드 사격장도 있는 시설이지만 이 때의 합숙훈련에서 초점은 200야드 이하의, 영화 세트와 닮은 시설에서의 시가전이었다. 모두 실탄을 사용한 훈련이었다.

그 뒤 이 시설에서 밀착취재한 훈련과정은 역시나 이라크 파견 전의 그린베레 대원을 중심으로 하는 M4 강화 단기 합숙이었다. 여기에는 경찰 SWAT, 원자력 발전소 SWAT대원도 포함됐다. 미국의 원자력 발전소에는 독자적인 SWAT팀도 있다. 지금까지 여러 사법기관의 SWAT대원과 만났지만 "전직 해병대원 동창회" 라고 할 정도로 해병대 투성이었다. 휴식 시간에는 이들과 오키나와 이야기에 바빴던 기억이 난다.

거의가 100야드 사격이었다. 이 사진의 3명은 류폴드, 총은 6명 모두 레밍턴. 우드랜드 위장이 시대를 느끼게 한다.

지정된 번호의 표적을 찾아내어 쏘는 훈련.

드넓은 시설내의 이동은 포드 트럭으로.

스나이퍼 라이플

Sniper Rifles

for Accurate Shooters

HOBBY JAPAN MOOK Gun Professionals SPECIAL ISSUE

STAFF

Publisher
Daisuke Matsushita

Editor in Chief
Yuta Iwata

Associate Editor
Satoshi Matsuo

Field Editor
Turk Takano
Shinnosuke Tanaka
Hiro Soga
Daiki Ishioka
Tomonari Sakurai
Yasunari Akita
Daisuke Kano

Design
Daisuke Sugawara (Turbo)
Noriko Okubo

Sniper Rifles for Accurate Shooters

2016년 11월 4일 초판 발행
발행인: 홍 희 범
발행: 멀티매니아 호비스트
서울시 용산구 백범로 90다길 CJ9파크 201동 612호, TEL 02)989-5311
저자: HOBBY JAPAN
편집: 이 상 언
번역: 홍 희 범 / 이 상 언
ISBN 978-89-85578-66-0
정가 20,000원